Pflüger   Unser Kind braucht Hilfe

Dr. phil. Leander Pflüger

Unser Kind braucht Hilfe

Frühförderung behinderter Kinder

Unter Mitarbeit von

U. Bauer, N. Bohn, B. Fleckenstein,
G. Haug, L. Hepp, M. Hitzigrat, O. Hladik, A. Holtz,
U. Kleeforth, E. Kösler, U. Mühlbayer-Gäßler, D. Pflug,
J. Scholz, Th. Stumpp, C. Zienert

≡ **TRIAS** THIEME HIPPOKRATES ENKE

Anschrift des Autors:

Dr. phil. Leander Pflüger
Kilstetter Straße 48a
D-1000 Berlin 37

Gesamttypographie:
B. und H. P. Willberg, Eppstein/Ts.

Umschlaggestaltung:
Dominique Loenicker, Stuttgart

Textzeichnungen:
Friedrich Hartmann, Nagold

*Die Deutsche Bibliothek –
CIP-Einheitsaufnahme*

Pflüger, Leander:
Unser Kind braucht Hilfe : Frühförde-
rung behinderter Kinder / Leander
Pflüger. Unter Mitarb. von U. Bauer ...
[Textzeichn.: Friedrich Hartmann]. –
Stuttgart : TRIAS Thieme Hippokrates
Enke, 1993

Wichtiger Hinweis:

Wie jede Wissenschaft ist die Medizin
ständigen Entwicklungen unterworfen.
Forschung und klinische Erfahrung erweitern unsere Erkenntnisse, insbesondere was Behandlung und medikamentöse Therapie anbelangt. Soweit in diesem Werk eine Dosierung oder eine
Applikation erwähnt wird, darf der Leser zwar darauf vertrauen, daß Autoren, Herausgeber und Verlag große
Sorgfalt darauf verwandt haben, daß
diese Angabe dem Wissensstand bei
Fertigstellung des Werkes entspricht.

Für Angaben über Dosierungsanwei-
sungen und Applikationsformen kann
vom Verlag jedoch keine Gewähr übernommen werden. Jeder Benutzer ist
angehalten, durch sorgfältige Prüfung
der Beipackzettel der verwendeten Prä-
parate und gegebenenfalls nach Kon-
sultation eines Spezialisten festzustel-
len, ob die dort gegebene Empfehlung
für Dosierungen oder die Beachtung
von Kontraindikationen gegenüber der
Angabe in diesem Buch abweicht. Eine
solche Prüfung ist besonders wichtig
bei selten verwendeten Präparaten
oder solchen, die neu auf den Markt
gebracht worden sind. Jede Dosierung
oder Applikation erfolgt auf eigene Gefahr des Benutzers. Autoren und Verlag appellieren an jeden Benutzer, ihm
etwa auffallende Ungenauigkeiten dem
Verlag mitzuteilen.

© 1967, 1993 Georg Thieme Verlag,
Rüdigerstraße 14,
D-7000 Stuttgart 30
Printed in Germany
Satz und Druck:
Druckhaus Götz GmbH, Ludwigsburg
(Linotype System 5 [202])

ISBN 3-89373-223-3   1 2 3 4 5 6

Zu diesem Buch 9

Frühförderung von Kindern mit Behinderung 11

Was ist Frühförderung? 11

Wer kommt zur Frühförderung? 12

Welche Ziele hat die Frühförderung? 15

Frühförderung ist familienorientiert 16

Welche Stellung haben die Eltern in der Frühförderung? 18

Die Mitarbeiter der Frühförderung arbeiten mit anderen
Berufsgruppen zusammen 20

Formen der Hilfe im Frühförderalter 22

Was ist Entwicklungsförderung? 22

Wie findet man die Inhalte der Entwicklungsförderung? 22

Was wird in der Entwicklungsförderung gemacht? 29

Krankengymnastik 41

Mund- und Eßtherapie 51

Beschäftigungstherapie (Ergotherapie) 58

Sensorische Integration, ihre Störungen und Therapie 64
Was ist sensorische Integration? 64
Was ist eine sensorische Integrationsstörung? 65
Über die Therapie bei sensorischen Integrationsstörungen 67

Motopädagogik und Mototherapie 68

Logopädie 77

Konduktive Pädagogik 78

Sozial-rechtliche Hilfen für Eltern mit einem Kind mit Behinderung 86

Organisation und Formen der Frühförderung   93

Organisationsaufbau einer Frühförderstelle   93

Organisationsformen in der Frühförderung   95

Hurra, wir dürfen in den Kindergarten   98

Der Schulkindergarten für Körperbehinderte   98

Der Schulkindergarten für Kinder mit geistiger
Behinderung   100

Schulkindergarten für besonders förderungsbedürftige
Kinder und für Erziehungshilfe   105

Der Schulkindergarten für sprachbehinderte Kinder   109

Über den Aufbau einer Handlung   112

Welche Aufgaben hat das Nervensystem?   112

Der erste Teil des sensomotorischen Regelkreises:
Die Wahrnehmung   115

Der zweite Teil des sensomotorischen Regelkreises:
Die fünf sensomotorischen Funktionsbereiche   119

Der dritte Teil des sonsomotorischen Regelkreises:
Die Reaktion und Rückkoppelung   124

Zur Neuropsychologie des Handlungsablaufes   128

Formenkreise von Behinderung   143

Störungen und Behinderungen beim Lernen   143
Geistige Behinderung   143
Lernbehinderung   145

Sprachstörungen   146
*»Ich Blot Mamalade essen« oder was sind
Sprachentwicklungsstörungen?*   146
Die Dysarthrie   158

Sinnesbehinderungen 167

Gehörlosigkeit und Schwerhörigkeit 167
Blindheit und Sehbehinderung 168

Körperbehinderung 170

Zerebrale Bewegungsstörung 170
Muskelerkrankungen und muskuläre Hypotonie 172
Mißbildungssyndrome und Systemerkrankungen 175

Epilepsie 178

Was ist ein epileptischer Anfall? 178
Epilepsieformen 179
Häufige Fragen von Angehörungen und
allgemeine Bemerkungen zur Therapie 183

Kinder mit Schwermehrfachbehinderung 185

Was bewegt den Zappelphilipp? oder: Die Minimale
Zerebrale Dysfunktion (MCD) 189

Glossar 199

Adressen 210

Selbsthilfegruppen 212

Mitarbeiterverzeichnis 213

Weiterführende Literatur 215

Sachverzeichnis 216

Zu diesem Buch

Dieses Buch ist aus der täglichen Arbeit mit behinderten oder entwicklungsverzögerten Klein- und Vorschulkindern an einer sonderpädagogischen Frühberatungsstelle entstanden. Es ist geprägt von den Fragen und Sorgen der Eltern, die sich ergeben, wenn die Entwicklung ihres Kindes nicht problemlos verläuft.

Das Buch wendet sich sowohl an Eltern, die erste Verdachtsmomente haben, daß die Entwicklung ihres Kindes beeinträchtigt sein könnte, als auch an solche, die sich schon länger damit auseinandersetzen. Es ist gedacht für Familien, die neu mit ihrem Kind an eine Frühberatungsstelle kommen und für alte »Frühförderhasen«.

Das Buch liefert Informationen über Ziele, Inhalte und Organisation sonderpädagogischer Frühförderung, über Therapieformen wie Krankengymnastik, Beschäftigungstherapie, Logopädie, Motopädagogik und -therapie, über Mund- und Eßtherapie und z. B. die konduktive Pädagogik. Inhaltliche Schwerpunkte sind dabei immer Anregungen für die Bewältigung und Gestaltung des familiären Alltags.

Eine kurze Charakterisierung der besonderen Betreuung durch sog. Schulkindergärten für behinderte Kinder zeigt auf, welche Möglichkeiten der Förderung und Betreuung im Kindergartenalter neben der »normalen« Kindergartenarbeit möglich sind.

Dieses Buch gibt Auskunft über die wichtigsten Formen von Behinderung, über das Zentralnervensystem, die Psychologie des kindlichen Erlebens und Handelns und über einige rechtliche Fragen. Es ist jedoch kein Rezeptbuch, das zeigt wie es »richtig« gemacht wird. Die Autoren wollen damit Verständnis wecken für die besondere Entwicklung und das manchmal befremdliche Verhalten von Kindern mit Behinderung oder Entwicklungsverzögerung. Es soll aufgezeigt werden, daß viele Eltern die gleichen Sorgen und Fragen haben und daß für eine Reihe von Problemen akzeptable Lösungen gefunden werden können. Dies zu erleben, kann ein erster Schritt zu einem weniger belasteten Familienleben sein.

Mit diesem Buch haben wir also versucht, auf eine Reihe von Fragen Antworten zu geben. Wir wissen aber auch, daß nicht alle Themen angesprochen werden können. Wir wünschen uns deshalb auch, daß dieses Buch Anlaß zu neugierigen und kritischen Gesprächen mit den Mitarbeiterinnen und Mitarbeitern der Frühförderung, mit anderen Eltern, mit Therapeuten und Ärzten und in der Familie selbst wird. Das Buch soll auch ermöglichen, sich zu Hause nochmals in Ruhe mit einem bestimmten Thema zu beschäftigen. Vielleicht regt es an, auch die »kleinen« Sorgen und Fragen mit den Eltern und den Fachleuten zu besprechen.

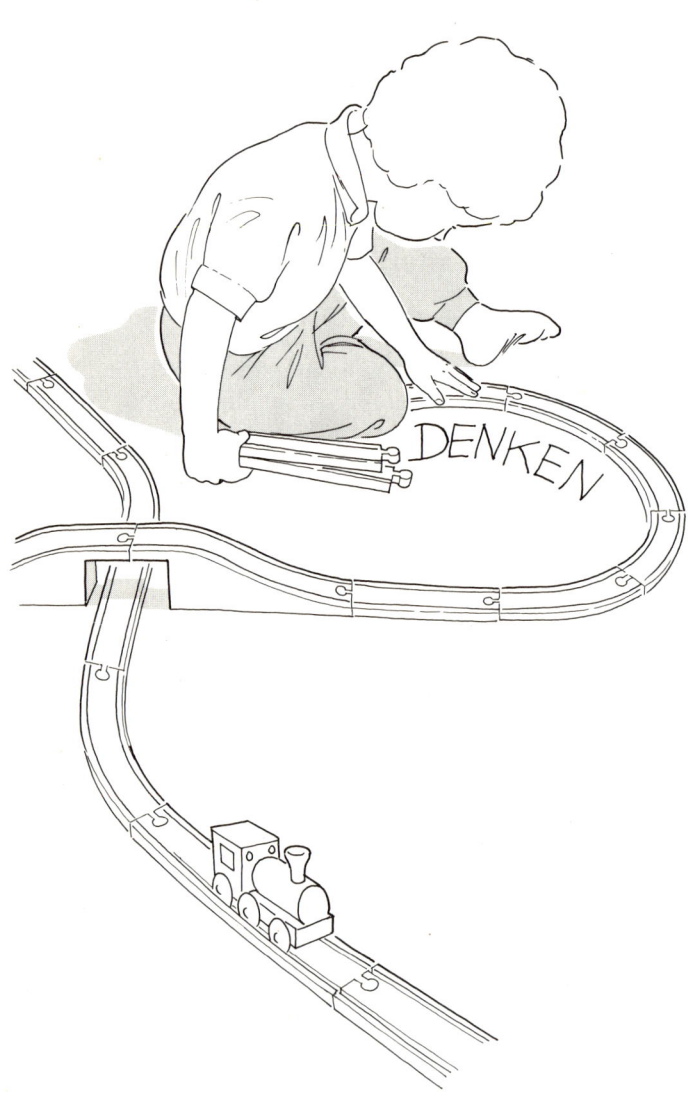

Frühförderung von Kindern mit Behinderung

Was ist Frühförderung?

Jeder Mensch durchläuft in seinem Leben verschiedene Lebensbereiche und -situationen. Im Erwachsenenalter ist dies beispielsweise der Wandel von der freiwilligen Beziehung vor der Heirat oder lebenspartnerschaftlichen Beziehung zur Verpflichtung in der Ehe oder Lebenspartnerschaft. Und es ist der Wandel von der Ehe zur noch schwieriger aufhebbaren Verpflichtung bei der Geburt des ersten Kindes. Später ist es die Teilung des Einflusses auf die Kinder mit anderen Erwachsenen, aus dem Kindergarten oder der Schule und die Teilung des Einflusses mit dem Kind selbst und seinen Altersgenossen. Verlassen die Kinder das Haus, erfolgt die Umkehrung von einer kindorientierten ehelichen Beziehung zu einer von zwei Partnern. Die letzte Veränderung ist die Rückkehr zum Einzelleben beim Tod eines Partners. Man kann davon ausgehen, daß die Veränderungen Kraft kosten, daß man dafür Mut und eine grundsätzliche Bereitschaft braucht.

Diese Kette verdeutlicht, daß also auch die Geburt eines Kindes eine Veränderung bedeutet, die auch ohne besondere Probleme Kraft kostet und eine Neuorientierung verlangt. Dies ist noch anstrengender, wenn die Familie mit der Schädigung oder einer drohenden Entwicklungsbeeinträchtigung des Kindes konfrontiert wird. Die Mütter sind von dieser Problematik besonders intensiv betroffen: »Kann ich mein Kind richtig erziehen? Bin ich meinen Ansprüchen und denen der Menschen um mich herum gewachsen? Werde ich nach wie vor eine gute Ehefrau sein? Was denken meine Eltern oder meine Schwiegereltern nun von mir? Sind sie immer noch für unsere Beziehung?«

Wünschen Familien in dieser Lebenssituation Hilfen und Unterstützung können sie sich an die Mitarbeiter der Frühförderung wenden. Die Mitarbeiter der Frühförderung unterstützen dann Eltern und Familien bei der Erziehung und Förderung ihres Kindes, wenn dieses als Kleinkind in seiner Entwicklung beeinträchtigt ist. Die Frühförderung bietet also Dienstleistungen sonderpädagogischer, therapeutischer und medizinischer Art (z. B. Vorsorgeuntersuchungen, Diagnose des neurologischen Entwicklungsstandes) an.

Frühförderung ist ein Angebot, das Familien (Eltern) in Anspruch nehmen können, aber nicht müssen. Für die Familie ist die Teilnahme an den Angeboten der Frühförderung immer freiwillig. Sie beginnt so früh wie möglich, erfolgt planmäßig und berücksichtigt die besonderen Probleme des Kindes und der Familie.

Die normale Erziehung soll durch diese spezielle Erziehung soweit wie nur möglich unangetastet bleiben. Auch dem behinderten Kind stehen die Vorrechte des Kindseins zu. Es hat Anspruch auf absichtsloses Spiel und ungestörte Eigenbeschäftigung, sowie das Recht, die planvoll-systematisierte Arbeit zu verweigern, wenn ihm nach solcher Arbeit nicht zumute ist.

Eine Familie sollte nicht nur dann zur Frühförderung gehen, wenn sie ein schwer entwicklungsbeeinträchtigtes Kind hat, sondern auch, wenn eine Entwicklungsbeeinträchtigung zu erwarten ist.

Zur Frühförderung kommen Kinder im Alter von 0–6 Jahren. Besuchen die Frühförderkinder ab etwa drei Jahren einen Schulkindergarten (s. S. 98), endet für sie die Frühförderung. Besuchen die Kinder einen Regelkindergarten, kann die Frühförderung bis zur Einschulung weitergeführt werden. Die Frühförderung endet, wenn sie nicht mehr notwendig ist.

Für die Frühförderung sind je nach Bundesland verschiedene Organisationen z. B. Sozialbehörde, private Träger (z. B. Bundesvereinigung Lebenshilfe, kirchliche Heime), Gesundheitsämter oder Sonderschulen zuständig. Je nach Träger ist sie kostenlos oder wird z. B. über Bundessozialhilfe-Gesetz oder Krankenkasse abgerechnet.

Die Frühförderung besteht aus drei großen Aufgabengebieten. Das erste ist die direkte Förderung des Kindes. Man bezeichnet dies auch als *Entwicklungsförderung*. Das zweite ist die *Unterstützung der Eltern*, um Schwierigkeiten, die durch die Entwicklungsbeeinträchtigung entstehen, besser bewältigen zu können. Das dritte Aufgabenfeld umfaßt *Hilfen für die soziale Integration*, d. h. Unterstützung, Begleitung und Beratung der gesamten Familie in allen Fragen und bei Aktivitäten, die üblicherweise mit einem Kleinkind auftreten und bei allen Problemen, die durch die besondere Entwicklung des Kindes entstehen.

☰ Wer kommt zur Frühförderung?

Die Frühförderung wendet sich an Familien mit einem Kind, das eine Behinderung, eine Schädigung oder Störung hat, von einer Behinderung bedroht ist oder dessen Entwicklung verzögert verläuft. Die Eltern kommen mit ihrem Kind zur Frühförderung, wenn sie durch die Entwicklung ihres Kindes Sorgen haben und von den Mitarbeitern konkrete Hilfe für die Förderung und Erziehung ihres Kindes erwarten.

Viele Eltern hören von der Frühförderung über ihren Arzt, wenn bereits eine zum Teil gravierende Schädigung diagnostiziert worden ist und eine Behinderung vorliegt oder wenn das Kind bei einer Vorsorgeuntersuchung auffällt.

Einige Eltern erfahren von Freunden, Bekannten oder von den Erzieherinnen der älteren Geschwister, daß es Frühförderung gibt. Anlaß für entsprechende Gespräche sind häufig Vergleiche zwischen den Problemkindern und Gleichaltrigen aus anderen Familien.

Viele Kinder, die zur Frühförderung kommen, sind sogenannte Risikokinder. Kinder gelten dann als Risikokinder, wenn die Geburt oder die Schwangerschaft unter besonderen Belastungen (Frühgeburt, Zwillingsgeburt, Erkrankungen der Mutter während der Schwangerschaft) verlief oder wenn eine erhöhte Wahrscheinlichkeit für eine genetische Erkrankung vorliegt. Den Eltern solcher Kinder wird angeboten, an speziellen Vorsorgeuntersuchungen teilzunehmen. Wird bei diesen Untersuchungen eine drohende Behinderung oder eine massive Entwicklungsverzögerung festgestellt, werden die Eltern auf die Frühförderung hingewiesen. Etwa 10–15% aller Neugeborenen werden als Risikokinder bezeichnet.

Zum besseren Verständnis, was Fachleute unter Behinderung, Entwicklungsverzögerung, Entwicklungsbeeinträchtigung, Entwicklungsstörung und Krankheit verstehen, werden die Begriffe nachfolgend erklärt.

Behinderung
Es gibt drei Möglichkeiten, wie eine Behinderung entsteht.

Der Betroffene wird durch andere Menschen behindert. *Beispiel:* ein Kind mit Blasenstörungen wird zu einem behinderten Kind (es muß in einen Kindergarten für Behinderte), weil sich die Mitarbeiterin im Kindergarten nicht in der Lage sieht, das Kind zu wickeln.

Der Betroffene wird durch die Vorstellung der Gesellschaft, über das, was normal ist, behindert. *Beispiel:* die Anforderungen der Grundschule sind so groß geworden, daß Kinder schon mit geringen Schwierigkeiten als lernbehindert gelten). Das soziale Umfeld wird zum wesentlichen Faktor für das Maß der Behinderung.

Eigene Merkmale (z.B. Bewegungsstörungen, Störungen der Sprache oder emotionale Störungen) führen zu Einschränkungen im alltäglichen Leben und werden dann zu einer Behinderung.

Im Bundessozialhilfegesetz (BSHG) wird eine Behinderung folgendermaßen beschrieben: Behinderung ist eine nicht nur vorübergehende erhebliche Beeinträchtigung der Bewegungsfähigkeit, der Seh-, Hör- und

Sprachfähigkeit, der geistigen oder seelischen Kräfte; weiter gehören dazu auch Mißbildungen, Entstellungen und Rückgratverkrümmungen.

Für *Pädagogen* sind Kinder, Jugendliche und Erwachsene dann behindert, wenn sie in ihrem Lernen, im sozialen Verhalten, in der sprachlichen Kommunikation und in den psychomotorischen Fähigkeiten so stark beeinträchtigt sind oder von anderen beeinträchtigt werden, daß ihre Teilnahme am allgemeinen Leben wesentlich erschwert ist.

Im Gegensatz zu Krankheit und Störung ist eine Behinderung kein vorübergehender Zustand, sondern langfristig und schwerwiegend. Beispiele für Formen von Behinderung, die durch eine Schädigung oder Krankheit entstehen, sind Körperbehinderung (z. B. Bewegungsstörung, Muskelerkrankung), geistige Behinderung, Sprachbehinderung, Sinnesbehinderung (schwerhörig oder blind).

Entwicklungsstörung

Eine Störung unterscheidet sich von einer Behinderung. Sie ist nicht so umfänglich, kann sich auf einen Entwicklungsbereich beschränken und nicht so lange andauern. Mit dem Begriff Entwicklungsstörung wird zum Ausdruck gebracht, daß es sich bei einer Störung nicht um ein einmaliges Zustandsbild handelt, sondern um einen sich verändernden Vorgang.

Krankheit

Eine Krankheit ist ein Ausnahmezustand von Gesundheit. Sie führt zu vorübergehenden Störungen der Lebensfunktionen und des Wohlbefindens. Chronisch verlaufende Erkrankungen können Behinderungszuständen weitgehend gleichen. Eine Krankheit kann Einfluß auf die Behinderung nehmen und umgekehrt. Sehr häufig ist eine Behinderung die Folge einer Erkrankung. Da eine Behinderung immer langfristig ist, sollten wir nicht vom kranken Kind sprechen, sondern von einem Kind mit Behinderung. Dadurch soll unter anderem zum Ausdruck gebracht werden, daß die Behinderung zum normalen Dasein des Kindes gehört. Die Zusammenhänge zwischen Behinderung und Krankheit sind in der folgenden Tabelle 1 dargestellt:

Tab. 1   Die Zusammenhänge von Behinderung und Krankheit

| | | Dauer der Beeinträchtigung | |
		vorüber-gehend	lang-fristig
Ausmaß der Beein-träch-tigung	gering bis mittel-mäßig	Kranke	chronisch Kranke
	wesentlich	Schwer-kranke	Behinderte

Entwicklungsbeeinträchtigung

Immer häufiger wird anstelle des Begriffs Behinderung der weiter gefaßte Begriff Entwicklungsbeeinträchtigung verwendet. Damit soll zum Ausdruck gebracht werden, daß das Behindert-Werden ein dynamischer Prozeß ist, der nicht durch eine festgelegte Funktion bestimmt wird. Vielmehr beeinträchtigen eine Schädigung, eine Funktionseinschränkung oder eine soziale Benachteiligung den Entwicklungsprozeß eines Menschen.

Retardierung (Entwicklungsverzögerung)

Die Entwicklung eines Kindes kann mit Hilfe von Entwicklungstests gemessen werden. Anhand eines solchen Tests wird festgelegt, was ein Kind auf jeden Fall in einem bestimmten Alter können müßte. Ist die Entwicklung nicht altersentsprechend, bezeichnet man dies als Retardierung. Der Begriff Retardierung sagt nichts über die Ursache der Entwicklungsverzögerung aus. Es kommt vor, daß ein Kind nicht in allen Entwicklungsbereichen (Bewegung, Denken, Gefühle, Sprache) gleich weit entwickelt ist. Ist ein Bereich besonders betroffen, spricht man beispielsweise von einer motorischen Retardierung oder einer Retardierung im Denken.

≡ Welche Ziele hat die Frühförderung?

Ziel der Frühförderung *für das Kind* ist die Förderung der Handlungs- und Erlebnisfähigkeit im Familienalltag. Dies geschieht durch direkte Zusammenarbeit mit dem Kind in der Entwicklungsförderung. Häufig kommt es vor, daß die Sorgen und Ängste der Eltern so groß sind,

daß sich Erschwernisse und Blockaden im allgemeinen Familienleben ergeben. Die Hilfsangebote erstrecken sich dann nicht nur auf die Erziehung
des Problemkindes, sondern umfassen auch das Denken, Fühlen und Handeln der Familie. Allerdings muß deutlich betont werden, daß sonderpädagogische Frühförderung keine Familientherapie ist und auch keine Psy-
chotherapie ersetzt.

Die Ziele *für die Familie* sind die Unterstützung der Eltern im
konkreten Umgang mit dem Kind mit Behinderung. Ebenso sollen die
Geschwister möglichst alters- und kindgemäß mit dem behinderten
Geschwister umgehen lernen. Weiter soll den Eltern bei allen besonderen
Fragen und Problemen geholfen werden.

Die Ziele der Frühförderung sind erreicht, wenn durch die Früh-
fördermaßnahmen die Zufriedenheit der Familie größer wird, wenn Ängste
und Sorgen abgebaut werden und wenn sich Vorstellungen über Lebensperspektiven entwickeln. Diese Lebensperspektiven können dabei nur
einige Monate oder aber auch viele Jahre umfassen.

☰ Frühförderung ist familienorientiert

Die Familie mit einem behinderten oder von Behinderung bedroh-
ten Kind besitzt von jeher in der Frühförderung einen hohen Stellenwert.
Aus psychologischer Sicht entwickelt ein Kind in der konkreten Auseinandersetzung mit seiner Umwelt die in ihm angelegten vielfältigen Fähigkeiten und Fertigkeiten. Gleichzeitig baut es »seine Welt« und seine Identität
auf. Ganz wesentlich für das Kind sind die *erwachsenen Bezugspersonen*
(z. B. Eltern, Großeltern, Pflegeeltern oder Freunde), auf die das Kind zu
seiner Versorgung angewiesen ist. Gleichermaßen wichtig sind gegebenenfalls *Geschwister* und die sich zwischen den Familienmitgliedern entfalten-
den Beziehungen. Da sich das Leben in *Räumen* (Wohnung, Wohnumfeld)
und mit Gegenständen abspielt, sind auch diese für die Entwicklung des
Kindes von Bedeutung.

Ist nun ein Kind in seinen Entwicklungsmöglichkeiten beeinträchtigt, kann es sich seine Fähigkeiten und Fertigkeiten nur eingeschränkt
oder nicht altersgerecht aneignen. Seine Selbstentfaltungs- und Anpas-
sungsmöglichkeiten sind begrenzt. Seine Reaktionsmöglichkeiten können
verändert sein. Nehmen Eltern solche Einschränkungen wahr oder werden
sie durch die Diagnose von Fachleuten damit konfrontiert, hat dies Auswirkungen auf die gesamte Familie.

Angesichts des hohen gesellschaftlichen Stellenwerts von »normaler« Entwicklung und den damit zusammenhängenden Leistungserwartungen kann das Erkennen von Entwicklungsbeeinträchtigungen ganz unterschiedliche Gefühle und Reaktionen bei den Familienmitgliedern hervorrufen. Gefühle der Enttäuschung, der Trauer, der Schuld, der Angst oder der Aggression sind ebenso verständlich wie Reaktionen des Nicht-wahrhaben-Wollens, der Flucht in hektische Aktivitäten oder des sozialen Rückzugs.

Oft ist die Erfahrung, ein entwicklungsbeeinträchtigtes Kind zu haben, Anlaß für spannungsgeladene Konflikte zwischen den Ehepartnern. Hinzu kommt, daß die Geburt eines entwicklungsbeeinträchtigten Kindes die Mutter besonders stark an die häusliche Pflege und Erziehung bindet. Väter haben es aufgrund ihrer »Versorgerrolle« leichter, den Alltagsproblemen durch ihre Berufstätigkeit auszuweichen. Dies bedeutet jedoch nicht unbedingt, daß Väter dadurch weniger emotionalen Belastungen ausgesetzt wären.

Viele gefühlsbezogene Reaktionen verhindern häufig den Aufbau einer spontanen, streßfreien Beziehung zwischen den Eltern und dem entwicklungsbeeinträchtigten Kind. Dies kann zu zwiespältigen Gefühlen und erzieherischen Verhaltensweisen, zu einem ungleichgewichtigen Wechselspiel zwischen Eltern und Kind führen. Für das Kind ist dies nicht immer in ausreichendem Maße entwicklungsförderlich. Sowohl Verwöhnen, Überbehüten, Unterschätzen der Fähigkeiten des Kindes als auch Überfordern schränken den Raum für die Eigeninitiative des Kindes ein. Passives Verhalten dagegen verhindert die Anregungen, die das Kind zu seiner Entwicklung dringend braucht. Auch die nichtbehinderten Geschwister sind in diese familiäre Beziehungsdynamik einbezogen. Nimmt das Problemkind sehr viel Zeit und Raum in Anspruch, können sich die anderen Geschwister im Hinblick auf die elterliche (insbesondere die mütterliche) Zuwendung benachteiligt fühlen.

Trotz aller Veränderungen, Schwierigkeiten und Belastungen im Alltag gelingt es vielen Familien, sich auf die neuen Situationen mit dem entwicklungsbeeinträchtigten Kind einzustellen. Einige Familien sind dagegen auf Unterstützung angewiesen. Damit wird deutlich, daß eine einseitig kindbezogene Frühförderung nicht ausreicht. Die *ganze Familie* wird durch die Geburt oder Existenz eines entwicklungsbeeinträchtigten Kindes mehr oder weniger unvorbereitet vor Probleme und Aufgaben gestellt, zu deren Bewältigung sie erst Handlungsmuster entwickeln muß. Deshalb wird von den Mitarbeitern der Frühförderung auch die ganze Familie einschließlich ihrer Beziehungen nach außen im Mittelpunkt stehen. Trotzdem wird jedes einzelne Familienmitglied als eigenständige Persönlichkeit mit seinen Bedürfnissen und Problemen, aber auch mit seinen Fähigkeiten und Kompetenzen ernstgenommen. Brauchen einzelne Mitglieder oder die gesamte Familie weitreichende Hilfe für die Bewältigung ihrer Probleme, werden die Mitarbeiter von anderen Institutionen, z. B. Familienberatungsstellen, unterstützt.

☰ Welche Stellung haben die Eltern in der Frühförderung?

Über diese Frage gibt es unterschiedliche Auffassungen. Die Bandbreite reicht von weitgehender Unterordnung unter die fachliche Autorität; die Eltern werden als Laien betrachtet *(Laienmodell)*, über eine aktive Mitwirkung unter fachlicher Anleitung an der Behandlung des Kindes (das *Ko-Therapeuten-Modell*), bis zur Zusammenarbeit als eigenverantwortliche und gleichwertige Partner *(Kooperationsmodell)*.

Diese Vorstellungen kommen in der Praxis selten in Reinkultur vor, sie sind häufig vermischt und überlagert. Beim *Laienmodell* liefern die Eltern den Fachleuten Informationen für die Diagnose und die daraus abzuleitenden Fördermaßnahmen. Sie erhalten dafür dann Ratschläge und Anweisungen, welche Fördermaßnahmen in welcher Form und in welchem Umfang durchgeführt werden sollen.

Als »*Ko-Therapeuten*« erfahren die Eltern eine deutliche Aufwertung. Hierzu haben sowohl psychologische Erkenntnisse als auch wirtschaftliche Überlegungen beigetragen. Den Eltern kommt jetzt eine wichtige Funktion im Förderprozeß ihres Kindes zu. Sie werden angeleitet, die von den Fachleuten begonnene Behandlung des Kindes fortzusetzen, um die Behandlung zu intensivieren und deren Erfolg zu sichern. Allerdings werden mittlerweile auch problematische Nebenwirkungen dieses Modells erkannt. Dem Ko-Therapeuten-Modell unterliegt die Vorstellung, daß durch immer frühere und intensivere Behandlung schädigungsbedingte Entwicklungsbeeinträchtigungen wegtherapiert werden können. Bei den Eltern wird der Glaube an diese Vorstellung genährt. Dies hat zur Folge, daß es sowohl bei den Fachleuten als auch bei den Eltern zu einer Überbewertung der Defizite oder Defekte des Kindes kommt. Dadurch kann ein Förderdruck entstehen, der sowohl zu einem Verlust an Spontaneität und Intuition in der Begegnung von Eltern und Kind führen kann als auch zu einem erheblichen Schuldgefühl, nicht genug für das Kind getan zu haben. Darüber hinaus können Störungen in der Beziehung zwischen den Eltern und in der Beziehung zu den nichtbehinderten Geschwistern entstehen.

Aus Sicht des *Kooperationsmodells* sind Eltern und Fachleute zwei eigenständige und gleichwertige Partner mit je unterschiedlichen Verantwortlichkeiten, Informationen und Handlungskompetenzen. Sie ergänzen sich. Ihr gemeinsames Ziel ist es dann, für das Kind Hilfen anzubieten, daß es sich individuell bestmöglich entwickeln kann. Die Eltern sind dabei primär verantwortlich für das Kind. Sie entscheiden, welche Angebote der Fachleute sie annehmen und nutzen wollen. Gerade die Eltern sind es, die aus dem alltäglichen Umgang mit dem Kind über wesentliche Erfahrungen und Informationen verfügen. Der offene Austausch von Erfahrungswissen der Eltern und dem Fachwissen der Fachleute bildet damit die Grundlage für eine gemeinsame Entscheidungsfindung im Diagnoseprozeß und bei der Suche und Auswahl geeigneter Fördermaßnahmen. Darüber hinaus gehört zu einer partnerschaftlichen Zusammenarbeit sowohl die Verständigung über organisatorische Vorgehensweisen als auch das Gespräch über Gefühle (z. B. Erwartungen, Spannungen, Bedürfnisse und Motive), die bei der Zusammenarbeit entstehen und darin eine Rolle spielen. Dies fällt sowohl den Fachleuten wie den Eltern nicht immer leicht.

Eine solche *Form der Zusammenarbeit* erfordert auf beiden Seiten eine hohe Bereitschaft unterschiedliche Denk-, Sicht- und Handlungsweisen zu akzeptieren und aus den Unterschieden konstruktiv Nutzen zu ziehen. Solche (Ideal-)Vorstellungen von der Zusammenarbeit zwischen Eltern und Fachleuten entsprechen einer familienorientierten Frühförderung.

Dies bedeutet, daß die Befindlichkeit jedes Familienmitgliedes und der Mitarbeiter berücksichtigt wird. Damit öffnet sich Frühförderung für die vielfältigen, unterschiedlichen und prinzipiell wandelbaren Bedürfnisse und Vorstellungen der jeweiligen Familien. Hieraus erwächst notwendigerweise eine Vielzahl inhaltlich unterschiedlicher Maßnahmen, die im Bereich der Frühförderung angeboten und praktiziert werden können. Für manche Eltern mag es ausreichen, *Informationen* über Hilfsmittel und ambulante Hilfen (z. B. familienentlastende Dienste) zu bekommen. Andere suchen primär *Beratung* bei finanziellen und sozialrechtlichen Fragen. Manche Eltern benötigen auf ihrem Weg eine zeitlang intensive (therapeutische) *Unterstützung*, um die entstandenen Belastungen und Schwierigkeiten besser bewältigen zu können. Wieder andere Eltern suchen *Anregungen* durch die fachliche Anleitung in der klassischen Frühfördersituation oder bei thematisch ausgerichteten Maßnahmen der *Elternbildung*. Interesse kann bestehen am gemeinsamen *Erfahrungs- und Problemaustausch* in offenen Mutter-Kind-Gruppen oder eher geschlossenen Gesprächskreisen oder an Spiel- und Gesprächskreisen für Geschwister, die von Fachpersonen unterstützt und begleitet werden. All diese Formen früher Hilfe können Bestandteile familienorientierter Frühförderung sein.

≡ Die Mitarbeiter der Frühförderung arbeiten mit anderen Berufsgruppen zusammen

Die Schädigungen »unserer« Kinder haben häufig sehr unterschiedliche Erscheinungsformen und Auswirkungen. Deshalb fühlen sich viele verschiedene Berufsgruppen für bestimmte Entwicklungsbereiche des Kindes zuständig. Aus diesem Grund hat das Kind und seine Familie mit mehreren Stellen und Einrichtungen zu tun. Immer wieder kommt es vor, daß die Eltern dadurch mit widersprüchlichen Informationen und Aussagen konfrontiert werden. Dies wirkt sich auf die Familie und das Zusammenleben mit dem behinderten Kind aus. Die ohnehin große Verunsicherung der Eltern wird verstärkt.

Weiter ist auch unmittelbar einzusehen, daß das Team einer Frühförderstelle, angesichts prinzipiell begrenzter personeller und zeitlicher Kapazität und Kompetenzen, aus eigener Kraft nur einen Teil dieses Spektrums an Maßnahmen angemessen qualifiziert abdecken kann.

Die Vielfalt der Unterstützungsbedürfnisse von Familien macht es deshalb notwendig, Hilfen in Kooperation mit Fachpersonen anderer Berufsgruppen (z. B. Ärzten, Psychologen, Sozialarbeitern) abzustimmen und zu organisieren. In der Praxis kommt es deshalb in immer wieder neuen Gesprächen zwischen Familienangehörigen und Fachpersonen darauf an, realistische Absprachen über die Zusammenarbeit zu treffen sowie Maßnahmen unterschiedlicher Fachdienste zu koordinieren.

GESCHICKLICHKEIT

Formen der Hilfe im Frühförderalter

In diesem Abschnitt werden die einzelnen Aufgabenfelder im Frühförderalter vorgestellt. Dazu gehören die *sonderpädagogische Entwicklungsförderung, medizinisch-therapeutische Verfahren,* wie Krankengymnastik, Mund- und Eßtherapie, Beschäftigungstherapie, sensorische Integrationstherapie, Sprachtherapie/Logopädie und *pädagogisch-psychologische Konzepte,* wie Mototherapie und Konduktive Pädagogik sowie *soziale und rechtliche Hilfen.*

Diese Maßnahmen werden in der Bundesrepublik nahezu flächendeckend für alle Familien angeboten. Je nach Bedürfnis der Familie und den Problemen des Kindes werden die Maßnahmen ausgewählt. Um die richtige Auswahl zu treffen, sind intensive Gespräche der Eltern mit den einzelnen Fachleuten notwendig. Die Mitarbeiter der Frühförderung haben die Aufgabe, die Maßnahmen individuell abzustimmen und langfristig zu koordinieren. Die Entscheidung, welche Angebote letztendlich wahrgenommen werden, liegt ausschließlich bei den Eltern.

Was ist Entwicklungsförderung?

Entwicklungsförderung ist die direkte Zusammenarbeit von Kind und Mitarbeiter. Ziel ist es, eine angemessene Handlungs- und Erlebnisfähigkeit aufzubauen und Sozialkontakte zu ermöglichen. »Angemessen« bedeutet, daß die Möglichkeiten des Kindes ausgeschöpft werden sollen, ohne es selbst oder seine Mitmenschen zu überfordern.

Diese Ziele können nur durch eine größtmögliche Verknüpfung unterschiedlicher Entwicklungsbereiche in der Fördersituation erreicht werden. Man spricht auch von ganzheitlicher Orientierung. Es wird dann nicht getrennt zwischen Motorik, Fähigkeit zum Sozialkontakt und Denken. Vielmehr werden alle Bereiche berücksichtigt. Schwerpunkte zu setzen, ist selbstverständlich möglich, ja manchmal dringend notwendig.

Wie findet man die Inhalte der Entwicklungsförderung?

Die Inhalte werden gemeinsam vom Kind, den Eltern (meist ist es die Mutter) und dem Mitarbeiter ausgewählt. Alle drei bringen dabei ihre Kompetenzen ein und übernehmen besondere Verantwortungsbereiche.

Zunächst beginnt jede Fördersituation (dies gilt zumindest für die Einzelförderung) mit einem klärenden Gespräch über das, was seit der letzten Begegnung passiert ist. Die Mutter berichtet über Vorkommnisse, ihre Sorgen und Gedanken. Beispielsweise wünscht sie sich, daß Steffen beim Geburtstagskaffee aktiv im Hochstuhl sitzt und nicht mehr ständig auf ihrem Schoß gehalten werden muß. Aus solchen Überlegungen ergeben sich direkte Hinweise auf die Inhalte der Förderung. Das Thema der Förderstunden heißt dann »Sitzenlernen« oder, aus Sicht des Kindes, »Sich-Wohlfühlen ohne direkten Körperkontakt mit der Mutter«.

Oft ist es angebracht, daß sich der Mitarbeiter direkt an die Mutter wendet: Was sollen wir heute machen? Welchen Schwerpunkt sollen wir setzen? Sollen oder können wir direkt an die letzte Fördersituation anknüpfen? Gelten die Verabredungen aus der letzten Förderstunde noch? Was war in der Krankengymnastik los? Liegen jetzt die Untersuchungsergebnisse aus der Klinik vor? Gab es wieder Krampfanfälle? Auch aus diesen Fragen können oft direkt Inhalte für die Förderung abgeleitet werden.

Die *Rolle des Kindes* in der Entwicklungsförderung läßt sich dabei folgendermaßen beschreiben: Dem Kind wird nicht gesagt, du machst jetzt dies oder das, sondern die Fördersituation wird so gestaltet, daß die Inhalte nur als *Angebote* verstanden werden. Dies bedeutet, der Mitarbeiter bietet dem Kind an, heute wieder einmal mit Schaukeln auf der Plattformschaukel zu beginnen. Wehrt sich das Kind, zeigt es deutlich seinen Unwillen, wird kurz überlegt, ob eine andere Position (z. B. in Bauchlage im Unterarmstütz und nicht im Langsitz) weniger Angst macht oder ob ein an der Schaukel zu befestigendes Windrad genügend Lust hervorruft. Vielleicht bietet sich die Mutter an, mit dem Kind auf die Schaukel zu gehen. Läßt sich das Kind überhaupt nicht für das Schaukeln begeistern, wird diese Situation abgebrochen. Andere Spielideen, wie Krabbeln auf ein Schaukelbrett oder eine niedere Wippe, auf der man auch mit dem Ball spielen kann, werden als Ideen in den Raum gestellt. Manchmal ist es für die Kinder einladend, wenn Mutter und Mitarbeiter vorbereitend ein paar Mal den Ball auf der Wippe hin- und herrollen.

Die *Aufgabe des Mitarbeiters* ist es Sorge zutragen, daß die Vorschläge und Gedanken des Gesprächs und die Impulse, die das Kind bietet in spezielle Förderinhalte umgesetzt werden. Von diesen nehmen die Erwachsenen an, daß sie dem Kind helfen, sein Leben aktiv zu bewältigen, daß sie für sein Wohlbefinden wichtig sind und die Fähigkeit stärken, bald noch mehr Verantwortung für sich und seine Umwelt zu übernehmen. Der Mitarbeiter achet darauf, daß die Inhalte keine zu große Überforderung für das Kind darstellen, aber auch nicht langweilig sind und sich an seinem Enwicklungsalter orientieren.

Dies hört sich alles sehr kompliziert an und soll deshalb an einem *Beispiel* erläutert werden. Im neunten und zehnten Lebensmonat können Kinder schon längere Zeit alleine sitzen. Sie ziehen sich hoch zum Stand. Voraussetzung für diesen Entwicklungsschritt ist das aktive Sitzen. Dies bedeutet beispielsweise, daß sich das Kind bei Gleichgewichtsverlust ohne große Anstrengung abstützen kann. Für viele Kinder ist dieser Zwischenschritt nicht einfach zu erlernen. Deshalb wird er in der Förderstunde aufgegriffen. Spielsituationen, z. B. das Ballspielen auf der großen Wippe, die solche »Hilfshandlungen« notwendig machen, unterstützen dies.

Ein kleiner *Rückblick* in die Geschichte der Frühförderung zeigt, daß diese Form des Vorgehens nicht schon immer üblich war und auch heute nicht von allen Mitarbeitern angewendet wird.

Frühförderung gibt es etwa seit 25 Jahren. Die ersten 10−15 Jahre wurden die Inhalte mit Hilfe von sogenannten Entwicklungstabellen oder Entwicklungsgittern gefunden. Diese Tabellen zeigen, was ein Kind in welchem Alter können soll, wenn man es als normal entwickelt bezeichnen will.

Die bekanntesten Tabellen sind von KIPHARD, die DENVER-Skala und von HELLBRÜGGE (s. Tab. 2 u. 3, S. 26−28). Die beiden letzten werden häufig von den Kinderärzten benützt.

Anhand eines *Beispiels* soll verdeutlicht werden, wie die Entwicklungsgitter für die Auswahl der Inhalte eingesetzt werden:

STEFFEN ist 16 Monate alt. Man schaut nun nach, was ein Kind im Alter von Steffen, also konkret etwa zwischen dem 15.−17. Monat eigentlich können sollte. Die Inhalte findet man in den Tabellen. Sie werden nun mit Steffen geübt. Laut Entwicklungsgitter von KIPHARD wäre dies für den Bereich

Handgeschick:	Zeigt mit Zeigefinger,
	wirft Dinge weg,
	trinkt allein aus Tasse.
Körperkontrolle:	Schiebt Kinderwagen
	Steht allein, geht allein,
	Hebt im Bücken Dinge auf.
Sprache:	Laute als Wunschäußerung,
	Laute: a, o, u, m, b, p,
	Sagt zwei sinnvolle Worte.

Durch die starke Orientierung an der Schule war dieses Vorgehen für die Mitarbeiter selbstverständlich. Auch in der Schule ist durch einen Lehrplan festgelegt, was in welchem Alter gelernt werden soll.

Sehr bald hat man nun festgestellt, daß dieses Vorgehen unsinnig ist, da die Entwicklung im frühen Kindesalter bei jedem Kind sehr unterschiedlich verläuft und die Förderinhalte im Leben des Kindes nicht vorkommen. Dies gilt um so mehr, je schwerer behindert die Kinder sind.

Vor diesem Hintergrund kam die Forderung nach einer »dem Entwicklungsstand des Kindes angepaßten« Förderung auf. Es wurde dann beobachtet, was das Kind kann. Im Entwicklungsgitter wurde daraufhin nachgeschaut, was das Kind als Nächstes können sollte, und dies wurde dann geübt. Obwohl das Niveau jetzt dem Kind eher angepaßt war, waren die Fördersituationen immer noch häufig sehr unbefriedigend. Es waren die Mitarbeiter bzw. ihre Orientierung am Entwicklungsgitter, die entschieden, was gemacht wurde.

Die Fördervorschläge hatten wenig mit den Wünschen und Interessen des Kindes zu tun. Berührungspunkte mit der Lebenswelt der Familie waren nicht vorhanden. Im vorherigen Abschnitt (s. S. 18) wurde dieses Konzept mit dem Begriff »Laienmodell« beschrieben. Die Unzufriedenheit der Familie und der Mitarbeiter, unterstützt durch die Kritik von seiten der Wissenschaftler, führte zu dem Vorgehen, wie es bereits beschrieben wurde.

Tab. 2   Entwicklungsgitter nach Kiphard

	Nr. Tab.	A. Optische Wahrnehmung	B. Handgeschick	C. Körperkontrolle
7J 6M	69	__ Ordnet 5 Handlungsfolgen	__ Schneidet Figur aus	__ Nimmt 2 Stufen auf einmal
	68	__ Ergänzt Menge auf 10	__ Fährt Labyrinth nach	__ Je 10 Einbeinhüpfer vorwärts
	67	__ Kennt die Uhr	__ Ballhochwurf u. Fang, 1 m	__ Standweitsprung, 1m
7J	66	__ Erkennt Sinnwidriges	__ Daumen trifft Fingerkuppen	__ Steigt frei auf 50-cm-Bank
	65	__ Findet Kategoriefremdes	__ Zeichnet Rhombus ab	__ Einbeinsprung, 10 cm
	64	__ Erfaßt Bildhandlungen	__ Malt 10 Buchstaben ab*	__ Standhochsprung, 30 cm
6J 6M	63	__ Imit. Finger-V-Stellung	__ Prellt Ball 3 × fortl.*	__ Auf Fersen gehen, 5 m
	62	__ Sieht Fehlendes auf Abbildung	__ Zeichnet Mann, 8 Teile*	__ Seiltänzergang rückwärts, 1 m*
	61	__ Diff. Gleiches von Ähnl.	__ Bindet Knoten um Stift	__ Zehenballenstand, 10 Sekunden
6J	60	__ Sortiert 10 Größen	__ Wickelt Faden auf Spule	__ Je 5 Einbeinhüpfer vorwärts
	59	__ Ordnet Menge 3 zu	__ Zeichnet Haus, Baum, Sonne	__ Einbeinstand, 10 Sekunden
	58	__ Sortiert Längen: 4 u. 5 cm	__ Zieht sich allein an*	__ 10 Schlußsprünge vorwärts
5J 6M	57	__ Ordnet 4 Tierköpfe zu	__ Schlagballweitwurf, 4m	__ 30 m Schnellauf, 10 Sekunden
	56	__ Vervollständigt Muster	__ Fängt zugeprellten Ball*	__ Standhochsprung, 20 cm*
	55	__ Kennt zwei Münzen	__ Schüttelt Maus in Falle	__ Seiltänzergang vorwärts, 1 m*
5J	54	__ Ordnet 6 Mannteile zu	__ Fädelt Nadel ein	__ Gerades Aufstehen über Sitz
	53	__ Setzt 10 Formen ein	__ Schereschneiden an Linie	__ 2 Hüpfer auf einem Bein*
	52	__ Sortiert 3 Oberbegriffe	__ Tut 10 Perlen in Flasche	__ Je Bein 5 Sekunden balancieren
4J 6M	51	__ Imit. Beiddaumenstreckung	__ Zeichnet Kreuz ab	__ Standweitsprung, 50 cm
	50	__ Erkennt Verkleinerung	__ Schmiert Brot allein	__ 5 × Seitensprünge über Linie
	49	__ Ordnet 5 Tierpaare	__ Legt Z mit 3 Hölzern	__ 30 m Schnellauf, 15 Sekunden*
4J	48	__ Puzzle aus 2 Teilen	__ Schneidet mit Schere	__ Frei treppab, Fußwechsel
	47	__ Ordnet Detail zum Ganzen	__ Knöpft auf und zu*	__ Schlußsprung von Couch
	46	__ Erkennt Junge und Mädchen	__ Linie zwischen 2 Punkten	__ 5 fortl. Schlußsprünge
	45	__ Findet 3 versteckte Dinge	__ Knetet Kugel und Schlange	__ 1 Hüpfer auf einem Bein*
	44	__ Ordnet Menge 2 optisch zu	__ Schraubt, dreht Schlüssel	__ Je Bein 2 Sek. balancieren
	43	__ Sortiert Autos und Tiere	__ Wäscht und trocknet Hände*	__ Geht mit Armschwung

	Nr. Tab.	D. Sprache	E. Akustische Wahrnehmungen	F. Sozialkontakt
7J 6M	69	__ Erklärt Ähnlichkeiten	__ Kennt Jahreszeiten	__ Verleiht Eigenes an andere
	68	__ Gebraucht Ausreden	__ Weiß Wortanfangsbuchstaben	__ Möchte Kleidung wie Schulfreunde
	67	__ Erzählt Selbsterfundenes	__ Kennt rechts und links	__ Klopft beim Eintreten an
7J	66	__ Nennt 3 Hausbaumaterialien	__ Zeitbegriff: vorgestern	__ Geht ohne Hilfe zu Bett
	65	__ Erklärt: Vorhang, Hecke, See*	__ Hört 5 Schläge heraus	__ Fragt Fremden um Auskunft
	64	__ Satz aus 3 Stichworten	__ Zeigt Mittel- u. Ringfinger	__ Zeigt Mitleid
6J 6M	63	__ Definiert 2 Unterschiede	__ Raumbegriff: Vorletzter	__ Badet allein
	62	__ Nennt Material: Schuh, Tür*	__ Zeigt 4 Farben, gibt 4 Stück	__ Überquert allein Straßen
	61	__ Nennt 3 Oberbegriffe	__ Hört Kategoriefremdes heraus	__ Will etwas leisten
6J	60	__ Zählt 10 Dinge ab	__ Zeigt Ellbogen, Knie, Ferse	__ Fühlt sich bei „wir" angesprochen
	59	__ Beantw. 3 Wenn-dann-Fragen	__ Zeitbegriff: Gestern/morgen	__ Bleibt am Platz sitzen
	58	__ Beschreibt Bildszene	__ Versteht: Schön/häßlich	__ Sagt „Sie" zu Erwachsenen
5J 6M	57	__ Nennt zwei Analogien*	__ Befolgt 3teiligen Auftrag	__ Kauft mit Geld ein
	56	__ Fragt nach Wortbedeutung	__ Zeigt 3 Oberbegriffe	__ Übernimmt kleine Pflichten
	55	__ Sagt, was es morgen vorhaz	__ Versteht: Schnell/langsam	__ Achtet fremdes Eigentum
5J	54	__ Spricht 5-Wortsätze	__ Hört Sinnwidriges heraus	__ Zeigt Wetteifer im Spiel
	53	__ Spricht 4 Zahlen nach	__ Zeigt 3 genannte Berufe	__ Achtet auf sein Eigentum
	52	__ Benennt 3 Farben*	__ Versteht: Schief, rauh, flüssig	__ Spielt gern Elternrollen
4J 6M	51	__ Beantwortet 3 Zweckfragen	__ Merkt einstell. Zahl für 1 Minute	__ Nennt Namen und Adresse
	50	__ Sagt, was es heute tat	__ Versteht: Mehr/am meisten	__ Geht allein zu Nachbarn
	49	__ Wiederholt 5-Wortsatz	__ Versteht: Dünn/dick, gerade/krumm	__ läßt völlig allein
4J	48	__ Nennt 2 Gegensätze*	__ Zeigt alles was fliegt	__ Bleibt nachts trocken
	47	__ Fragt: wer, wo, wann, warum	__ Versteht: Müde, hungrig*	__ Gibt Süßigkeiten ab
	46	__ Gebraucht Nebensätze	__ Legt etwas auf, unter*	__ Macht Kreisspiele mit
	45	__ Wiederholt Kurzgeschichte	__ Versteht: Morgens, abends	__ Spielt allein draußen
	44	__ Erklärt was es spielt	__ Befolgt: Gib mir zwei	__ Sagt: „Ich hab' dich lieb"
	43	__ Laute: ch/ch, ng, nt, schp, fr	__ Kennt Daumen, Zeigefinger	__ Hat spezielle Freunde

Tab. 3   Denver-Skala; anhand dieser Skala kann festgestellt werden, ob das Kind altersentsprechend entwickelt ist

Alter in Monaten

	0	1	2	3	4	5	6	7	8	9	10	11	12	13

sozialer Kontakt

betrachtet Gesicht — anfangs scheu 50% bei Fremden

erwidert Lächeln — klatscht in die Hände oder winkt

lächelt spontan — ißt Kekse allein — spielt mit Untersucher Ball

widersteht Wegnahme des Spielzeugs

spielt Verstecken — macht Wünsche deut-lich (ohne Schreien)

greift nach Objekten außerhalb der Reichweite — trinkt aus der Tasse

Fein-motorik-Adaption

folgt mit Augen zur Mittellinie   ergreift Klapper   schaut sitzend fallendem Wollknäuel nach

Bewegungen (Kopf in Mitte)   betrachtet Rosinen   Daumen-Finger Griff

folgt mit Augen über die Mittellinie   langt nach Spielzeug   schlägt zwei Klötzchen zusammen

folgt mit Augen um 180°   greift nach Rosine   Pinzettengriff

Hände zusammen   nimmt sitzend zwei Klötzchen

gibt Klötzchen von einer Hand in die andere

Sprache

reagiert auf Glocke — »Papa« oder »Mama« ungezielt

gibt Laute von sich   wendet sich nach Stimme   »Papa« oder »Mama« gerichtet

lacht

quietscht   imitiert Sprachlaute

Grob-motorik

hebt den Kopf in Bauchlage   Beine tragen etwas Körpergewicht   steht kurze Zeit

hebt Kopf in Bauchlage 45°   hochgezogen zum Sitzen (Kopfkontrolle)   läuft an Möbeln entlang

hebt Kopf in Bauch-lage bis 90°   sitzt ohne Hilfe   steht allein

Oberkörper in Bauchlage auf Arme gestützt   steht mit Festhalten   Bücken und Aufrichten

■■■ = 75% aller Kinder

hält Kopf im Sitzen   zieht sich hoch zum Stehen   läuft allein

dreht sich um   setzt sich auf

≡ Was wird in der Entwicklungsförderung gemacht?

Die Inhalte der Entwicklungsförderung werden in sieben nach dem Entwicklungsalter des Kindes aufgebauten Abschnitten beschrieben. Jeder einzelne Altersabschnitt wiederum ist in vier Teile gegliedert. Diese Teile sind nicht als starre Vorschrift für das Vorgehen bei der Förderung zu verstehen. Sie sind aber eine Möglichkeit, die Vielfalt der Vorgänge ein wenig zu ordnen. Für jeden Entwicklungsabschnitt wurden typische Beispiele ausgesucht. An diesen werden Grundprinzipien der Zusammenhänge und Konsequenzen für die Förderung dargestellt. Als Ergänzung gibt es im Kapitel: »Über den Aufbau einer Handlung« (s. S. 112) noch eine entsprechende Zusammenstellung der Entwicklung von neurologischen Funktionen in den ersten zwei Lebensjahren.

═ Förderung im 1. und 2. Entwicklungsmonat

Kontaktaufnahme mit dem Kind
Für die erste Kontaktaufnahme des Mitarbeiters mit dem Kind ist es wichtig, den »Verhaltenszustand« zu beachten. Das Kind sollte wach sein und nicht weinen. Wenn das Kind schläft, sollte die Mutter es wecken. Wenn es weint, sollte sie es beruhigen.

Angebot zur Aktivierung der Aufmerksamkeit
Zu Beginn der Fördersituation stellt sich der Mitarbeiter weitgehend auf die Situation des Kindes ein. Dies bedeutet, daß er versucht, sich zu entspannen, ruhig zu atmen und leise und langsam zu sprechen, wenn er dem Kind in der Phase zwischen Schlafen und beginnender Aktivität begegnet. Ist das Kind sehr unruhig, sitzt der Mitarbeiter nicht still daneben, sondern macht dem Kind ein aktives Angebot. Er kann es z.B auf den Arm nehmen und im Zimmer umhergehen. Das Kind lernt, seine Unruhe aktiv zu nutzen. Es sammelt neue Informationen. In kleinsten Schritten wird es dann mit Situationen konfrontiert, die der Förderabsicht des Mitarbeiters immer näher kommen. *Beispiel:* neue Reize ganz bewußt und wiederholt wahrnehmen.

Ist das Kind verärgert, wird es nicht zu einer Eigenaktivität ermuntert. In der Regel beruhigt es sich nach einer gewissen Zeit von selbst und sucht nach Abwechslung. Darauf zu warten ist für Eltern und Mitarbeiter oft nicht einfach. Der Schwerpunkt der Wahrnehmungsförderung liegt zunächst bei körpernahen Reizen. Alle Aktivitäten, die mit Gleichgewichtsreizen verbunden sind, eignen sich, das Interesse des Kindes an seiner Umwelt zu wecken. Das Kind lernt, daß es etwas zum Fühlen, zum

Berühren, zum Hören, Sehen und Schmecken gibt und daß man die eigenen Bewegungen auch spüren kann. Charakteristisch für diese Lernsituationen ist auch die Sprechweise der Eltern: Eltern benützen instinktiv einfache, relativ gleich ablaufende Sätze; sie haben alle einen ähnlichen klaren Rhythmus. Zwischen den Sätzen sind kleine Pausen. Der Aufbau der elterlichen Sprache entspricht dem Aufbau der kindlichen Handlungen.

Aufgreifen von bekannten und Aufbau von neuen Handlungsmustern

In diesem Alter kennt das Kind noch relativ wenig Spielhandlungen. Neues und Altes liegen noch eng beieinander. Wichtig sind die Freude an der Bewegung, das Betätigen der Hände, das Strampeln mit den Füßen. Das Kind lernt, daß man bewegten Dingen nachschauen kann. Lernfortschritte sind auch schon beim sehr jungen Säugling zu erkennen.

Situationen, in denen das Kind weint, sollten abgebrochen oder verändert werden. Maßnahmen zur Beruhigung sind unbedingt erforderlich. Lernen in stressigen Situationen ist wesentlich schwieriger als bei seelischer Ausgeglichenheit. Alle Hilfsangebote zur Beruhigung sind somit keine verlorene Zeit, sondern Voraussetzung für weiteres Lernen.

Das Ende der Fördersituation

Am Ende der Fördersituation sollte beachtet werden, daß das Kind die Zeit nach der Förderung nicht als zu großen Gegensatz erlebt. Das Aktivitätsniveau sollte erst allmählich abgebaut werden. Wird dies nicht berücksichtigt, ist das Kind – für die Eltern oft belastend – nach der Förderung immer sehr unruhig. Gedanken wie »vielleicht ist unsere MELANIE doch noch zu klein für die Frühförderung?« stehen dann im Raum.

Förderung im 3. bis 5. Entwicklungsmonat

Kontaktaufnahme mit dem Kind

Die Kontaktaufnahme kann jetzt auch schon über die Fernsinne, also Hören und Sehen erfolgen. Das Kind kann die Bewegungen der Erwachsenen im Raum verfolgen.

Angebote zur Aktivierung der Aufmerksamkeit des Kindes

Bei den Aufmerksamkeitsleistungen sind deutlich Fortschritte zu erkennen. Durch Schaukeln und Wiegen, visuelle und auditive Signale kann man jetzt das Interesse des Kindes an seiner Umwelt wecken. Manchmal braucht das Kind eine Weile, bis es sich auf die Angebote einlassen kann. Die Erwachsenen sollten sich darauf einstellen.

Beim normalen Sprechen der Eltern wird dies meist unbewußt berücksichtigt; sie kündigen einen neuen Gegenstand oder Vorgang an und warten, bis das Kind durch Blickkontakt reagiert. Das Kind lernt dabei auch, was wichtig ist und was nebensächlich.

Situationen, in denen das Kind lernen soll, genau zu hören oder zu schauen, sollten mit wenig Bewegungsmustern erfolgreich bewältigbar sein. Das Kind kann sich dann ganz auf das Hören »konzentrieren«. *Beispiel:* Wir schauen dem Ball nach, der immer wieder zwischen uns und der Mutter hin- und herrollt. Dabei liegt das Kind in Bauchlage über meinem Oberschenkel. Es muß sich dann während dieses Spiels nicht auch noch mit den Unterarmen stützen und Gleichgewicht halten. Ich vereinbare mit der Mutter, daß wir dieses Spiel in vier Wochen nochmal probieren; dann aber ohne Hilfen für die Körperhaltung.

Aufgreifen von bekannten und Aufbau von neuen Handlungsmustern
Die Spiele werden so gestaltet, daß das Kind folgende Zusammenhänge lernen kann: Es gibt laute und leise Geräusche. Es gibt matte und leuchtende Farben. Es gibt kratzige und weiche Gegenstände.

Weiter soll es lernen, daß man einen Gegenstand mit verschiedenen Sinneskanälen wahrnehmen kann: beispielsweise sehen und anfassen (berühren). Diese beiden Erfahrungen müssen im Gehirn zusammengebracht werden. Dafür braucht das Kind Zeit und viele Erfahrungen, die ähnlich aufgebaut sind.

Das Kind soll lernen, daß Kopfbewegungen das Sehbild verändern. Eine ganz bestimmte neue Kopfbewegung jedoch das alte Muster weitgehend wieder herstellt.

Damit das Kind neue Spielideen kennenlernt, wird ein- oder zweimal die Hand geführt. Man spricht vom passiven Bewegen. *Beispiel:* Handführen, um das Mobile zu berühren.

Das Kind soll dabei erfassen, daß passive Bewegungen sehr häufig auch aktiv ausgeführt werden können. Das Erlernen der Zusammenhänge ist jedoch nicht einfach, da die Verschaltungen im Zentralnervensystem verschieden sind. Bei der passiven Bewegung fehlt der motorische Plan. Für die Übersetzung in eine aktive Bewegung muß es erst einen solchen erstellen. Als Hilfen braucht das Kind unter anderem Spiele zur Stabilisierung des Gleichgewichts. Dies gilt auch schon in Rücken- und Bauchlage, besonders aber in Seitenlage und später beim Sitzen. Bei Kindern mit Bewegungsstörungen leistet in diesen Fällen die Krankengymnastin einen wichtigen Beitrag. Sie übt mit dem Kind die Aktivierung der körpernahen Muskelketten.

Das Ende der Fördersituation

Der Anteil der Eigenaktivität des Kindes ist wesentlich größer geworden. Am Ende sollte das Kind möglichst solche Handlungen ausführen, die es schon gut kennt; es sollte erfolgreich handeln. Dies stärkt die Entwicklung der Selbständigkeit. Das Kind erfährt bereits jetzt, daß es erfolgreich handeln kann. Gleichzeitig wird das Ende der Fördersituation erleichtert, das Kind kann eventuell noch ein wenig weiterspielen.

Förderung im 5. bis 8. Entwicklungsmonat

Kontaktaufnahme mit dem Kind

Das Kind ist auch zu Beginn der Fördersituation schon aktiv. Die Wege und Inhalte der Kontaktaufnahme werden deshalb in der Regel vom Kind bzw. der momentanen Situation bestimmt. Der Mitarbeiter klinkt sich in das aktuelle Geschehen ein. Er beobachtet, welche Begrüßungsmuster das Kind anbietet, und wie er sich selbst als Spielpartner einbringen kann.

Angebote zur Aktivierung der Aufmerksamkeit des Kindes

Unter normalen Bedingungen bieten die alltäglichen Reize dem Kind genügend Anlaß, aufmerksam zu sein. Wichtige Hilfe zur Steigerung der Aufmerksamkeit erfährt das Kind durch sprachliche Zuwendung und durch körperliche Berührung.

Aufgreifen von bekannten und Aufbau von neuen Handlungsmustern

Durch die Drehung von Bauch- in Rückenlage und umgekehrt, die das Kind nun beherrscht, hat sich die Lernwelt deutlich erweitert. Viele neue Alltagserfahrungen werden möglich. Parallel dazu verbessert sich die Verarbeitung von Seh- und Hörimpulsen, das Tasten mit den Händen. Dies gilt auch für den Mundbereich. Man hört dies an der Vielfalt der Laute des Kindes.

Besonders zu Beginn dieses Abschnittes lernt das Kind durch Stützen auf eine Seite, daß es seinen Aktionsraum durch Übergreifen mit dem »freien« Arm deutlich vergrößern kann. Diesen komplizierten Bewegungsvorgang wird es aber nur dann lernen, wenn es die Erfahrung gemacht hat, daß sich solche Anstrengungen lohnen. Kinder mit motorischen Unsicherheiten haben es besonders schwer, solche Erfahrungen zu machen. Sie bewegen sich wenig, erweitern ihr Handlungs-Repertoire nicht und haben daher wenig Erfolg. Ein Teufelskreis entsteht. Aufgabe der Erwachsenen ist es, dies zu verhindern.

Am Beispiel der Entwicklung zum Sitzen soll gezeigt werden, welche Hilfestellungen sinnvoll sind: Durch die Aufrichtung wandert der Körperschwerpunkt nach unten. Dies bedeutet, daß zunehmend die Hüftmuskulatur für Haltemuster und Gleichgewichtsbewegungen sorgen muß. Oft sind die Kinder deshalb überfordert. Sich gleichzeitig zu bewegen und zu spielen (= zu denken) fällt schwer.

Um das Kind beim Spiel zu fördern, braucht es Hilfe, die Hüfte zu stabilisieren. Eine Möglichkeit ist auch das Fixieren des Oberschenkels mit der Hand des Mitarbeiters. Das Kind kann dann ohne Angst, gleich zu kippen, seine Handlungsidee selbst erarbeiten und beenden.

Um die Motorik zu fördern, hilft man dem Kind nicht durch Halten, sondern verändert die Situation so, daß das Kind auch bei noch unsicherer Motorik erfolgreich handeln kann. Dies heißt beispielsweise: das Spielzeug wird in eine günstigere Position zum Kind zurückgelegt. Allerdings lernt das Kind in einer solch unterstützten Situation immer nur den selbstorganisierten Teil einer Handlung.

Durch das freie Sitzen verändert sich die Welt für das Kind weitgehend. Beide Hände sind frei zum Spielen. Das Kind sieht nun seine Umgebung aus einer anderen Perspektive. Die räumlichen Beziehungen sind wort-wörtlich leichter zu durchschauen. Das Kind entdeckt jetzt eine Reihe von »neuen« Eigenschaften an seinen Spielsachen, z. B. das »Hinein« bei Bechern und Dosen. Das Kind hört viele neue Begriffe von Gegenständen, Vorgängen und erfährt, daß Personen bestimmte Namen haben.

Ein weiterer Förderschwerpunkt liegt im Üben von Wenn-Dann-Beziehungen. So zeigt das Kind nun Freude Murmeln im Becher zu verstecken und wieder zu suchen: »Immer, wenn ich die Dose hochhebe, kommt die Kugel wieder«.

Das Ende der Fördersituation
Da das Kind durch diese Situationen viele Erfahrungen wie »drinnen/draußen«, »voll/leer« macht, lernt es jetzt auch »weg« und »vorhanden« zu unterscheiden und zu erleben. Dies äußert sich in Guck-Guck-Da-Spielen. Diese Fähigkeit zeigt sich auch am Ende der Fördersituation. Das Kind winkt zum Abschied und kann vorhersehen, daß die Person gleich nicht mehr da sein wird.

Das Kind macht dabei die Erfahrung, daß bestimmte Dinge zu beeinflussen sind (Murmel wiederfinden) und andere nicht (z. B. das Ende der Fördersituation). Es lernt auch, daß bestimmte Dinge von der Umwelt mit Freude beobachtet werden, andere dagegen abgelehnt.

═══ Förderung im 8. bis 12. Entwicklungsmonat

Kontaktaufnahme mit dem Kind

Immer deutlicher erinnert sich das Kind an die vorausgegangenen Begegnungen. Es verbindet bestimmte Handlungen und Erlebnisse mit dem Zusammentreffen des Mitarbeiters der Frühförderung. Die Kontaktaufnahme sollte aber nach wie vor vom Kind ausgehen. Bei der Begrüßung und zu Beginn der Förderung wird dies durch bestimmte Rituale bestätigt. Das Kind soll lernen, daß die soziale Umwelt trotz Unregelmäßigkeiten auch stabile Elemente enthält.

Angebote zur Aktivierung der Aufmerksamkeit des Kindes

Ist das Kind gesund (hat z. B. keine Erkältung o. ä.) und ausgeruht, müssen keine Maßnahmen zur Aktivierung getroffen werden. Die alltägliche Situation ist für das Kind bereits so interessant, daß das Zentralnervensystem genügend stimuliert ist, um gezielt und länger aufmerksam zu sein.

Aufgreifen von bekannten und Aufbau von neuen Handlungsmustern

Kinder in diesem Alter lernen ungeheur viel Neues. Ihr Nervensystem ist dafür sehr gut vorbereitet. Dennoch ist es wichtig, dem Kind genügend Zeit zu geben, alle neuen Erfahrungen, Erkenntnisse und Gefühle im Gedächtnis zu speichern.

Im Förderalltag braucht das Kind immer wieder Zeit, die aktuell abgelaufenen Vorgänge zu rekapitulieren und dadurch zu speichern. Dies ist nicht immer einfach. Mitarbeiter und Eltern stehen im Zwiespalt zwischen ruhigem Abwarten, Mitspielen und Setzen von neuen, anspruchsvolleren Angeboten. Durch die geringe Zeit, die der Mitarbeiter mit einem Kind verbringt, und durch höhere Erwartungen der Eltern wird dieses Dilemma oft noch verstärkt. Man muß einen Mittelweg finden zwischen der Begrenztheit der Verarbeitungsmöglichkeiten des Kindes, seinem eigenen Anspruch und Wohlgefühl und den Bedürfnissen der Eltern. Das Wohlbefinden der Eltern trägt in der Regel weit mehr zur Entwicklung des Kindes bei als alle professionell organisierten Fördermaßnahmen.

Das Kind kennt in diesem Alter bereits unzählige Fakten, Zusammenhänge und Abläufe. Dies zeigt sich auch darin, daß es bestimmte gleichbleibende Lautmuster im sprachlichen Kontakt korrekt interpretiert.

Bei bekannten Spielhandlungen wird nicht so sehr darauf geachtet, ob das Kind greift, sich fortbewegt, einen Gegenstand betrachtet, sondern wie es dies tut.

Im Mittelpunkt der Wahrnehmungsförderung steht die Fähigkeit, kleine Veränderungen wahrzunehmen und entsprechend zu reagieren.

Im grobmotorischen Bereich geht es um das Sitzen, die Fortbewegung durch Krabbeln und erste Versuche zum Hochkommen in den Stand.

Eine Anmerkung zum Krabbeln: Nicht alle Kinder erlernen das Krabbeln, ehe sie gehen können. Für viele Mitarbeiter im Frühbereich ist dies ein großes Problem. Sie glauben, daß beim Krabbeln wichtige räumliche Erfahrungen gemacht und bedeutende motorische Muster aktiviert werden. Eltern und Mitarbeiter sollten sich erst dann Sorgen machen, wenn das Kind auch in seinen sonstigen Bewegungen wenig wechselnd gekreuzte Muster (Beugung links und Streckung rechts und fließend umgekehrt) zeigt. Für viele KrankengymnastInnen ist das Krabbeln ein nicht zu überspringendes motorisches Entwicklungsmuster. Bleibt es aus, sind sie in der Regel zutiefst beunruhigt und üben sehr intensiv mit dem Kind. Die Eltern sollten in aller Ausführlichkeit mit ihrer Therapeutin darüber sprechen, ob ihr Kind vielleicht zu der Gruppe gehört, das sich nach folgender Entwicklungsreihe entwickelt: Das Kind kann sitzen. Nach dem Sitzen lernt es zunächst den beidseitigen Kniestand, dann den einbeinigen Kniestand. Über diesen kommt es zum Stehen und zum Gehen. Alle Kinder können danach auch krabbeln. Wählt ein Kind diesen Entwicklungsweg, sollten die Fachleute darauf achten, ob das Bewegungsausmaß auf beiden Seiten stark unterschiedlich ist, ob beim Hochkommen zum Kniestand auf beiden Seiten gleichviel Gewicht übernommen wird und ob das Kind beide Arme frei bewegen kann.

Trotz dieser möglichen alternativen Entwicklungsreihe gilt allerdings: Sind Eltern sehr verunsichert, weil das Kind nicht krabbeln lernt, lohnen sich Versuche, dem Kind diese Form der Fortbewegung schmackhaft zu machen. Die Beruhigung der Eltern ist sehr wichtig. Die Zusammenarbeit der Fachleute ist hier dringend gefordert.

Beim Spiel und bei der Mund- und Eßtherapie ist zu beachten, daß das Kind jetzt die Tiefe des Raumes (»es geht weit hinunter, wenn man weit oben auf dem Wickeltisch sitzt«) wahrnehmen. Die Angst, die dadurch entstehen kann, ist also gerade dann besonders groß, wenn das Kind in die Aufrichtung kommt, bereits gut sitzen kann und z. B. häufig in einen Hochstuhl gesetzt wird. Immer wieder hört man von verzweifelten Szenen, weil sich das Kind nicht in den doch so sicheren Hochstuhl setzen läßt. Ein Grund könnte diese Angst sein.

In der Förderung sind jetzt Spielhandlungen angesagt, die aus Kombinationen von Fortbewegung und etwas schieben oder ziehen, etwas herunterholen oder etwas aufbauen bestehen. Sie bereiten dem Kind große Freude. Es lernt, daß es ein kompetenter aktiver Gestalter der Umwelt geworden ist. Viele Gegenstände »gehorchen« schon, d. h. das Kind beherrscht die Situation und nicht umgekehrt. Dies ermutigt auch Neues auszuprobieren.

Weiter zeigen die Kinder in diesem Entwicklungsabschnitt folgenden Fortschritt: Motorische Teile einer Handlung werden so gut beherrscht, daß sie sozusagen nebenher ablaufen. *Beispiel:* Abstützen mit einer Hand beim Holen eines Autos. Das Kind muß nicht mehr viel überlegen, wie man sich abstützt und welches Körperteil man dafür benützen könnte. Dies alles geht automatisch. In der Fachsprache nennt man einen solch automatischen Teil ein »Unterprogramm«. Das Hauptprogramm wäre das Spielen mit dem Auto (s. S. 114). Wird die Bewegungssituation zu schwierig, weil sich das Kind z. B. auf einem rutschigen Läufer abgestützt hat, wird das motorische Programm zum Hauptprogramm. Nach der Bewegungskorrektur wird es wieder zum Unterprogramm, und das Kind spielt wieder mit dem Auto. Diese Form von Abfolgen einer Spielhandlungen sind für die Entwicklung des Kindes von größter Bedeutung. Sie sollten in der Fördersituation in allen möglichen Variationen angeboten werden.

Bei solchen Situationen kommt es oft vor, daß die Kinder ihr Handlungsziel (Holen des Autos) während der motorischen »Umbausituation« aus dem Auge verlieren. Dies ist besonders dann der Fall, wenn die »Umbausituation« noch viel Aufmerksamkeit verlangt hat. Die Denkfähigkeit wurde durch die Bewegung vollkommen beansprucht. Mitarbeiter und Eltern sind dann wichtige Helfer. Sie müssen dem Kind vorsichtige Signale senden, die es an seine Spielsituation erinnern, z. B. Zeigen auf das Auto, es kurz hin- und herschieben. Aus Sicht des Kindes könnte folgendes passieren: Immer, wenn ich mir ein Spielzeug holen will, das weiter weg liegt, ist danach die Spielidee verschwunden. In Zukunft werde ich lieber lauthals schreien, daß mir gleich jemand zu Hilfe eilt.

Ein Hinweis für die Form der Hilfe: In diesem Entwicklungsalter sind handlungsbezogene Hilfen verbalen vorzuziehen. Das Kind kann dann sofort eine Handlung ableiten und muß nicht erst noch das Gesagte in eine Aktivität umsetzen.

Das Ende der Fördersituation

Das Ende der Fördersituation ist deutlich durch Abschlußhandlungen und Abschiedsrituale geprägt. Das Kind versteht nun, was es bedeutet, wenn aufgeräumt wird. Es reagiert auf das Weggehen des Erwachsenen z. B. mit Winke-Winke und kennt bestimmte Wörter wie ada.

=== Förderung im 12. bis 16. Entwicklungsmonat

Kontaktaufnahme mit dem Kind

Obwohl das Kind die Fördersituation jetzt gut kennt, kann man noch nicht davon ausgehen, daß die Bereitschaft zur Kontaktaufnahme von vorneherein gegeben ist.

In der Regel nehmen Kinder in diesem Alter nach einer gewissen Zeit von alleine Kontakt auf. Daraus folgt aber nicht, daß das Verhalten des Erwachsenen völlig passiv sein soll, vielmehr helfen dem Kind vorsichtige Angebote, die Situation zu gliedern. Das Verhalten des Erwachsenen könnte eher – wie beim Autofahren – mit defensiv als mit passiv beschrieben werden.

Angebote zur Aktivierung der Aufmerksamkeit des Kindes

Auch in diesem Entwicklungsalter können die Kinder noch sehr schnell durch fremde Personen verunsichert werden. Die Anwesenheit der Mutter bei der Förderung ist deshalb nach wie vor wichtig. Das Kind kann sich besser auf die Situation einlassen.

Aufgreifen von bekannten und Aufbau von neuen Handlungsmustern

Obwohl die motorischen Fähigkeiten rapide zugenommen haben, sollte das Erlernen neuer motorischer Muster (Stehen, die ersten Schritte), nicht durch andere Aufgabenstellungen zusätzlich belastet werden. Das Kind sollte seine ganze Aufmerksamkeit auf die Bewegung richten können. Oft genügen geringe Ablenkungen und das Kind handelt nicht mehr erfolgreich.

Für das Erlernen neuer Spielideen gilt folgendes: das Kind lernt nur dann, wenn es gezielt aufmerksam ist. Vorgänge, die wir Erwachsene mit einem »halben Auge« mitbekommen und dann können und wissen, kann das Kind noch nicht erfassen. Ein »Nebenbei-Lernen« ist nicht möglich.

Großen Fortschritt macht das Kind nun in der Sprache. Allerdings haben die Begriffe, die das Kind verwendet, noch häufig sehr privaten Charakter: Alle Hunde heißen »Dodo«, weil der Name von Großmutters Hund so lautet. Die Eltern werden dann als Übersetzer gebraucht.

Das Ende der Fördersituation

Am Schluß der Fördersituation sind jetzt Abschlußspiele angebracht. Kinderlieder oder Fingerspiele eignen sich hervorragend.

═══ Förderung im 16. bis 22. Entwicklungsmonat

Kontaktaufnahme mit dem Kind

Immer häufiger erlebt man, daß das Kind bei der Begrüßung bereits ganz konkrete Erwartungen hat, was in den nächsten Minuten abzulaufen habe. Dies weist auf eine wichtige Errungenschaft in der Denkentwicklung hin. Das Kind erinnert sich an die vorherigen Fördersituationen und versucht, gleiche oder ähnliche Spielsituationen zu wiederholen.

Angebote zur Aktivierung der Aufmerksamkeit des Kindes

In der Regel wirkt der Wunsch nach gemeinsamen Spielen mit den Erwachsenen sehr motivierend. Maßnahmen zur Aktivierung der Aufmerksamkeit sind deshalb nicht notwendig.

Aufgreifen von bekannten und Aufbau von neuen Handlungsmustern

Jetzt erreicht das Kind auf jeden Fall das Endziel seiner motorischen Entwicklung, nämlich das freie Gehen. Das Kind kann ab dieser Zeit seine Hände als Transportmittel benützen. Eine wichtige Hilfe, daß dies gelingt, übernehmen jetzt immer mehr die Augen. Spiele, in denen kleine Transportaufträge enthalten sind, lieben die Kinder besonders. Auch kleine Hindernisse sind kein Anlaß mehr zum Weinen, sondern eine Herausforderung, die mit Stolz gemeistert wird.

Die motorischen Fähigkeiten des Kindes sind in diesem Alter schon so stabil, daß Sitzen, Stehen und Gehen in der Regel keine Mühe machen. Vielmehr kann das Kind jetzt auch komplizierte Hindernisse überwinden. Es geht wenige Schritte rückwärts, stößt einen Ball mit den Füßen weg ohne das Gleichgewicht zu verlieren und steigt mit Halten die Treppe hoch- und runter. Diese Bewegungen (also rauf/runter, hin/her, vor/ zurück, kreisförmig, gerade, zickzack u.s.w) des ganzen Körpers übersetzt das Kind im Verlauf der nächsten Jahre immer mehr auf die feinen Bewegungen, besonders der Arme und Hände.

Die Bewegungsleistungen des Eineinhalbjährigen sind deshalb eine wichtige Grundlage für die Leistungsfähigkeit in der Schule. Dieser Zusammenhang wird deutlich, wenn man sich vor Augen führt, daß Bewegungen wie rauf/runter, hin/her, vor/zurück, mal rechts rüber/mal links/ rüber, kreisförmig, gerade, oder zick-zack genau die Bewegungen sind, die man beim Schreiben und Zeichnen braucht.

Das Spielen mit dem Kind wird immer mehr durch die Sprache beeinflußt. Es versteht nicht nur erstaunlich viele Anweisungen, sondern »formuliert« auch durch Gesten oder Wörter verständliche Bitten.

Weiter hat das Kind gelernt, daß es seine Körperteile auch an der Mutter und an der Puppe wiederfindet.

Es trennt jetzt immer mehr zwischen: Das bin ich, das sind die anderen. Das tue ich, tun die anderen mit mir. Dies ist für die Entwicklung zu einer selbständigen und selbstbewußten Persönlichkeit sehr wichtig.

In diesem Entwicklungsalter läßt sich auch schon relativ sicher beurteilen, wie stark eine mögliche motorische Behinderung in Zukunft sein wird. Der Mitarbeiter erkennt, welche Entwicklungsschritte in absehbarer Zeit nicht aktiv, sondern nur über Umwege erreicht erreicht werden können. Zu denken ist dabei besonders an freies Bewegen im Raum. In der Förderung müssen die dadurch entstehenden Erfahrungsdefizite durch spezielle Angebote ausgeglichen werden. *Beispiel:* Fahren mit einem Rollbrett. Dieses kann und soll durchaus spielbezogen ausgewählt werden. Die Mithilfe oder der Rat einer Krankengymnastin ist oft dringend notwendig.

Das Ende der Fördersituation
In der Abschlußsituation ist es jetzt sinnvoll, einen Rückblick zu halten auf das, was gespielt wurde. Dadurch wird ganz besonders das Denken und das Gedächtnis trainiert. Natürlich kann man ein Abschiedslied singen.

=== Förderung im 22. bis 30. Entwicklungsmonat

Kontaktaufnahme mit dem Kind (mit der Familie)
Ist das Entwicklungsalter eines Kindes in der Frühförderung bereits bis zu diesem Alter fortgeschritten, so ist die Verzögerung oder Störung nicht mehr gravierend. Der Mitarbeiter wird deshalb alles noch behutsamer gestalten als bisher. Er wird mehr beratend und stützend tätig sein und weniger direkt mit dem Kind arbeiten.

Angebote zur Aktivierung der Aufmerksamkeit des Kindes
Unterstützung brauchen solche Kinder, deren Alltag – aus welchen Gründen auch immer – nicht zum Handeln anregt. Die Lernangebote und Lernsituationen ergeben sich aus dem Alltag des Kindes.

Aufgreifen von bekannten und Aufbau von neuen Handlungsmustern
Da das Kind jetzt alle Meilensteine der Bewegung (Rollen, Sitzen, Stehen, Gehen) erlernt hat, steht die Förderung des Denkens und der Sprache im Vordergrund.

Im Bereich der Sprache geht es um die Erweiterung des Wortschatzes und den Gebrauch von einfachen Sätzen. Hilfen für das Kind sind Wiederholungen einer Spielaufforderung. Immer noch passiert es dem Kind, daß es »seinen Auftrag« aus dem Auge verliert. Dies gilt besonders dann, wenn er aus mehreren Teilschritten zusammengesetzt ist oder störende Ereignisse dazwischen kommen.

In diesem Alter lernt das Kind allmählich, was eine soziale Regel ist, und daß sie nicht für jede Person gleichermaßen gültig ist. Bis es dies aber wirklich versteht, ist es wichtig, daß sich das Kind auf bestimmte Dinge verlassen kann, daß bestimmte Regeln immer gültig sind. Wechselnde Regeln, vor allem bei der gleichen Person, sollten vermieden werden.

Häufig hört man jetzt auch schon mal die Klage von Eltern, daß das Kind nicht folgsam ist. »Er weiß ganz genau, daß er die Blumenerde nicht im Wohnzimmer verstreuen soll und trotzdem tut er es, sobald ich mich wegdrehe«. Die Kinder probieren in diesen Situationen immer und immer wieder aus, ob die Regel auch heute noch gilt. Erlebt das Kind, daß bestimmte Regeln nicht immer gelten, wird es auch wieder Blumenerde streuen.

Im Gegensatz zu diesen klar geregelten Verhältnissen braucht das Kind auch Situationen, in denen neue Verhaltensweisen ausprobiert werden können. Dazu gehört z. B. auch der »falsche« Gebrauch bestimmter Gegenstände. So darf das Stoffpferd auch im Bett liegen oder der Anhänger den Traktor ziehen.

Weil die leicht sichtbaren Entwicklungsfortschritte (z. B. macht fünf Schritte ohne sich festzuhalten) aus früherer Zeit weniger werden, hat der Mitarbeiter die Aufgabe, auf die »verstecken« Fortschritte des Kindes hinzuweisen. *Beispiel:* Das Kind kann sich jetzt schon sehr lange mit einer Spielidee beschäftigen und immer neue Variationen einbauen. Es sorgt selbst für Abwechslung.

Das Ende der Fördersituation

Ein Rückblick über das, was gespielt wurde, hilft dem Kind nach wie vor, sein Denken zu schulen und die Situation auch gefühlsmäßig zu verarbeiten.

☰ Krankengymnastik

KrankengymnastInnen arbeiten in der Regel in freier Praxis, oder es besteht ein ambulantes Angebot an einer Klinik. Die krankengymnastische Behandlung ist eine medizinisch-therapeutische Maßnahme. Sie kann von einem Arzt verschrieben werden. Die Kosten werden von der Krankenkasse übernommen.

Häufig kommen die Kinder, die krankengymnastisch behandelt werden, auch in die Frühförderung. Dies bedeutet, daß die Krankengymnastik eines kleinen Kindes die Frühförderung ebenso wenig ersetzt wie die Frühförderung die Behandlung. Für die meisten »Frühförderkinder« gilt, daß sich die Angebote sehr gut ergänzen. Allerdings muß auch betont werden: Nicht alle Kinder, die vom Arzt zur Krankengymnastik überwiesen werden, müssen automatisch auch zur Frühförderung. Dies gilt natürlich auch wieder umgekehrt.

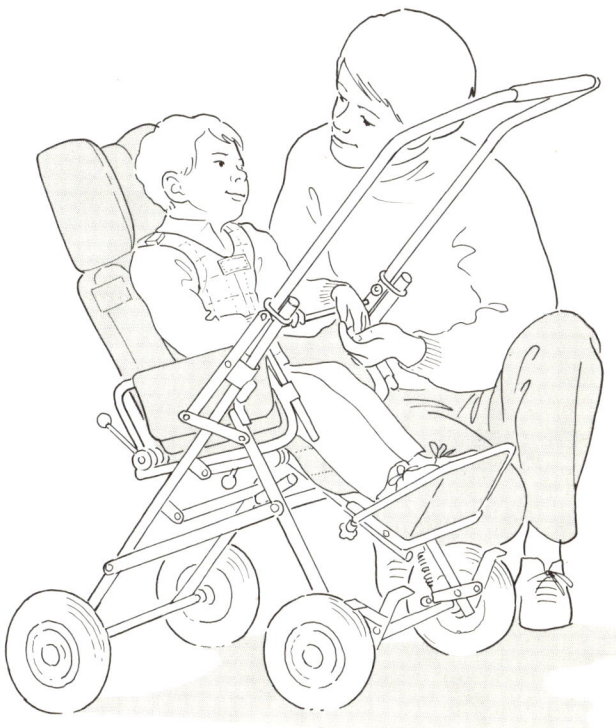

Abb. 1   Die Krankengymnastin berät auch bei der Auswahl von Hilfsmitteln.

Das folgende Kapitel gibt einen Überblick über Inhalte und Grundgedanken der drei großen Therapierichtungen, mit denen Kinder mit motorischen Störungen behandelt werden. Dies sind die Therapie nach VOJTA, BOBATH und CASTILLO MORALES. Alle drei Behandlungsmethoden sind sog. krankengymnastische Methoden auf neurophysiologischer Grundlage. Soll das Kind nach einer dieser Formen therapiert werden, muß deshalb auf dem Rezept »Krankengymnastische Behandlung auf neurophysiologischer Grundlage nach ...« stehen. Für alle drei Formen gibt es spezielle mehrwöchige Ausbildungen.

Das allgemeine Ziel der krankengymnastischen Behandlung wird aus folgendem Gedanken abgeleitet: Ein Kennzeichen sensomotorischer Entwicklungsstörungen ist die Abnahme der Vielfalt der Handlungsmöglichkeiten des Kindes; starre Bewegungsmuster nehmen zu. Das Kind kann sein Verhalten nicht durch eine Variation an eine neue Situation anpassen. Die Bewegungsmuster sehen zum Teil so aus, wie bei viel jüngeren Kindern oder kommen in der Entwicklung überhaupt nicht vor. Einzelne Bewegungen sind nicht gut aufeinander abgestimmt. Man sagt dann z. B. die Koordination von Augen/Kopf und Hand/Arm hat sich noch nicht entwickelt.

Ziel der Behandlung ist deshalb, das Kind zu befähigen, die starren Bewegungsmuster abzubauen (Hemmung), Fehlsteuerungen zu korrigieren und flexible, neue und variantenreiche Muster aufzubauen (Bahnung). Danach soll das Kind lernen, diese Muster in sein Alltagshandeln einzubauen. Wie sieht dieses Vorhaben nun bei den einzelnen Therapierichtungen aus?

Das Bobath-Konzept

Diese Therapierichtung wurde von dem Ehepaar BOBATH entwickelt. Frau BOBATH war Krankengymnastin und ihr Mann Neurologe.

Als Grundproblem des motorisch auffälligen Kindes sieht das Ehepaar BOBATH das schlechte Zusammenspiel verschiedener Muskeln bei einer Bewegung. Dazu gehören erstens, daß sich der Beuger nur dann zusammenziehen kann, wenn der Strecker nachläßt bzw. umgekehrt und zweitens, daß beim Halten gegen die Schwerkraft (z. B. beim Stehen) beide Muskelpaare, also Strecker und Beuger gleich stark in einer bestimmten Position aktiv sind. Das Ziel der Therapie ist es deshalb, Bewegungsmuster, die dies nicht zulassen, zu hemmen und normale Muster aufzubauen (bahnen). Normale Muster sind also Muster, mit denen ein Handlungsziel erreicht werden kann.

Der Schwerpunkt in der BOBATH-Therapie liegt bei der Kopf- und Rumpfkontrolle, bei Gleichgewichtsübungen, beim Üben der Stützfähigkeit von Armen und Händen und bei Drehbewegungen, z. B. beim liegenden Kind das Drehen von Rückenlage in Bauchlage oder beim sitzenden Kind das Drehen zur Seite.

Diese Bewegungsmuster werden nicht durch festgelegte Übungen trainiert, sondern durch Unterstützung des Kindes beim Spielen und bei alltäglichen Handlungen wie Anziehen erreicht. Die dafür notwendigen Bewegungshilfen werden von bestimmten Körperstellen, sog. »Schlüsselpunkten« eingeleitet. Von diesen Punkten aus werden die Bewegungen kontrollierend und aktivierend beeinflußt.

Was wird kontrolliert?

Bei den Aktivitäten des Kindes sollen sich keine Bewegungsmuster einschleichen, die den Muskeltonus übermäßig erhöhen oder stark herabsetzen. Da diese Vorgänge meist durch krankhafte Bewegungsmuster (Haltereaktionen) ausgelöst werden, beginnt die Therapie in einer sogenannten reflexhemmenden Stellung. Aus dieser heraus werden Bewegungsmuster aktiviert, die den Muskeltonus normalisieren und besonders Bewegungen von Armen und Beinen ermöglichen.

Was wird aktiviert?

Auf der Grundlage der eben beschriebenen Kontrolle wird der Aufbau von Bewegungen angeregt. Sie sollen das Erreichen des Handlungsziels, beispielsweise das Füllen eines Bechers mit Holzkugeln, ermöglichen. Um diesen Vorgang erlernen zu können, braucht das Kind viel Wissen über den Bewegungsablauf. Dafür muß es in seinem Gedächtnis abspeichern, wie sich seine Hand öffnet, und wie sie sich schließt und daß so die Holzkugel festgehalten werden kann.

Wir Erwachsene müssen dabei erkennen, daß das Festhalten, das Stützen oder ruhige Stehen eine besondere Form der Bewegung darstellt (Haltemotorik), die wie die Bewegungen im Raum gelernt werden müssen (Abb. 2, s. S. 44).

Damit das Kind lernt, sich zu halten und zu bewegen, muß es viele Reize aus den Muskeln und Gelenken verarbeiten. Solche Reize bekommt man besonders, wenn man balanciert, auf den Knien der Mutter schaukelt, sich kräftig zum Stehen hochdrückt oder eine »schwere« Kiste wegschiebt. In der Krankengymnastik werden dem Kind viele Übungen oder Teile davon angeboten, die solche Erfahrungen ermöglichen.

Hat das Kind unüberwindbare Schwierigkeiten, versucht die Therapeutin gezielt und möglichst nah am Körper Hilfen zu geben. Diese Hilfen

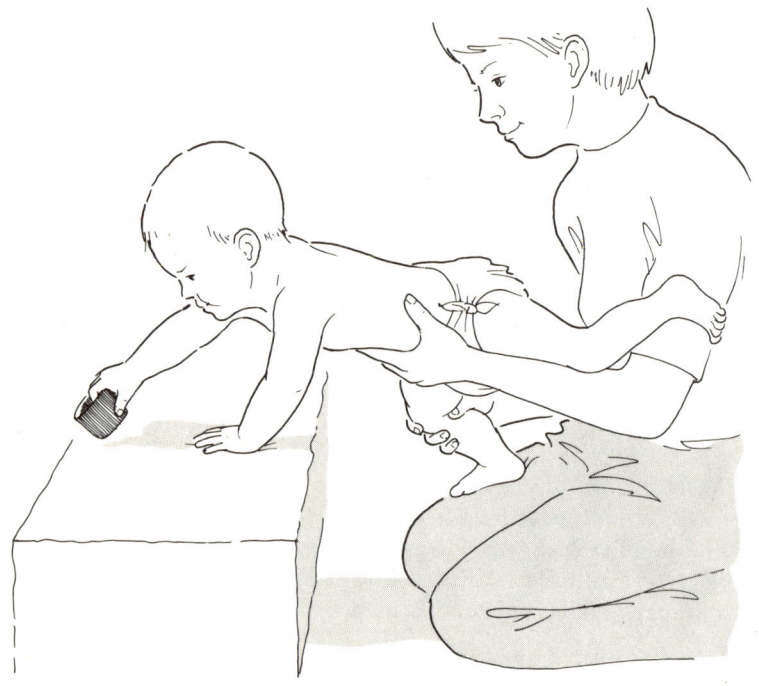

Abb. 2   Ein Beispiel aus der Bobath-Therapie. Das Kind lernt stützen und greifen.

sollen die Körperhaltung stabilisieren, den Muskeltonus in den Armen und Beinen normalisieren und die gewünschten Spielbewegungen ermöglichen. Passives Bewegen des Kindes wird möglichst vermieden. Es ist allerdings eine Möglichkeit, dem Kind eine erste Vorstellung vom Bewegungsablauf zu geben. Die Bewegung letztendlich lernen kann das Kind aber nur, wenn es sie selbst ausführt.

Was läßt sich daraus über den Charakter der Therapie ableiten?

Die Therapie nach BOBATH besteht nicht aus festgelegten Übungen. Die Vorgehensweise ist nicht starr an bestimmte Entwicklungsphasen des Kindes gebunden. Die Therapeutin schreibt dem Kind keine Bewegungsmuster vor. Sie versucht, Bewegungsvorstellungen des Kindes zu erfassen. Scheint die Absicht des Kindes realisierbar, werden geeignete Hilfen gegeben, die Bewegungswünsche zu erfüllen.

Die krankengymnastische Behandlung nach Vojta

Diese Methode wurde von VĄCLAV VOJTA, einem Kinderneurologen aus München, für Kinder mit zerebralen Bewegungsstörungen entwickelt. Inzwischen wird sie auch bei Kindern mit Spina bifida und Hydrozephalus, bei Kindern mit Hüftdysplasien, bei Querschnittssyndromen, bei Lähmungen eines ganzen Nervengeflechtes und bei Wirbelsäulenverbiegungen angewendet.

Für VOJTA zeigt sich eine frühkindliche motorische Koordinationsstörung in einer unzureichenden Aufrichteentwicklung. Unter Aufrichteentwicklung versteht man folgenden Prozeß: Drehen von Rücken- in Bauchlage und umgekehrt, Hochkommen zum Sitzen, zum Stehen und zuletzt zum Gehen. Ob diese Entwicklung regelgerecht verläuft oder ob sie abweicht, zeigt sich bei der Prüfung der Lagereaktionen. Aus zahlreichen Lagereaktionen hat VOJTA sieben ausgewählt und sie zu einem diagnostischen Konzept zusammengestellt.

1. Die Seit-Kipp-Reaktion nach Vojta

Das Kind wird am Rumpf senkrecht gehalten und in eine horizontale Position gekippt. Beachtet werden dabei besonders die Arm- und Beinbewegungen. Steife Streckung des Armes mit eventuellem Faustschluß weist auf eine Entwicklungsstörung hin.

2. Traktions-Reaktion

Das Kind wird an den Armen aus der Rückenlage hochgezogen. Dabei wird nicht nur auf die Stellung des Kopfes geachtet, sondern auch auf Hände und die Fuß- und Beinstellung. Massives Abspreizen und Strecken der Beine bzw. Zusammenpressen, Streckung und Spitzfußstellung wären abweichende Reaktionen.

3. Die waagrechte Hänge-Reaktion

Das Kind wird in Rückenlage an den Oberschenkeln angefaßt. Plötzlich senkt man den Kopf senkrecht nach unten. Beachtet werden die Kopfstellung, Rumpfhaltung sowie die Stellung der Arme und Hände. Als abweichend gelten u. a. Faustschluß und Beugung der Arme.

4. Der Kopf-Abhang-Versuch

Die Körperhaltung ist wie bei der vorherigen Reaktion. Das Kind wird aber diesmal nur an einem Bein gehalten. Beachtet wird die Beugehaltung im Hüft-, Knie- und Sprunggelenk. Strecktendenzen im freien Bein weisen auf eine Entwicklungsstörung hin.

5. Horizontale Seithänge-Reaktion

Der Arzt hält das Kind am Oberarm und Oberschenkel in der Seitenlage. Beobachtet werden Arm- und Beinbewegungen bzw. deren Stellung. Abweichend sind überstreckte Hand- und Fingerbewegungen.

6. Landau-Reaktion

Das Kind wird frei in horizontaler Lage unter dem Bauch gehalten. Beobachtet werden Beugemuster von Kopf, Armen und Beinen. Einseitige Körperhaltung, Überstreckung des Rückens, starke nach hinten gebeugte Kopfhaltung und Streckmuster, sowie totale Beugemuster in den Beinen sind Hinweise auf Entwicklungsabweichungen.

7. Axillare Hänge-Reaktion

Das Kind wird am Rumpf mit dem Kopf nach oben gehalten. Beachtet werden die Bein- und Fußhaltung. Extreme z.t. einseitige Streckmuster in den Beinen gelten als Abweichungen.

Im Verlauf der Entwicklung eines Kindes verändern sich die Antworten auf das Auslösen der Lagereaktionen. Daraus kann man diagnostische Schlußfolgerungen ziehen. Die Art und das Ausmaß der Anpassung an die Lageveränderungen geben Hinweise auf eine normale, abweichende oder verzögerte Entwicklung.

Die Therapie VOJTAS beruht auf folgenden Grundgedanken:

Bei einer frühkindlichen Bewegungsstörung ist die Steuerung der Körperhaltung gestört. Um diese Störung zu beheben, muß es im Kind etwas geben, was sich beeinflussen läßt. VOJTA sagt, daß es dafür ein sehr globales Bewegungsmuster gibt. Dieses Bewegungsmuster ist schon seit vielen Generationen in unserem Zentralnervensystem gespeichert. Es besteht aus zwei Teilen, dem Reflexkriechen und dem Reflexumdrehen. Durch die Aktivierung dieses Bewegungsmusters kann ein Muskelspiel hervorgerufen werden, das den Mangel an Haltung und Koordination ausgleicht.

Diese Bewegungsmuster können durch Druck an bestimmten Stellen, Reflexzonen, am Körper ausgelöst werden. Beim Reflexkriechen geschieht dies in Bauchlage, bei der ersten Phase des Reflexumdrehens in Rückenlage und bei der zweiten Phase in Seitlage (Abb. 3).

In der Therapie werden die Reflexe dann auch entsprechend ausgelöst. Auch Kinder mit einer Koordinationsstörung zeigen dann Bewegungsmuster, die sie sonst nicht zustande bringen können. Sie gehören aber zur normalen Bewegung, zeigen sich jedoch bei normal entwickelnden Kindern erst später. Das Kind, das nach VOJTA beturnt wird, erhält durch

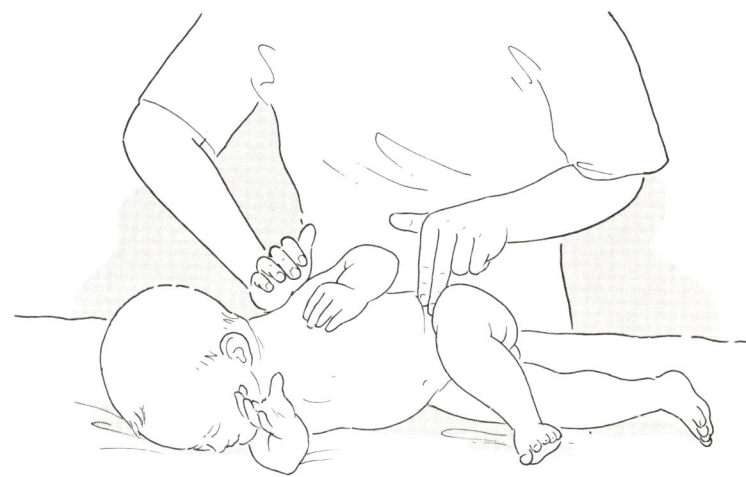

Abb. 3   Ein Beispiel aus der Vojta-Therapie. 2. Phase Reflexumdrehen.

die Therapie die Möglichkeit, diese Bewegungsmuster früher zu aktivieren. Bei erfolgreicher Therapie kann es die Bewegungsstörung überwinden bzw. vermindern.

Die Behandlungstechnik nach VOJTA ist wesentlich leichter erlernbar als die nach BOBATH. Eltern erlernen die Übungen, und führen sie zu Hause selbst durch. Die Krankengymnastin kontrolliert und koordiniert wöchentlich die Arbeit der Eltern. Eltern sollten auf eine genaue Anleitung drängen. Die Behandlungsdauer beträgt viermal täglich je 5–15 Minuten.

Allgemein ist bekannt, daß die Kinder während der Behandlung sehr häufig schreien. Viele Eltern fühlen sich dadurch überaus belastet. Da die Therapie in der Zwischenzeit nicht mehr so streng durchgeführt wird wie noch vor wenigen Jahren, kann man davon ausgehen, daß sich die direkte psychische Langzeit-Belastung des Kindes in Grenzen hält. Wichtig scheint mir, daß die Kinder nach der Behandlung rasch wieder ruhig und fröhlich werden und am Sozialkontakt interessiert sind. Erst wenn dies nicht der Fall sein sollte, sind Überlegungen angebracht, wie die Therapiesituation verändert werden kann oder ob eine Behandlungspause angebracht ist.

Möglichen Belastungen der Eltern wirkt die schon erwähnte genaue Anleitung durch die Therapeutin entgegen. Die Eltern sollen nicht das Gefühl bekommen, daß das Kind weint, weil sie es nicht richtig machen. Die Therapeutin kann auf kleine Entwicklungsfortschritte hinweisen und darauf drängen, daß sich die Väter nicht vor der Verantwortung der Übernahme der Therapie drücken.

Die neuromotorische Entwicklungstherapie (NET) nach R. Castillo Morales

Die neuromotorische Entwicklungstherapie (NET) nach CASTILLO-MORALES ist eine krankengymnastische Methode für Kinder mit muskulärer Hypotonie, also für Kinder mit einem niedrigen Muskeltonus. RUDOLFO CASTILLO-MORALES ist Rehabilitationsarzt in Cordoba/Argentinien. CASTILLO-MORALES ist in der Bundesrepublik vor allem durch die »Orofaziale Regulationstherapie«, eine Therapie für Störungen im Mund- und Gesichtsbereich, bekannt geworden.

Die neuromotorische Entwicklungstherapie (NET) wird unter anderem bei Hypotonie-Syndromen, Muskeldystrophie, Erkrankungen der Überleitung von der Nervenbahn zum Muskel, Erkrankungen des ZNS, bei Frühgeborenen, Kindern mit sensomotorischem Entwicklungsrückstand, mit Perzeptionsstörungen, und Spina bifida eingesetzt.

Die Behandlungstechniken der NET sind *Berührung, Streichen, Zug, Druck* und *Vibration*.

Die Therapie beginnt mit der Phase: »Kontaktaufnahme und Herstellen der motorischen Ruhe«. Im Gegensatz zu BOBATH geht CASTILLO-MORALES davon aus, daß das Kind auch in den Ruhephasen lernt. Die Position für die motorische Ruhe soll den Blickkontakt mit dem Kind ermöglichen. Dies kann sowohl auf dem eigenen als auch auf dem Schoß der Mutter sein. Für hypotone Kinder ist der Körperkontakt wichtig, weil sie durch die fehlende Bewegung wenig Körperreize aufnehmen.

Die Therapiesituation gliedert sich in drei Teile:

Der erste Teil der Therapie beginnt mit dem Herstellen der »motorischen Ruhe«. Die Therapeutin sitzt im Schneider-Sitz. Das Kind liegt quer auf dem Schoß. Die Therapeutin versucht mit dem Kind Blickkontakt aufzubauen. Die Hände des Kindes sollen durch bestimmte Übungen nach einer gewissen Zeit zur Körpermitte kommen. Die motorische Ruhe soll dem Wahrnehmungsapparat ermöglichen, zur Ruhe zu kommen, um so die gezielt gesetzten Impulse als besonders neu und wirkungsvoll zu erleben. Das Kind erfährt eine vielschichtige Stabilisierung.

Im zweiten Teil liegt das Kind in Rückenlage vor der Therapeutin. Wieder wird der Blickkontakt gesucht. Durch Streichbewegungen und Druck werden die Körperteile stimuliert, die später aktiviert werden sollen. Die Streichrichtung und das Geben der Druckberührung erfolgt von Rumpf hin zu den Händen und Füßen.

Im dritten Teil werden, je nach Entwicklungsstufe, in vier Abschnitten bestimmte Übungen durchgeführt.

1. Abschnitt

Im **Teil A** werden im Hand-Arm-Schulter-Kopfbereich folgende Funktionen gebahnt:

Armbeugung, Armstreckung,
Koordination von Arm- und Kopfbewegung,
Arme an der Mittellinie zusammenbringen,
Drehen der Hände,
Hand-Mund-Koordination und Hand-Augen-Koordination,
Absenken der Schultern als Vorbereitung für das Stützen.

Im **Teil B** werden im Füße-Beine-Hüftbereich folgende Funktionen gebahnt:

Beugung und Außenrotation des Beines,
Streckung mit normalem Strecktonus,
Aktive Beugung und Streckung der Beine einseitig und beidseitig,
Kombination von Arm- und Beinbewegung,
In Bauchlage Heranziehen der Beine unter den Körper (als einer der ersten Schritte zur aktiven Aufrichtung).

2. Abschnitt

Drehen von Rücken- in Bauchlage und umgekehrt,
in Bauchlage Heben des Kopfes, Aktivierung der Rückenstrecker,
in Bauchlage Kopfheben und Stützen auf die Unterarme,
Aufrichten bis zum Sitzen,
mit Hilfe Stützen auf die Arme und Anwinkeln der Beine,
Aktivieren von Haltemustern für den Vierfüßlerstand,
Aktivierung von Bewegungsmustern für das Krabbeln.

3. Abschnitt

Aufbau eines stabilen Haltemusters für den aktiven Vierfüßlerstand,
Hochkommen zum Kniestand,
Stabilisieren des aktiven Sitzens,
Aufbau eines stabilen Haltemusters für den Einbeinkniestand,
Aufbau des Bärenstandes,
Aufbau eines stabilen Haltemusters für den Stand (Abb. 4).

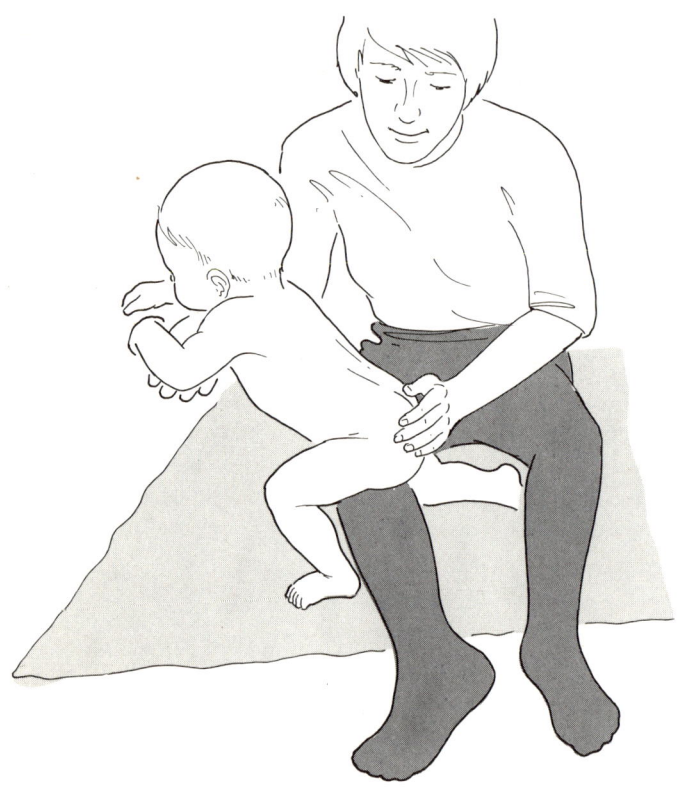

Abb. 4   Ein Beispiel aus der Castillo-Therapie. Das Kind übt den Einbeinkniestand.

4. Abschnitt

Aufbau von Variationen für das Aufstehen,
Stabilisieren des Stehens,
Auslösen erster Schritte nach vorne und zur Seite.

≡ Mund- und Eßtherapie

Im folgenden wird ein Überblick über die zwei gängigsten Konzepte der Mund- und Eßtherapie gegeben. Er enthält keine Anleitung, da die Anwendung der Mund-Eßtherapie ohne eine entsprechende Ausbildung dem Kind eher schadet als nützt. Im Vergleich zur Krankengymnastik wird Mund- und Eßtherapie nicht flächendeckend angeboten. Eltern können sich bei den Frühförderstellen erkundigen, wer die Therapie anbietet.

≡ Anwendungsbereich der Therapie

Die Mund- und Eßtherapie wird bei Funktionsstörungen im Mund- und Gesichtsbereich angewandt. Es handelt sich dabei um Störungen der Wahrnehmung und der Motorik (sensomotorische Störung). Sie werden orofaziale Störungen genannt. Sie äußern sich beim Trinken und Essen. Die Kinder haben oft einen mangelhaften Kiefer- und Lippenschluß, d. h. sie können ihren Mund nicht richtig schließen, sie haben Kau- und Schluckstörungen sowie einen übermäßigen Speichelfluß. Zahnfehlstellungen und Bißabweichungen können außerdem erschwerend hinzukommen.

≡ Ursachen für orofaziale Störungen

Orofaziale Störungen findet man bei Kindern mit zerebraler Bewegungsstörung, bei Down-Syndrom oder bei Hirnschädigungen. Auch bei Kindern mit minimalen zerebralen Dysfunktionen lassen sich versteckte Störungen im Mund- und Gesichtsbereich beobachten. Diese Fehlfunktionen können später auch die Ursache für verschiedene Sprachstörungen sein.

Orofaziale Störungen treten auch bei langandauernder Ernährung mit einer Sonde auf, z. B. bei Frühgeborenen oder bei Säuglingen mit einer Lippen-Kiefer-Gaumenspalte. Normalerweise öffnet sich der Nahrungsweg nur im Augenblick des Schluckens. Die Verschlußmechanismen des Nasen-Rachenraumes, der Speiseröhre und des Magens werden durch die Sonde aber lahmgelegt. Bei einer Dauersonde sind sie ständig geöffnet, so daß sich die Verschlußmechanismen nicht richtig entwickeln können (Schlucken geschieht reflektorisch). Außerdem kommt es zu einer Steigerung des Würgereflexes und zu einem krankhaften Zungenstoß. Die normale Entwicklung, z. B. des Kauens und Schluckens, wird durch die Sonde verhindert. Das Kind lernt nicht, wie sich Nahrung im Mund anfühlt. Weil die Reize im Mundraum fehlen, kommt es in den meisten Fällen zu einer Überempfindlichkeit. Dies kann so weit gehen, daß Berührungen im Mundbereich von den Kindern als bedrohlich erlebt werden. Sie wehren sich dann gegen alles, was sich dem Mund nähert. Für die Entwicklung des Kindes ist dies eine schwere Belastung, weil der Mund ein sehr wichtiges Organ ist, mit dem es Erfahrungen über seine Umwelt sammelt.

Ziel der Mund- und Eßtherapie

Ziel der Therapie ist, Störungen der Sensomotorik im Bereich von Gesicht und Mund zu mildern und die mundmotorischen Funktionen, die für die Nahrungsaufnahme und später auch für das Sprechen notwendig sind, zu schulen.

Die Mund- und Eßtherapie wird so zur ersten Form der Sprachtherapie. Sie soll eine Verzögerung der Sprachentwicklung verhindern oder zumindest günstig beeinflussen. Ein weiteres Ziel der Therapie ist die Anleitung der Eltern. Sie sollen lernen, bestimmte Techniken aus der Mund- und Eßtherapie auch zu Hause anzuwenden. Dies gilt besonders für das Essen und Trinken.

Welche Therapeuten bieten Mund- und Eßtherapie an?

Die Therapie wird vorwiegend von Krankengymnasten, Ergotherapeuten, Logopäden und Sprachtherapeuten durchgeführt, die eine entsprechende Zusatzausbildung haben. Die Zusammenarbeit zwischen den Therapeuten, Kinderarzt, Zahnarzt oder dem Kieferorthopäden ist notwendig.

Es gibt zwei Therapieformen. Die *Mund-Eß-Therapie*, die von HELEN MÜLLER auf der Grundlage der Krankengymnastik nach BOBATH entwickelt wurde und die *Orofaziale Regulationstherapie* nach R. CASTILLO-MORALES. Sie wurde ursprünglich für die Behandlung von Kindern mit Down-Syndrom entwickelt und wird seit einigen Jahren auch erfolgreich bei Kindern mit Bewegungsstörung angewendet.

Die beiden Methoden widersprechen sich nicht. Sie können sich vielmehr ergänzen. So ist bei vielen Kindern mit zerebraler Bewegungsstörung die Mund- und Eßtherapie auf dem BOBATH-MÜLLER-Konzept eine notwendige Voraussetzung für die Orofaziale Regulationstherapie nach CASTILLO-MORALES.

Für beide Methoden gilt, daß die Behandlung nur dann Erfolg haben kann, wenn die gesamte Problematik des Kindes beachtet wird. Eine Behandlung, die sich ausschließlich auf den Mundbereich beschränkt, ist wenig erfolgversprechend. Denn die Entwicklung der Mundfunktionen hängt eng mit anderen Bereichen des Bewegungslernens zusammen. Deswegen ist bei beiden Methoden die Normalisierung der krankhaften Motorik im ganzen Körper die Grundlage für die Therapie der Mundfunktionen. So kann verhindert werden, daß sich wegen einer falschen Haltung oder eines falschen Umgangs die Mundfunktionen verschlechtern.

Das Konzept der Mund- und Eßtherapie nach Helen Müller

Die Mund- Eßtherapie wurde von der Züricher Logopädin HELEN MÜLLER auf der Grundlage der BOBATH-Therapie entwickelt. Dabei handelt es sich um die Bahnung normaler und die Hemmung abweichender Bewegungsabläufe. Dieses Prinzip gilt auch in der BOBATH-Sprachtherapie. Wie in der Krankengymnastik werden die nicht richtigen Mundreflexe gehemmt und die normalen Bewegungsmuster angebahnt. Ein Beispiel hierfür ist die Hemmung des falschen Zungenstoßes und die Bahnung des normalen Schluckmusters.

Grundelemente der Therapie sind zum einen die reflexhemmende Ausgangsstellung sowie eine symmetrische Haltung, aufrechte, gerade Wirbelsäule und die Nackenstreckung (Kopfbeugung nach vorne), zum anderen die aktive Nahrungsaufnahme. Das Kind soll dabei den Mund selbständig schließen, saugen oder die Nahrung mit den Lippen vom Löffel nehmen und durch richtige Zungenbewegungen zum Schlucken kommen.

Für HELEN MÜLLER ist die Mund- und Eßtherapie ein Teil der Spracherziehung bei Kindern mit zerebraler Bewegungsstörung. Auch wenn zunächst nur die Atmung, Stimme und Artikulation betroffen sind, so ist das Kind doch in seinem normalen Zugang zu den Mitmenschen und seiner Umwelt behindert. Aus diesem Erlebnis- und Erfahrungsdefizit heraus kommt es in aller Regel zu einer allgemeinen Entwicklungsverzögerung.

Wird die Therapie erst begonnen, wenn das Kind fehlerhaft oder überhaupt nicht spricht, dann ist eine für die Entwicklung wichtige Phase (die Zeit, in der mit geringem Aufwand die Entwicklung günstig beeinflußt werden kann) bereits verstrichen. Kinder mit zerebraler Bewegungsstörung sollten daher frühzeitig im Hinblick auf Anzeichen einer möglichen Störung der Sprachentwicklung beobachtet werden. Eine frühe Therapie bietet die Möglichkeit, die motorischen Voraussetzungen für den Spracherwerb günstig zu beeinflussen und so Bedingungen für eine möglichst problemarme Sprachentwicklung und damit auch für soziale Beziehungen zu schaffen.

Die orofaziale Regulationstherapie nach Castillo-Morales

Die orofaziale Regulationstherapie wurde Mitte der siebziger Jahre von CASTILLO-MORALES entwickelt, um die gestörten Mund- und Gesichtsfunktionen von Kindern mit Down-Syndrom zu behandeln. Seit Ende der siebziger Jahre wird diese Therapie auch bei Kindern mit zerebralen Bewegungsstörungen und anderen Syndromen (z. B. Pierre-Robin-Syndrom) angewandt.

Wird ein Kind mit der orofazialen Regulationstherapie behandelt, muß diese immer mit einer krankengymnastischen Behandlung des gesamten Körpers verbunden werden. Die orofaziale Regulationstherapie greift nicht direkt in die Funktionen des Essens, Trinkens oder Sprechens ein, sondern bereitet diese vor. Die Therapie von CASTILLO-MORALES gliedert sich in drei Teile:

- Die funktionale orofaziale Untersuchung und Befunderhebung,
- das Therapieprogramm mit krankengymnastisch-logopädischen Übungen für den Mund- und Gesichtsbereich, auf der Basis einer krankengymnastischen und mundmotorischen Therapie unter Berücksichtigung des ganzen Körpers,
- der Gaumenplatte, ein herausnehmbares kieferorthopädisches Hilfsmittel für den Oberkiefer.

Die Therapie nach CASTILLO-MORALES beginnt mit Übungen, die nicht direkt der Nahrungsaufnahme oder dem Sprechen dienen. Sie sind vielmehr vorbereitende Behandlungen, die kurz vor dem Essen oder zu Beginn einer logopädischen Behandlungsstunde durchgeführt werden sollen. Die Übungen werden in der Regel in Rückenlage durchgeführt. Die Körperhaltung soll dabei die Motorik im Gesichtsbereich günstig beeinflussen. Man spricht von reflexhemmenden Stellungen oder einer tonusnormalisierenden Ausgangsstellung. Ziel der Übungen ist die *Orientierung der Zunge im Mund* und die Aktivierung bestimmter Muskeln beim Schlucken. Bei den Übungen gibt es viele Variationen, um die verschiedenen Teile des Gesichts einzubeziehen.

Die *Gaumenplatte* hat den Zweck, mit Hilfe von Stimulationskörpern die Zunge und die Oberlippe zu aktivieren.

Die häufig vorverlagerte Zunge wird angeregt, im Mund zu bleiben. Gleichzeitig soll die schlaffe Oberlippe aktiviert werden. Durch den erreichten Mundschluß und die höhere Zungenstellung wird die Nasenatmung aktiver und das Saugen und Schlucken verbessert. Der Sitz und die Wirkung der Gaumenplatte müssen regelmäßig von Therapeut und Arzt kontrolliert werden. Die Gaumenplatte sollte immer im Rahmen einer orofazialen Therapie eingesetzt werden.

Seit einigen Jahren werden auch Kinder mit zerebraler Bewegungsstörung mit einer Gaumenplatte behandelt.

Abschließend ein Beispiel aus der Praxis der Mund- und Eßtherapie.

Peter ist 2 Jahre und 9 Monate alt. Er hat eine schwere zerebrale Bewegungsstörung. Der Kinderarzt hat für ihn Sprachtherapie auf neurophysiologischer Grundlage verordnet. Peter soll eine gezielte Mund-Eßtherapie sowie Sprachanbahnung erhalten. Bei der ersten sprachtherapeutischen Untersuchung wird eine große Entwicklungsverzögerung festgestellt.

Im Bereich der Mundmotorik hat sie massive Auswirkungen auf die Nahrungsaufnahme. Peter wird nur mit pürierter Kost gefüttert. Seine Mutter nimmt ihn hierfür auf den Schoß. Sie neigt seinen Kopf und Oberkörper weit zurück, damit die Nahrung leicht in den Mund fließt. Durch den Zungenstoß wird allerdings ein großer Teil der Nahrung wieder aus dem Mund befördert.

Peter kann nicht koordiniert schlucken, d. h. sein Schlucken gleicht noch dem eines Säuglings. Er verschluckt beim Essen auch viel Luft. Werden die Lippen mit dem Löffel berührt, reißt Peter wegen der Überempfindlichkeit den Mund weit auf. Die hochgezogene Oberlippe kann die Nahrung nicht vom Löffel nehmen. Der Beißreflex verhindert die normalen kreisenden Kaubewegungen.

Das Trinken ist für Peter besonders schwierig. Seine Mutter träufelt ihm das Getränk ebenfalls in halbliegender Stellung ein, so daß die Flüssigkeit im Mund nach hinten rinnt, bis sie mit dem Schluckreflex geschluckt wird. Dabei verschluckt sich Peter häufig. Er hustet dann heftig und ringt um Atem.

Auf der Grundlage der bisher zusammengetragenen Informationen wird ein erster Therapieplan zusammengestellt. Er wird im Verlauf der Therapie weiter an Peters spezielle Probleme angepaßt. Selbstverständlich werden die Wünsche der Eltern berücksichtigt. Ziel der Mund-Therapie bei Peter ist der Abbau der noch vorhandenen Beißreaktion und die Rückverlagerung der Auslösezone des Würgereflexes. Dabei wird auch die Überempfindlichkeit vermindert.

Die Therapie wird in einer sogenannten reflexhemmenden Stellung durchgeführt. Dies kann für Peter auf dem Schoß der Mutter oder auf dem Boden zwischen den Beinen der Therapeutin sein. Die Körperhaltung muß so sein, daß der Nacken gedehnt ist. Peters Kopf wird nach vorne, in Richtung auf seine Brust gebracht. Dadurch verändert sich der Muskeltonus im Gesichts- und Mundbereich. Die pathologische Steigerung des Muskeltonus wird weitgehend gehemmt. Peter lernt seine Bewegungen besser zu kontrollieren. Die Wangenmuskulatur wird vom Kieferansatz bis zu den Lippen durch kreisende Bewegungen und leichtes Beklopfen gelockert. Die Muskelspannung wird weiter normalisiert. Durch Vibration werden die Kiefergelenke freier beweglich; danach werden die Wangen leicht und vorsichtig durchgeschüttelt.

Beim Versuch, Peter am Mund zu berühren, reißt er ihn unwillkürlich weit auf. Über die sogenannte Kieferkontrolle wird dieser Mechanismus unterbrochen. Ein lockerer Mundschluß ist möglich. Durch die Therapie wird Peter bereit, Berührungen im Gesicht und am Mund zu dulden. Reime und kleine Kinderlieder helfen Peter aufmerksam zu bleiben und einen spielerischen Bezug zur Therapeutin aufzubauen.

Ist dies erreicht, wird Peters Mutter mit in die Behandlung einbezogen. Zuerst wird an ihr selbst die richtige Art der Kieferkontrolle gezeigt. Dann probiert sie es bei Peter. Die Mutter soll die Kieferkontrolle beim täglichen Füttern übernehmen. Beim Essen, Trinken, Spielen und Schmusen soll Peter die Möglichkeit haben, mit Mund und Lippen Erfahrungen zu sammeln, die er bisher mit dem weit aufgerissenen Mund nicht machen konnte.

Nachdem sich Peter nach einigen Wochen an die Berührungsreize gewöhnt hat, tastet sich die Therapeutin mit der Fingerkuppe in Peters Mund vor. Zunächst wird nur der vordere Teil des äußeren Zahnfleisches berührt. Der Finger reibt leicht auf und ab und hin und her. Schon durch diesen kleinen Reiz wird bei Peter die Beißreaktion ausgelöst, sein Unterkiefer beginnt sich rhythmisch zu bewegen. Wenn dies beobachtet wird, wird sofort die Kieferkontrolle angewendet und der Nacken gestreckt. Es kommt zum Mundschluß. Das richtige Schlucken wird angebahnt. Dabei zieht sich der Mundboden zusammen, die Zunge erhält im Mund die richtige Lage (die Zungenspitze liegt weich hinter den oberen Schneidezähnen, die Zungenränder legen sich seitlich locker an). Der Speichel wird mit einer wellenförmigen Bewegung der Zunge von vorn nach hinten transportiert. Das Gaumensegel hebt sich und schließt die Mundhöhle zum Nasenrachenraum hin ab. Peter schluckt richtig. Durch die Stabilisierung des Kiefers werden die reflexartigen Beißbewegungen mehr und mehr gehemmt. Gleichzeitig wird durch diese Übung der Tonus der Mundmuskulatur normalisiert.

In den folgenden Wochen wird der Finger immer weiter entlang dem äußeren Zahnfleisch des Ober- und Unterkiefers in den Mund hineinwandern. Wenn die Beißreaktion nicht mehr vorhanden ist, wird die Zunge und der vordere Teil des Gaumens stimuliert. Ziel dieser Übung ist es, die Auslösezone des Würgereflexes weiter nach hinten zu verlagern.

Den Eltern wird empfohlen, Peters Zähne mit einer elektrischen Zahnbürste zu putzen. Die Therapeutin zeigt, wie die Eltern dabei die Kieferkontrolle anwenden sollen.

Nach der Mundbehandlung folgt die Eß-Trink-Therapie. Die Schluckfunktion und das Kauen werden angebahnt.

Auch hier werden die Eltern angeleitet. Später sollen sie die Therapie zu Hause fortführen, so erhält das Kind mehrmals täglich eine Behandlung. Dabei darf die Therapie nicht zum alleinigen Ziel der Mahlzeit werden. Die Abkehr vom Bisherigen soll schrittweise erfolgen. Das Essen soll immer angenehm und lustvoll bleiben.

Die Therapiestunde wird um die Mittagszeit angesetzt, wenn Peter Appetit hat. Die Eltern haben den Auftrag, Peters Geschirr und Besteck und ein Gericht mitzubringen, das Peter besonders gern ißt. Während das Essen im Wasserbad erwärmt wird, wird mit den Eltern die bestmögliche Ausgangsstellung für das Füttern gesucht. Es wird darauf geachtet, daß Peter nicht in einem pathologischen Reflexmuster sitzt oder gehalten wird. Wichtig ist dann wieder die Kieferkontrolle. Mit einem nicht zu großen, festen und flachen Löffel wird das vordere Zungendrittel heruntergedrückt, damit die Zunge eine normale Ausgangsstellung erhält und der Zungenstoß verhindert wird. Die Nahrung soll von Peter mit der Oberlippe vom Löffel genommen werden. Sie soll nicht wie bisher an seinen Zähnen abgestreift werden. Wenn der Löffel wieder herausgezogen wurde, ermöglicht eine lockere Kieferkontrolle den Mundschluß. Die Nahrung wird weitertransportiert und geschluckt.

Zunächst werden Peter nur ein paar Löffel auf diese Weise gefüttert. Die Menge wird dann langsam gesteigert. Peter lernt, daß das Essen auf diese Weise leichter und angenehmer ist. Er verschluckt sich nicht mehr so häufig. Auch der Mutter gelingen die neuen Übungen. Sie übernimmt sie auch zu Hause.

Bald berichtet sie, daß das Essen auch zu Hause klappt. Die Zunge schiebt jetzt das Essen nicht mehr so stark nach außen. Auch das Schlucken hat sich gebessert.

Das nächste Problem ist das Trinken. Bisher bekam Peter halbliegend mit einer Schnabeltasse seine Getränke eingeflößt. Dabei verschluckte *er sich regelmäßig. Was muß verändert werden? Wichtig beim Trinken ist wieder eine aufrechte reflexhemmende Stellung mit langem Nacken und die Kieferkontrolle. Für Peter wird ein Becher vorbereitet, der oben weit ausgeschnitten ist. Auf diese Weise kann die Flüssigkeitsmenge, die in Peters Mund fließt, genau beobachtet und dosiert werden. Die Mutter lernt, wie sie den Becher an Peters Mund ansetzen muß, damit weder die Beißreaktion noch das Würgen ausgelöst wird. Durch die Hilfe von außen bleibt Peters Kiefer geschlossen, und die richtige Schluckkoordination wird angebahnt.*

Nach dem Bechertrinken soll Peter lernen, allein mit einem abknickbaren Strohhalm aus einem Becher zu saugen. Mit Hilfe eines kurzen Kunststoffröhrchens werden zunächst nur einige Tropfen eines Getränks zwischen die Lippen geträufelt. Allmählich wird dies gesteigert, bis Peter gelernt hat, die Lippen exakt zu schließen, zu saugen und zu schlucken. Trotz kurzer Phasen, in denen sich scheinbar keine Besserung in der Therapie zeigt, macht Peter langsame und stetige Fortschritte. Das ist vor allem dem gewissenhaften Üben von Peters Eltern zu Hause zu verdanken. Da jetzt die Mund- und Eßtherapie von den Eltern so gut durchgeführt wird, kann in den Therapiestunden bei Peter der Schwerpunkt auf die Atem-Stimm-Therapie und die Sprachanbahnung gelegt werden.

Am Ende dieser Beschreibung soll allerdings nicht unerwähnt bleiben, daß es auch Kinder gibt, bei denen es trotz Therapie und großem Einsatz der Eltern zu keinen oder nur geringen Fortschritten kommt. Für diese Kinder gilt, daß es bereits ein Erfolg ist, wenn eine Verschlechterung des gegenwärtigen Zustandes verhindert werden kann.

≡ Beschäftigungstherapie (Ergotherapie)

Die Beschäftigungstherapie (auch Ergotherapie genannt; Ergo bedeutet wörtlich übersetzt »Arbeit, Tätigkeit«) ist eine vom Arzt verordnete Therapie. Soll ein Kind ergotherapeutisch behandelt werden, braucht es – wie bei der Krankengymnastik – ein Rezept von einem Arzt. Es gibt niedergelassene Ergotherapeuten mit eigener Praxis. Dorthin können sich die Eltern wenden. Ergotherapeuten arbeiten aber auch noch in sonder- und heilpädagogischen Einrichtungen wie Schulkindergärten, Sonderschulen, in Sonderberufsschulen (Berufsbildungswerken), in Werkstätten für Behinderte (WfB) und in Heimen für Menschen mit Behinderung.

══   Wann braucht ein Kind ergotherapeutische Behandlung?

Ein Kind soll dann zur ergotherapeutischen Behandlung, wenn bestimmte Teile des Handlungsablaufes gestört sind. *Praxisbeispiele* sollen dies verdeutlichen:

Thomas (6 Jahre) kann der Mutter genaue Anweisungen geben, was sie zum Bau seiner Kugelbahn herbeizuschaffen habe. Er weiß auch, daß die großen Murmeln nicht durch die Löcher passen. Er weist den großen Bruder an, das übliche Auffangbecken für die Kugeln einzubauen. Soll aber Thomas die Kugelbahn selbst aufbauen, weiß er nicht, wie er mit dem Bau beginnen soll und welche Teile nacheinander zusammengesetzt werden müssen. Er mag dann »plötzlich« nicht mehr Kugelbahn spielen.

Melanie (4,5 Jahre) läßt sich für alle Spielideen begeistern. Mit Eifer hilft sie beim Herbeischaffen der Spielsachen. Sie greift auch die Idee Krankenhaus zu spielen auf und legt die Puppe ins Bett. Als jedoch ein Geräusch auf dem Flur ihre Aufmerksamkeit findet, »geht die Spielidee verloren«. Melanie findet auch mit Hilfen nicht mehr so recht zum Spiel zurück.

Von Markus ist bekannt, daß er sehr spät das Laufen gelernt habe, er sei lange gerobbt. In der Zwischenzeit ist er vier Jahre alt und ein quirliges Kind. Beim Spiel übernimmt er gerne die Rolle des Chefs. Er fährt den Lastwagen, schubst die Schaukel an oder holt für ein anderes Kind das Dreirad. Soll er jedoch auf der Schaukel in die Hände klatschen oder den Latwagen vorsichtigt mit Spielsteinen beladen, hat er meist eine Ausrede. Er versichert, daß eine andere Arbeit jetzt doch viel wichtiger sei und wendet sich dieser zu.

Steffi (5,5 Jahre) ist da ganz anders. Sie findet Spiele am Tisch ganz toll, besonders, wenn sie auf dem Stuhl sitzen darf, der zwei Armlehnen hat. Dann fühlt sie sich sicher und macht auch mal beim Würfelspiel mit. Mit dem »Abzählen« der Felder nimmt sie es jedoch noch nicht so genau, obwohl sie genau weiß, was »vier« bedeutet, »fährt« sie nicht korrekt vorwärts. Bei genauerem Beobachten merkt man, daß die Bewegungen ihrer Arme und Hände immer dann unkoordiniert und ungenau werden, wenn sie sie vom Körper wegstreckt. Ist sie mal nicht ganz so aufmerksam, verliert sie auch noch beim Sitzen das Gleichgewicht und muß sich an den Armlehnen festhalten. Sie hat es gern, wenn der Stuhl sehr nahe an der Tischkante steht.

Peter (4 Jahre) fällt zunächst »nur« im Sozialverhalten auf. Er ist sehr schnell ungeduldig, findet die Eisenbahn schlecht. Er fühlt sich benachteiligt. Mit Überzeugung beschuldigt er andere Kinder, etwas von seinen Sachen genommen zu haben. Wenn man ihm nicht nachgibt, passiert es schon mal, daß er zornig wird, einen Spielstein durch den Raum wirft und sich weinend in die Ecke verkriecht. Beobachtet man ihn jedoch über längere Zeit, kann man erkennen, daß es immer ganz bestimmte Situationen sind, die ihn aus der Fassung bringen. So war es auch beim Aufbauen und Spielen mit der Holzeisenbahn: Peter will mit einem Güterzug zu Steffen fahren. Als er dort ankommt, stellt er mit Schreck fest, daß unterwegs die meisten Waggons verlorengegangen sind. Da er sie nicht findet, beschuldigt er in seiner Verzweiflung Steffen, seine Waggons versteckt zu haben. Der Beobachter hat gesehen, daß Peter nur einen einzigen Waggon an seine Lok gehängt hat. Die anderen liegen noch immer in der Schachtel.

Barbaras (knapp 6 Jahre) Probleme zeigen sich besonders beim Malen. Ihre »Männchen« haben zwar alle Körperteile, aber sie sind willkürlich verteilt (s. Abb. 5). Barbara kann die einzelnen Elemente des Körpers nicht an die richtigen Stellen malen. Es ist für sie vollkommen gleichgültig, ob die beiden Augen links und rechts oberhalb der Nase sind. Hauptsache sie sind innerhalb des Kopfes. Räumliche Beziehungen zwischen den Körperteilen sind nicht wichtig.

Abb. 5   Barbara kennt alle Körperteile; ihre Anordnung stimmt jedoch noch nicht.

Alle diese Kinder haben jeweils besondere Schwierigkeiten, ihre Handlungen zu steuern. Ihre weitere Entwicklung ist beeinträchtigt. Die Ergotherapeutin sucht im Rahmen ihrer Therapie geeignete Spiel- und Handlungsideen, in denen die Kinder gezielt ihre Problembereiche verbessern können. Dafür muß die Therapeutin die Schwierigkeiten des einzelnen Kindes erkennen, deuten und Beziehungen zum aktuellen Spielgeschehen herstellen. Dieses Bemühen wird durch Gespräche mit den Eltern und anderen Fachleuten unterstützt.

Als Methoden haben Ergotherapeuten *Wahrnehmungstraining* und *sensorische Integrationsbehandlung* entwickelt (s. S. 67).

Weiter werden in der Ergotherapie konkrete *Hilfen für das alltägliche Leben* gesucht. Dazu gehören Hilfen z. B. beim Anziehen, Essen und Trinken. Die Ergotherapeuten beraten die Familie bei der Anschaffung und Anpassung von Hilfsmitteln.

Bei allen Aktivitäten geht man in der Beschäftigungstherapie davon aus, daß die einzelnen Entwicklungsbereiche wie Motorik, Wahrnehmung, Denken, Fühlen und die Kommunikation eng mit einander verflochten sind. Bei der Planung der Therapieinhalte wird dies – neben der ausführlichen Diagnostik berücksichtigt. Die Inhalte sollen möglichst viele Berührungspunkte mit dem Lebensalltag des Kindes haben. Nicht einzelne Elemente eines Handlungsvorganges werden geübt, sondern immer der gesamte Handlungsablauf. Diese ganzheitliche Auffassung ist nicht nur aus psychologischen Gründen wichtig, sondern auch aus neurologischen. Nur, wenn möglichst viele Funktionen in ihrer gegenseitigen Abhängigkeit geübt werden, kann die Therapie erfolgreich zum Aufbau neuer Verarbeitungswege im Nervensystem beitragen.

Bei ihrer Arbeit wenden Ergotherapeuten folgende *Hilfs- und Gestaltungsmittel* an: therapeutische Hilfsmittel sind z. B. orthopädische Schienen, Eßhilfen, Gewichtsmanschetten, verschiedene Materialien zum Gestalten, Spielen und Basteln, z. B. Ton, Papier; Textilien, Holz (oft wird ein konkreter Gegenstand oder ein Spielzeug hergestellt), Medien für die Grob- und Gleichgewichtsmotorik, z. B. Schaukelbrett, Pedalo, Rollbrett.

Bei moto-sensorischen Problemen orientiert sich das ergotherapeutische Konzept häufig an der Therapie nach BOBATH oder AYRES.

Mit Hilfe der unten aufgezählten Medien sollen dann ganz bestimmte Entwicklungsfunktionen erreicht werden:

– Schaukelbrett z. B. zur Verbesserung der Körper- und Bewegungswahrnehmung (Schwerpunkt Tiefensensibilität und Gleichgewicht),

- Trampolin z. B. zur Steigerung des Muskeltonus, zur Förderung des Gleichgewichts und einer stabilen Körperhaltung,
- Rollbrett z. B. zur Förderung der räumlichen Wahrnehmung, der Aufrichtung gegen die Schwerkraft und der Bewegungs- und Haltungswahrnehmung),
- Hängematte zur Förderung der Gleichgewichtswahrnehmung,
- Pedalo, z. B. zur Förderung der Koordination von Hand- und Bein/ Fußbewegungen und von Beuge-Streck-Bewegungen (reziproke Bewegungen), Förderung des Gleichgewichts und der Aufrichtung gegen die Schwerkraft.

Typisch für die Ergotherapie ist, daß die grobmotorischen Angebote als Basis für das weitere therapeutische Arbeiten betrachtet werden. Je nach Problemstellung des einzelnen Kindes wählt die Ergotherapeutin verschiedene Materialien aus, um bestimmte Spiel- und Gestaltungsideen zusammen mit dem Kind zu verwirklichen. Diese Verknüpfung von grobmotorischen und feinmotorischen Aufgabenstellungen zur Schulung der Handlungsfähigkeit unterscheidet die Ergotherapie von der Krankengymnastik.

Die nachfolgende Tabelle zeigt abschließend, welche Spiel- und Bastelmaterialen aufgrund ihrer Eigenschaften für ganz bestimmte therapeutische Ziele ausgewählt werden können.

Tab. 4   Ausgewählte Materialien in der Ergotherapie

Material	Eigenschaften und Funktionen
Creme, Rasierschaum, Sahne, Fingerfarben, flüssiger Ton	sehr leicht verformbar, kann man oft riechen. Förderung der Oberflächensensibilität, Vorstufe zum Erkennen von Formen (und Farben), Vorstufe zum Modellieren, Üben von sehr feinen und von großflächigen Bewegungen.
Ton, Salzteig, Plastillin, Silikon	leicht verformbar und zerstörbar, wieder aufbaubar. Regt die Phantasie an, Veränderungen kommen auch schon bei geringen Manipulationen zustande, der Muskeltonus wird aufgebaut, beidhändiges Arbeiten ist oft notwendig, gefördert werden die Hand-Augen-Koordination, das Erfahrungssammeln durch Tasten und die Greiffunktion der Hände.
Bauklötze, Schachteln	sind drei-dimensional, haben eine klare starre Form, es gelten die Gesetze der Schwerkraft. Koordination von Grob- und Feinmotorik, Erkennen der Größe, Form und Farben, Bauen im dreidimensionalen Raum, Üben von Größenvergleichen (gleich groß, kleiner als, größer als), Aufbau kreativen Denkens.
Wolle, Seile, Schnüre und Bänder	sind weich und angenehm, sie haben einen Anfang und ein Ende. Beim Spielen und Arbeiten werden beide Hände beansprucht, Schnüre können Grenzen vorgeben, die leicht veränderbar sind; mit Schnüren und Seilen kann man basteln, aber auch z. B. fesseln, ziehen und anbinden.
Stoffe und Decken	großflächig, wärmend, verdunkelnd, rauh, weich, kratzig. Verhüllen, verstecken, sich wärmen, kuscheln; Decken und Stoffe können als Schutz- oder Fluchtraum vom Kind verwendet werden.

Sensorische Integration, ihre Störungen und Therapie

Was ist sensorische Integration?

Integration bedeutet die Verbindung einzelner Teile zu einer größeren Einheit. Sensorik ist der Fachausdruck für die Wahrnehmung der Sinnesreize. Sensorische Integration ist also die Verbindung einzelner Wahrnehmungsbereiche zu einer größeren Einheit.

Die Eigenschaften vieler Gegenstände und Ereignisse nehmen wir mit mehreren Sinneskanälen wahr, beispielsweise spürt man mit den Fingern, ob ein Gegenstand rauh oder glatt ist, kalt oder warm. Mit den Augen erkennt man die Farbe und die Form. Mit den Ohren hört man, ob dieser Gegenstand Töne von sich gibt, usw. Die Verbindung dieser Wahrnehmungsteile ergibt eine größere Erkenntniseinheit. Sie entsteht durch sensorische Integration.

Diesen Vorgang gibt es auch bei der Körperwahrnehmung. Gleichgewichtsreize aus dem Körper und den Augen werden gemeinsam, also integriert, für Ausgleichsbewegungen genutzt, wenn man gestolpert ist und zu fallen droht. Dies gelingt, weil das Gehirn die eintreffenden Impulse in bedeutungsvolle Informationen umsetzen und eine angemessene (motorische) Reaktion organisieren kann. Ein Kind verarbeitet Reize aus der Tiefensensibilität und der Berührung. Je nach dem, ob es sich zuerst selbst bewegt und dann eine Berührung gefühlt hat, kann es die Erkenntnis ableiten, ob es sich selbst oder ob sich die Umwelt bewegt hat. Auf die gleiche Weise kann es auch erfahren, ob eine Bewegung aktiv geplant und dann ausgeführt wurde oder ob sie passiv entstanden ist.

Die Integration der Wahrnehmungsbereiche ermöglicht beim jungen Säugling einen geeigneten Muskeltonus für die Körperhaltung, für Stützreaktionen und zielgerichtete Handlungen. *Beispiel:* In Bauchlage einen Unterarmstütz einnehmen und dann nach einer Rassel greifen. Diese Fähigkeiten sind eine wichtige Voraussetzungen für das spätere Lernen im Kindergarten und in der Schule.

Um diese komplizierten Leistungen zu erbringen, muß das Gehirn auf ganz bestimmte Weise aktiv sein. Dazu gehört auch die Zusammenarbeit der rechten und linken Hirnhälfte.

Die Fähigkeit zur sensorischen Integration und das Niveau, das erreicht wird, ist abhängig vom Grad der Aufmerksamkeit, der Motivation und der Beteiligung des Gedächtnisses. Die Fähigkeit zur sensorischen Integration muß erlernt werden, sie ist nicht angeboren.

Zunächst lernt das kleine Kind die Integration von Tastsinn, Bewegungssinn sowie Stellungs- und Gleichgewichtssinn). Später werden auch die Fernsinne (z. B. Sehen, Hören, Riechen) sensorisch integriert. Eine »gute« sensorische Integration ist die Grundlage für die Persönlichkeitsentwicklung und für die Entwicklung des Selbstbewußtseins. Wenn das Kind sich auf seinen Körper und seine Erkenntnisse »verlassen« kann, fühlt es sich in neuen Situationen sicherer und kann unbekannten Dingen und Personen gegenüber treten. Es ist neugierig und will die Welt kennenlernen.

Was ist eine sensorische Integrationsstörung?

Man spricht dann von einer Integrationsstörung, wenn die Erkenntnisse, die in den einzelnen Wahrnehmungsbereichen gewonnen wurden, nicht zueinander in Beziehung gesetzt werden. Liegt die Störung bereits innerhalb eines Wahrnehmungsbereiches, z. B. beim Sehen, spricht man nicht von einer Integrationsstörung, sondern von einer Störung der primären Wahrnehmung.

Beispiele für Störungen der sensorischen Integration: Ein Kind erkennt nicht, daß eine heftige Berührung mit seiner eigenen Bewegung in Verbindung steht; ein Kind erkennt nicht, daß das Glöckchen, das es sieht, das Klingeln verursacht, das es hört.

Eine Störung der sensorischen Integration zeigt sich auch beim Aufbau des Muskeltonus und der Bewegungskoordination (tolpatschige, fahrige, aber auch antriebsarme Kinder).

Ursachen der meisten Störungen in der motorischen Koordination liegen in einer unzureichenden Integration von Impulsen aus der Tiefensensibilität (Rückkoppelungsimpulse) und dem Gleichgewichtssinn. Bei genaueren Beobachtungen können folgende Störungen unterschieden werden:

Störungen der Gleichgewichtswahrnehmung

Verarbeitet das Kind zu wenig Gleichgewichtsreize, wirkt es tolpatschig, zeigt mangelnde Balancierfähigkeit, mangelnde Stützreaktionen. Oft entwickelt sich daraus eine geringe allgemeine Belastungsfähigkeit und ein geringes Selbstwertgefühl. Wirken die Gleichgewichtsreize sehr stark, fühlt sich das Kind in bestimmten Körperstellungen nicht wohl. Es hat Angst vor Bewegungen, die durch andere entstehen. Es ist langsam bei ungewohnten Bewegungen. Es befürchtet oft, daß es beim Herunterspringen, Hochsteigen und beim Einbeinstand stürzen wird. Diese Kinder verbrauchen viel Aufmerksamkeit, ihr Gleichgewicht zu halten und auf kleine Unebenheiten beim Gehen zu achten. Sie stolpern viel oder lassen die Tasse fallen. Ältere Kinder stützen oft den Kopf auf, weil die Nackenmuskulatur mit wenig (Halte-)Tonus versorgt wird. Zum Teil sehr ähnliche Probleme beobachtet man bei Kindern, deren Raumwahrnehmung eingeschränkt ist.

Dyspraxie

Die Dyspraxie ist ein Problem der Bewegungsplanung und die häufigste Störung der sensorischen Integration. Die Kinder wissen nicht, wie man eine Handlung plant und in welche Reihenfolge die einzelnen Schritte zu bringen sind. Oft haben die Kinder eine nicht altersentsprechende Körperwahrnehmung, einen mangelhaften Tastsinn und/oder Probleme bei der Wahrnehmung ihrer Tiefensensibilität. Sie fallen frühzeitig durch eine schlechte Bewegungskoordination auf, beispielsweise durch Schwierigkeiten beim Umgang mit Spielzeug und Werkzeug und beim An- und Ausziehen. Sie bewegen sich plump und ungeschickt, stolpern häufig, rempeln an Personen und Gegenstände. Die Stifthaltung ist verkrampft, und sie ermüden rasch. Beim Basteln sind sie oft ungeschickt, exaktes Ausschneiden auf der Linie gelingt kaum. Den Kindern fällt es schwer, beide Hände gleichgerichtet zu bewegen bzw. Unterschiedliches zu tun. Sie können den Ball nur mit Schwierigkeiten mit beiden Händen fangen. Die Überkreuzung der Körpermittellinie wird vermieden. Das Kind greift auf jeder Seite mit der entsprechenden Hand, wenn es sein muß, wechselt es die Arbeitshand.

Störungen des taktilen Systems

Verarbeitet das Kind wenig Berührungsreize, ist es im Umgang mit anderen Kindern grob. Manchmal verletzt es sich auch selbst und ist wenig schmerzempfindlich.

Ist das Kind überempfindlich gegenüber Berührungsreizen, spricht man von taktiler Abwehr. Die Kinder wehren sich vor zu viel Berührung. Sie verweigern bestimmte Materialien, wollen selten schmusen, gehen nicht gern ins Wasser. Auffällig sind Probleme beim Waschen oder Haarekämmen. Sie bevorzugen langärmlige Kleidung, auch wenn es warm ist. Sie wirken überaktiv, weil auch geringe Berührungen Aktivitäten auslösen. Ihr Aufmerksamkeit läßt rasch nach.

Störungen der visuellen Wahrnehmung

Die Kinder können oft nur schwer bestimmte Dinge bei »Suchbildern« finden. Sie sind leicht ablenkbar. Die Kinder haben Probleme, die gleichen Formen in unterschiedlicher Größe wieder zu finden. Sie haben Schwierigkeiten, Muster oder komplizierte Gebilde nachzulegen oder nachzubauen.

Sie verlieren die Orientierung und erkennen nicht, daß die linke rote Tür »ihr« Raum ist. Bei Kreisspielen erkennen sie die Lücke im Stuhlkreis nicht und finden ihren Platz nicht mehr. Sie stellen nicht fest, daß die anderen Kinder alle rechts herum gehen und sie links. Beim Ballspielen erlebt man, daß sie Entfernungen schlecht abschätzen können.

Über die Therapie bei sensorischen Integrationsstörungen

Die Sensorische Integrationstherapie wurde von der Beschäftigungstherapeutin und Psychologin JEAN AYRES begründet. In der Therapie versucht man bestimmte Reizangebote zu setzen und richtig zu dosieren, so daß das Kind seine Handlungsfähigkeit in seinem Alltag verbessert. Beim kleinen Kind haben besonders Gleichgewichtsübungen hohe integrative Funktion. *Beispiele* sind: Schaukeln, Fahren, Schwingen am Seil, Getragen werden oder Wiegen und Wippen auf dem Schoß.

Bei älteren Kindern werden auch die Fernsinne, also Riechsinn, Geschmackssinn, Sehsinn und Hörsinn in die körperbezogenen Aufgaben integriert.

Bei der Gestaltung von Fördersituationen muß beachtet werden, daß sich alle emotional negativen Situationen negativ auf die Integrationsleistungen auswirken. Um eine Überforderung zu vermeiden, sollten die Kinder das Niveau ihres »sensorischen Inputs« selbst bestimmen lernen. Dies gilt besonders beim passiven Schaukeln oder beim Fahren von einer schiefen Ebene mit einem Rollbrett. Durch die Eigenkontrolle wird die Gefahr einer sensorischen Überladung vermieden. AYRES sagt, daß sensorische Reize machtvolle Mittel seien, die das Gehirn sowohl desorganisieren als auch organisieren könnten.

Grundlage für die sensorische Integrations-Therapie sind gezielte *Beobachtungen* und *Tests* vor, während und nach der Behandlung.

Die SI-Therapie ist auf die Situation und das Befinden des Kindes ausgerichtet und hat immer die *Gesamtentwicklung* im Auge. In der SI-Therapie werden deshalb auch nicht einzelne Fertigkeiten geübt (Haus, Baum, etc. malen). Im Vordergrund stehen vielmehr die *Aktivierung der Körpersinne* (vestibulär, taktil, Tiefensensibilität), die *Integration* (Verknüpfung) der gewonnen Erfahrungen und die *Einbeziehung* der anderen Wahrnehmungsbereiche.

In der Behandlung werden die *äußeren Bedingungen* so geschaffen, daß sie dem Entwicklungsstand des Kindes entsprechen. Bei den meisten Kindern gibt es ein *inneres Streben* nach sensorischer Integration.

Deshalb fühlen sich die Kinder bei Übungsangeboten, die ihre Integrationsbemühungen fördern, sehr wohl. Sie können dann auch zu Eigenaktivität und Selbstlenkung ermutigt werden.

Die Ansatzpunkte für die Therapie geben die *Kinder oft selbst.* Meist suchen sie immer den gleichen Reiz (Schaukeln/ Drehen: vestibulär, Hüpfen/Laufen: Tiefensensibilität, Selbstverletzung: taktil) oder sie meiden bestimmte Dinge deutlich. Den Wünschen des Kindes wird vorsichtig entsprochen. Die SI-Therapie ist nicht durch einen vorgegebenen Behandlungsplan gekennzeichnet, sondern durch *Flexibilität.*

Freude, Wohlbefinden, Begeisterung und *Neugier* eines Kindes sind Anzeichen für sensorische Integration auf der Stufe des Kindes. Die Therapeutin hat die Aufgabe, das Angebot dem fortschreitenden Entwicklungsniveau anzupassen.

Das *Ziel* der Therapie ist die Verbesserung der Verarbeitungsprozesse im Gehirn. Das Kind soll sich selbst organisieren lernen und dadurch zu einem höheren Selbstvertrauen und Handlungsantrieb kommen. Es soll in der Lage sein, sich den Anforderung der Umwelt zu stellen.

Motopädagogik und Mototherapie

Motopädagogik

Von Anfang an erschließt sich das Kind durch Bewegung seine Umwelt. Es nimmt dadurch sich und seine Umgebung wahr. Bewegung und Wahrnehmung eines Kindes sind von seinem Denken und von seinen Gefühlen nicht zu trennen. Weil dies so ist, wird mit dem Förderansatz »Motopädagogik« eine enge Verbindung von Körper, Seele (Psyche), Bewegung und Umwelt hergestellt. Motopädagogik ist dann Lernen und Entwicklung durch Bewegung, Spiel und Handeln. Motopädagogik ist ganzheitlich orientiert. Das bedeutet, alle Entwicklungsbereiche werden in die Förderung einbezogen. Motopädagogik kann mit einzelnen Kindern stattfinden, wird aber in der Regel als Gruppenförderung angeboten. Die Größe der Gruppe richtet sich nach dem Alter der Kinder. Auch im Grundschulalter sollten es nicht mehr als acht Kinder sein. Motopädagogik-Stunden finden in der Regel in besonders ausgestatteten Räumen (Gymnastik-Räumen) oder idealerweise in Turnhallen statt. Bei mehr als vier Kindern sollte das Angebot immer von zwei Mitarbeitern gestaltet werden.

Die Motopädagogik wird nicht nur in der Frühförderung, sondern auch im Kindergarten, der Schule und im außerschulischen Bereich angewandt (s. Abb. 6).

Abb. 6   Die Turnhalle lädt zum Erobern ein.

Ziel der Motopädagogik ist die Handlungs- und Kommunikations-
fähigkeit des einzelnen Kindes durch die Steigerung seiner Ich-, Sach- und
Sozial-Kompetenz zu verbessern (unter Kompetenz versteht man die
Fähigkeit oder Kenntnis). Was bedeutet dies beim Spiel, beim Lösen
bestimmter Aufgaben für das einzelne Kind oder für eine Gruppe?

Ich-Kompetenz

Das Kind soll sich und seinen eigenen Körper wahrnehmen und durch Bewegung verändern können. Es soll erleben, weit oben, ganz groß, hinten, unten versteckt, ganz klein zu sein; es soll schleichen, trampeln, kriechen, Wut und Freude zeigen, und vieles mehr. Zur Ich-Kompetenz gehört auch Selbstbewußtsein, Selbstvertrauen und das richtige Einschätzen der eigenen Fähigkeiten (Abb. 7).

Sach-Kompetenz

Das Kind soll die Gegenstände seiner Umwelt wahrnehmen lernen. Es soll sie erleben und ihre Eigenschaften verstehen. Es soll mit ihnen gestalten, sie verändern und alle diese Informationen speichern. Beispiele: Ich »sehe« mit den Händen; was kann man alles rollen?; was kann man zum Bauen verwenden?, was kann ich alles mit einem Tuch machen?; was ist heiß, naß, weich oder hart?, wo bin ich lieber vorsichtig?, was kann ich gut, weil ich schon viel darüber weiß (Abb. 8)?

Sozialkompetenz

Das Kind soll mit den Gegenständen seiner Umgebung zurechtkommen. Es soll aber auch lernen sich mit einzelnen Personen, Spielpartnern oder einer ganzen Gruppe auseinanderzusetzen. Es soll gemeinsam handeln, d. h. z. B. ein Spiel machen, zu zweit ein Haus bauen, wie vorher verabredet sanft und dann immer heftiger wippen, dem anderen beim Balancieren über den Balken helfen (Abb. 8).

Diese drei Bereiche werden in jeder Fördersituation in Form von Bewegungsaufgaben und Spielen berücksichtigt. Die Schwerpunkte werden je nach Situation und Problematik des Kindes oder der Kindergruppe gesetzt.

Es wird versucht, daß bestimmte Anforderungen über längere Zeit in verschiedene Spiele oder Aufgabenstellungen verpackt werden.

Am *Beispiel* »Üben des Gleichgewichthaltens« soll dies verdeutlicht werden:

- *Wir gehen über eine weiche dicke Schaumstoffmatte: Wir gehen durch das Moor.*
- *Wir rennen durch ein Labyrinth: Wir rennen durch den Wald.*
- *Wir hüpfen von einem Hindernis zum anderen: Wir überqueren einen Bach, ohne naß zu werden.*
- *Wir klettern eine schiefe Ebene hoch und rutschen wieder herunter: Heute sind wir Dachdecker.*
- *Wir schaukeln, wippen oder schwingen an Seilen: Ich Tarzan, du Jane! Wo ist Boy?*

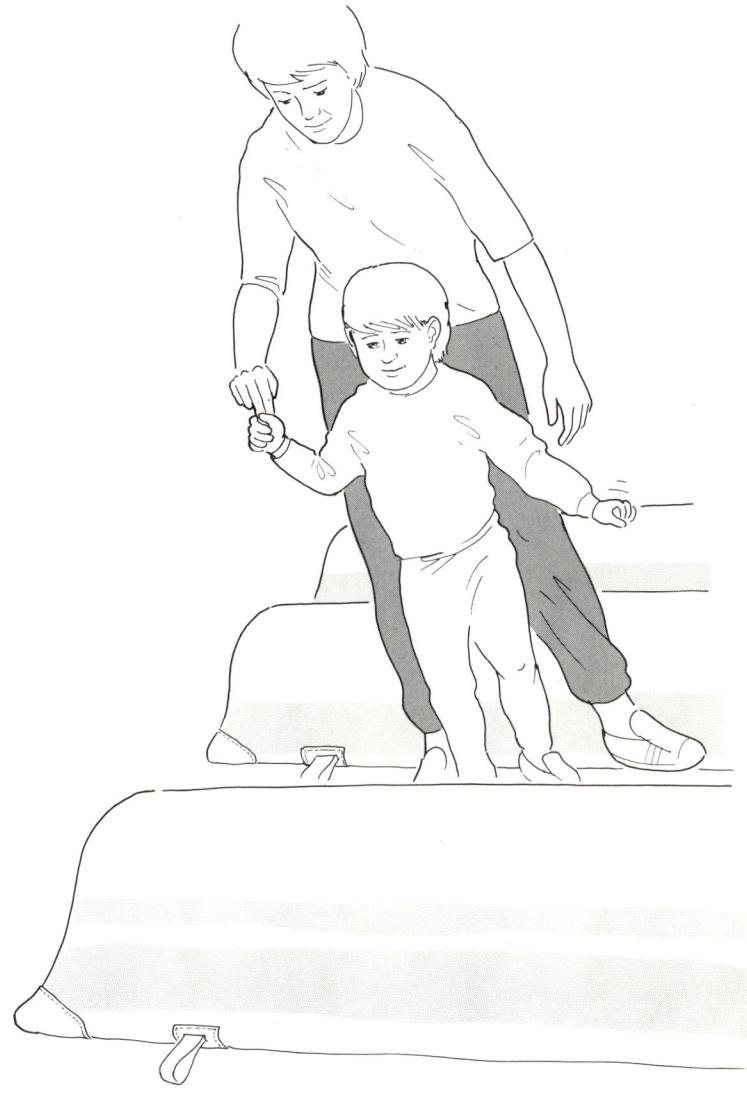

Abb. 7   Ich-Kompetenz: Bald kann Steffi alleine durchs »Wasser« waten. Dies stärkt ihre
motorischen Fähigkeiten. Das Selbstvertrauen wächst.

Abb. 8   Sachkompetenz und Sozialkompetenz: Wer die Sache beherrscht, kann mit einer
ganzen Gruppe zum Bergsteigen.

–   *Alle betreten die Plattformschaukel und schaukeln: Wir haben
    gebucht und fliegen in den Urlaub.*
–   *Wir turnen und toben auf der Plattformschaukel: Kapitän Flint
    sucht einen Piratenschatz.*

Im Gegensatz zum Sportunterricht werden in der Motopädagogik keine Bewegungsabläufe vorgegeben oder trainiert. Die Spielsituationen werden so gestaltet, daß die Kinder zum selbständigen Handeln angeregt werden. Sie sollen wahrnehmen, fühlen, überlegen, ausprobieren. Sie sollen für eine Aufgabe auch einen zweiten oder dritten Lösungsweg suchen. Sie sollen Spielkameraden überzeugen, daß man eine Aufgabe zu zweit oder dritt besser lösen kann. Jedes Kind darf jede Bewegungsaufgabe so lange wiederholen, bis es mit dem Ergebnis zufrieden ist. Für den Mitarbeiter bedeutet dies, daß die Lösung des Kindes in dieser Situation auf jeden Fall eine richtige Lösung ist. Konkret bedeutet dies: Auch wenn die Lösung aus der Sicht eines Erwachsenen als wenig gelungen erscheint, gibt es keine herablassenden Kommentare, sondern Hilfen bei der Entwicklung von Alternativen.

Die Materialien und Geräte werden so ausgewählt, daß jedes Kind die Möglichkeit hat, sich entsprechend seinem Können aktiv zu beteiligen. Viele Gegenstände werden nicht nur in bereits bekannter Weise verwendet. So können z. B. Bananenkisten zu Bausteinen für Wände werden, zu Transportmitteln, Koffern, Flugzeugsitzen, Verstecken, Musikinstrumenten, Hindernissen und vielem mehr. Dadurch werden die Kinder zu Flexibilität und phantasievollem Handeln angeregt.

Ein wichtiger pädagogischer Grundsatz in der Motopädagogik ist: Es gibt kein falsches oder richtiges Handeln, keine falsche Handhabung von Materialien und somit auch keine negativen Wertungen durch die Erwachsenen und nach einer gewissen Zeit auch nicht mehr durch die anderen Kinder.

Immer wieder ist es faszinierend zu erleben, wie sich im Verlauf eines Förderjahres hämisches Anschwärzen wie »schau mal, der kann ja nicht mal ...«, in »hast du gesehen, er kann jetzt auch ...«, »schau mal, so kann man es auch machen« oder »so kann ich es nicht, aber ich habe dies ausprobiert!« verwandelt. Dies ist möglich, weil für die Arbeit in der Motopädagogik einige Grundsätze gelten. Es soll eine angstfreie Lernsituation geschaffen werden. Das Kind wird so angenommen wie es ist, mit all seinen Schwächen und Besonderheiten. Es soll eine vertrauensvolle Ebene mit zumindest einer Bezugsperson entstehen. Der Ansatzpunkt sind die Stärken des Kindes. Damit man die Schwächen nicht aus den Augen verliert, werden die Aufgaben so gewählt, daß ein behutsames Herantasten an die Defizite möglich wird. Durch Erfolgserlebnisse kann das Kind neue Gebiete erkunden, sich mit bislang schwierigen Aufgaben befassen. Das Kind bestimmt immer selbst das Niveau der Anforderungen. Es erlebt die eigene Verantwortung für seine Fortschritte. Es hat Grund zur Freude und zum Stolz. Die Mitarbeiter orientieren sich in einem ersten Schritt am einzelnen Kind, damit es zu zunächst zu sich selbst findet. Im zweiten Schritt erfolgt eine immer stärkere Orientierung an den anderen, bis so weit wie möglich die Wünsche und Bedürfnisse der gesamten Gruppe beachtet werden können.

Ziel ist ein möglichst großes Gemeinschaftsgefühl, in dem auch Individuelles und Dickköpfiges seinen Platz hat. Die Selbstbeherrschung ist im Kindesalter am ehesten durch die Bewegung zu erlernen. Das Kind kann sich dadurch selbst eine äußere Ordnung aufbauen. Es findet dann über diese zu seiner inneren.

Mototherapie

Motopädagogik ist nicht nur ein Angebot zur Förderung der Entwicklung allgemein, sondern wendet sich auch an Kinder mit Entwicklungsbeeinträchtigungen. Dies bedeutet, daß auch auf die besonderen Bedürfnisse des einzelnen Kindes fachkompetent eingegangen wird. Ist dies der Fall, wird die Motopädagogik zur Mototherapie. Dies bedeutet, daß alle Grundsätze der Motopädagogik auch in der Mototherapie gelten, aber durch eine Reihe zusätzlicher Überlegungen ergänzt werden. Das kleine Kind wird in der Entwicklung seiner Persönlichkeit im wesentlichen von der Wahrnehmungs- und Bewegungsentwicklung bestimmt. Ist diese eingeschränkt, führt dies zu Fehlanpassungen im Sozialkontakt, zu Handlungseinschränkungen, zu einem mangelnden Repertoire an Handlungsvariationen und Umsetzungsmöglichkeiten, zu geringen Möglichkeiten, Handlungen von einer Situation auf eine ähnliche zu übertragen und zu einem geringen Erfahrungsschatz und eventuell zu Angst.

In der Praxis zeigen sich diese Schwierigkeiten als Überaktivität, Wahrnehmungsstörungen, grob- und feinmotorische Störungen und psychomotorische Verhaltensauffälligkeiten. Wie die Mototherapeutin diese Probleme in ihrer Praxis erlebt, zeigen die folgenden *Beispiele:*

Uli wirkt wie ein Wiesel. Er ist überall und nirgends. Sein Blick ist ängstlich suchend, er ruht nie lange auf einem Fleck. Er interessiert sich für das Treiben der anderen Kinder und ist hilfsbereit. Gehen aber andere Kinder auf ihn zu, schreckt er zunächst zurück. Es scheint, als ob Uli nicht abschätzen kann, was alles auf ihn zukommt. Zur Vorsicht geht er solchen Situationen lieber erstmal aus dem Weg. Nimmt Uli »Kontakt« mit Kindern auf, stellt er oft mit großem Erstaunen fest, daß die anderen mit Tränen reagieren. Er kann nicht fassen, daß er den anderen weh getan hat. »Ich habe sie doch nur ein klein bißchen am Rücken berührt, beteuert er glaubhaft. Völlig unverständlich oder sogar als Lüge empfindet er Corinnas Kritik: »*Nein, Du hast mich heftig geschubst*«.

Aus mototherapeutischer Sicht sind diese Widersprüche bei Uli die Folge von Wahrnehmungsstörungen. Er kann einerseits die Kraft, die er für eine bestimmte Bewegung aufwenden muß, nicht korrekt einschätzen. Auf der anderen Seite erlebt er Berührungen, von denen wir glauben, sie seien zärtlich wohlwollend, als bedrohlich oder gar schmerzhaft. Uli hat Schwierigkeiten mit der Fremd- und Eigenwahrnehmung.

Die mangelnde Eigenwahrnehmung zeigt sich auch bei der Aufgabe: Wir liegen ganz schlapp am Strand. Obwohl Uli sich anstrengt, sind seine Beine immer wieder in der Luft. Auch die Eltern berichten von diesem unaufhörlichen Bewegungsdrang. Aufgrund der erhöhten Reizschwelle kommen in Ulis ZNS zu wenig Reize an. Er hat deshalb zu wenig Kenntnis über sein Tun. Seiner Meinung nach liegt er ruhig da, wir erleben dies anders. Hinweise wie »Uli bleib' liegen« helfen ihm nicht. Dagegen nützen eindeutiges Berühren und Vibrationen. Dies hilft Uli auch, sein Körperschema (Wahrnehmung der Körperteile, der Bewegungen und der Körperhaltung) aufzubauen.

Bei anderen Kindern fällt eher eine motorische Gehemmtheit auf. Ihre Bewegungen sind sparsam. Sie ziehen sich gerne zurück und haben wenig Kontakt zu den anderen. Weil sie nicht »stören«, werden sie oft übersehen. Häufig werden ihre Schwierigkeiten zu spät erkannt.

Andere Kinder kommen zur Mototherapie, weil sie im Kindergarten beim Bauen, Spielen, Malen und Basteln unbeholfen, ungeschickt und schusselig sind. Die anderen wählen sie nicht als Spielpartner. Beim Schneiden mit der Schere hält die Erzieherin regelmäßig die Luft an. Die Ausdauer dieser Kinder ist bei solchen Aufgabe nicht groß. In der Mototherapie fallen die Kinder auf, wenn die Aufgabe viel motorische Planung verlangt oder wenn sie nur mit einem Partner zu lösen ist. Diese Kinder können ihre Handlungen zu wenig koordinieren.

Jeder kann sich vorstellen, daß diese Schwierigkeiten zu Ängsten, zu Unlust, Aggression, Wut und Haß führen können. Die Kinder fühlen sich oft überhaupt nicht verstanden. Die Welt ist sehr böse und ungerecht.

Die Folge ist eine Verstärkung der Problematik. Häufig sagen die anderen: »Dieses Kind ist ungezogen, sein Verhalten ist massiv gestört«. Es ist bald nicht mehr ertragbar. Auch die Eltern dieser Kinder erleben die Probleme. Solche Äußerungen lassen sie zusätzlich verzweifeln. Die Eltern berichten, daß sie es mit Güte und Strenge versucht haben. Alles war erfolglos. Auch die Vorschläge der Erzieherinnen haben keine Besserung gebracht.

Liegen den Ursachen die oben genannten Schwierigkeiten zugrunde, kann die Mototherapie eine wichtige Hilfe für diese Kinder sein.

Um diesen Problemen zu begegnen werden in der Mototherapie eine Reihe methodischer Prinzipien beachtet. Was damit gemeint ist, soll nachfolgend durch die Tabelle veranschaulicht werden:

Tab. 5   Wenn zwei das gleiche erleben

Ein Kind erzählt	Die Therapeuten denken
Zuerst haben sich alle in der Turnhalle im Kreis auf die blaue Matte gesetzt.	Aushandeln und später beachten der Rahmenbedingungen und Regeln für die Begrüßung
Dann haben wir geguckt, wer alles da ist und wer fehlt. Carina war da.	Zur Ruhe kommen und sich auf die Stunde und die anderen einlassen
Herr Groß hat uns eine Geschichte erzählt. Wir waren Zwerge und sind in den Urlaub gefahren.	Anregen der Fantasie und der Eigenaktivität, Aufbau der Lust am Rollenspiel. Beachten der Entwicklungsstufe
Jeder hat einen fertig gepackten Koffer bekommen. Dann hat uns der Bus abgeholt. Wir sind bis zum Flugzeug gefahren.	Aufbau von neuen Bewegungs- und Handlungsmustern
Die Koffer mußten wir in den Gepäckraum schieben. Über die Rolltreppe gings in Flugzeug hinein.	Anwenden von bekannten Bewegungs- und Handlungsmustern in alten und neuen Situationen
Im Flugzeug habe ich meinen Sitz gleich gefunden. Er sah genau so aus wie mein Koffer.	Realitäts- und Problembezogenheit (Wiedererkennen von bestimmten Merkmalen)
Ich habe Elfi gezeigt, wo sie hinsitzen muß.	Stärkung der Sozialkompetenz
Als alle saßen, hat Flugkapitän Groß die Türen geschlossen und dann gings los. Frau Bayer war der Motor, sie hat die Schaukel angestoßen.	Ideen und Erlebnisse mit anderen teilen einfach mal Spaß haben!

Tab. 5 (Fortsetzung)

Ein Kind erzählt	Die Therapeuten denken
Es ging ganz weit hoch; wir flogen über den Ozean bis nach Amerika und waren dann auf einer Insel. Manchmal war es mir ein bißchen mulmig. Der Kapitän ist dann langsamer geflogen. Das war schön.	Erleben, daß jede Handlung auch Gefühle auslöst. Nach einer Anspannung durch gezielte Impulse zur Ruhe kommen
Nach dem Aussteigen haben wir Urlaub gemacht. Jeder hatte was zum Spielen im Koffer.	Aufbau von Kreativität Wechsel von gelenkter zu freier selbstbestimmter Aktivität
Ich und Timo haben eine Hängematte gespannt. Frau Bayer hat mir geholfen, auch mal reinzuliegen.	Stärkung der Sozialkompetenz Fördern der Eigenaktivität und Eigenverantwortung
In der Hängematte habe ich Herrn Groß gesagt, daß das Flugzeug beim Zurückfliegen nicht mehr so schnell fliegen soll.	Situationen schaffen, in denen die Kinder aktuell erlebte Gefühle äußern können. Aufbau von Vertrauen

≡ Logopädie

Logopäden erwerben in einer staatlich anerkannten, drei Jahre dauernden Ausbildung umfassende Kenntnisse für die Tätigkeit der Diagnose und Therapie von Störungen der Stimme, der Sprache, des Sprechens und Hörens. Therapiert werden Kinder, Jugendliche und Erwachsene.

Die Logopädie orientiert sich an der Medizin (speziell am Teilgebiet der Phoniatrie). Deshalb gibt es eine enge Zusammenarbeit der Logopäden mit Phoniatern, aber auch mit Hals-Nasen-Ohren-, Kinder- und Allgemeinärzten. Allerdings werden auch pädagogische, psychologische und sprachwissenschaftliche Erkenntnisse in die diagnostische und therapeutische Arbeit einbezogen.

Logopäden arbeiten u. a. in freien Praxen, an Beratungsstellen und in Kindergärten für Behinderte.

Inhalte der logopädischen Arbeit sind der Sprachaufbau bei Kindern mit einer geistigen Behinderung, mundmotorische Angebote bei Kindern mit Körperbehinderung, Therapie bei Sprachbeeinträchtigungen im

Kindesalter wie Sprachentwicklungsverzögerungen oder Redeflußstörungen. Weiter fällt auch die dringend notwendige Abklärung des Hörvermögens bei Kindern mit Sprachauffälligkeiten in das Arbeitsgebiet der Logopäden.

Die Behandlung in einer freien Praxis wird vom Arzt verordnet und über die Krankenkassen abgerechnet. Je besser die Zusammenarbeit mit den Ärzten am Ort gelingt und je früher Sprachstörungen erkannt und behandelt werden, um so erfolgreicher kann therapiert werden.

Die Tätigkeit im Frühbereich umfaßt neben der eigentlichen Therapie mit dem Kind auch die Beratung der Eltern. Dies geschieht im Vorfeld und begleitend zur Therapie. Ziel dieser Beratung ist, Sprachstörungen zu verhindern oder in ihren Auswirkungen zu mindern. Dies ist gilt besonders bei Redeflußstörungen im dritten und vierten Lebensjahr.

Die Sprachtherapie wird in der Regel in Einzelsituationen mit dem Kind durchgeführt. Im Frühförderalter ist die Therapie in Spielsituationen eingebettet.

≡ Konduktive Pädagogik

Die Konduktive Pädagogik wurde von dem ungarischen Arzt ANDRÁS PETÖ (1893–1967) entwickelt. Er gründete 1952 das heute nach ihm benannte Institut in Budapest. Kindern mit zerebralen Bewegungsstörungen, Schädigungen im Bereich des Rückenmarkes (Spina bifida), neuromotorischen Störungen des peripheren Nervensystems kann erfolgreich geholfen werden.

Auch für Erwachsene mit zerebralen Schädigungen (Parkinson Krankheit, Multiple Sklerose) oder Querschnittslähmung ist die Konduktive Pädagogik geeignet.

Die Konduktive Pädagogik (PETÖ-System) ist ein ganzheitliches pädagogisches Fördermodell. Die Kinder mit einer Schädigung im ZNS sollen durch das Modell lernen, ihre Dysfunktionen zu überwinden bzw. zu vermindern. Zerebrale Dysfunktionen werden nicht als Krankheiten betrachtet. Wir erleben sie als eine besondere Form von Lernstörungen.

Ein Kind, das keine Anzeichen einer Hirnschädigung hat, ist in der Regel in der Lage, altersentsprechend die Anforderungen seiner sozialen Umwelt zu erfüllen. Es kann ab einem bestimmten Alter selbständig leben. Dafür braucht es eine große Anpassungsfähigkeit, also Lernfähigkeit.

Eine zerebrale Bewegungsstörung ist häufig nicht auf einen bestimmten Entwicklungsbereich begrenzt, sondern beeinträchtigt die gesamte Persönlichkeit. Für diese Menschen ist die Auseinandersetzung mit sich selbst und seiner Umwelt eingeschränkt. Seine Lernfähigkeit ist gestört.

Kommt es zu einer Schädigung im ZNS können in der Regel andere Gebiete die ausgefallenen Funktionen übernehmen. Dies bezeichnet man als Plastizität. Vor allem das kindliche Gehirn ist durch eine große Plastizität gekennzeichnet. Die Aktivierung der verbliebenen Fähigkeiten erfolgt meist nicht spontan. Das Kind braucht gezielte Anleitung und Förderung. Konduktive Pädagogik setzt einen solchen Lernprozeß in Gang. Ziel ist es dabei, die Kinder allgemein zum Lernen und zur Kooperation mit anderen Menschen zu befähigen. Die Entwicklung seiner Persönlichkeit wird angestrebt.

ANDRÁS PETÖ sagt deshalb: »Laßt doch die gelähmten Muskeln, beschäftigt Euch mit der ganzen Persönlichkeit!«

Der Mensch wird in der Konduktiven Pädagogik nicht aufgeteilt in Entwicklungsbereiche, die üblicherweise unterschiedlichen Fachdisziplinen zugeordnet werden. Hierbei ist zu denken an Krankengymnastik für die Motorik, Beschäftigungs- und Sprachtherapie für den Erwerb der Handlungsfähigkeit, Heil- und Sonderpädagogik für die Bildung, Psychologie zur Stützung des seelischen.

Im *Zentrum* der Konduktiven Pädagogik steht die bewußte Selbsttätigkeit, das aktive Tun. Ein Kind mit einer zerebralen Dysfunktion wird aber nur dann aktiv, wenn es motiviert ist. Dann wird es für ein attraktives Ziel selbst tätig werden. Die aktuellen Bewegungen des Kindes werden als seine Lösung akzeptiert und weiterentwickelt. Das Kind erhält Hilfe, sein Ziel zu erreichen und seine Symptome zu hemmen. Diese Hilfe wird aber erst dann gegeben, wenn es seine eigenen Möglichkeiten ausgeschöpft hat. Durch Tätigkeiten, die zum Ziel führen und für das Kind Bedeutung haben, bildet das Gehirn neue Strukturen aus.

Im Kindergarten- und Schulalter werden die Kinder in der Regel nicht einzeln, sondern in einer Gruppe gefördert.

Wichtige Anregungen und eine gezielte Anleitung erfahren die Kinder durch die *Konduktorin*. Sie ist für alle Lebensbereiche des Kindes zuständig.

Die Kooperation in der Gruppe hat einen positiven Einfluß auf das Individuum und dient seiner Persönlichkeitsentwicklung. Gemeinschafts-

und Verantwortungsgefühl für andere Gruppenmitglieder entstehen. Die Kinder lernen voneinander durch Nachahmung.

Weitere wichtige Elemente des PETÖ-Systems sind *Sprache* und *Rhythmus.* Jede Handlung wird verbal begleitet, denn Sprache und Handlung sind miteinander verknüpft. Ein Beispiel für den Einsatz der Sprache ist die »rhythmische Intendierung«. Dabei wird das Ziel der Handlung formuliert. Die Ausführung wird rhythmisch begleitet. Der Rhythmus kann dabei durch Zählen, Sprechen von Reimen und Versen oder durch Singen von Liedern gegeben werden.

Der Tagesablauf bildet einen kontinuierlichen Rahmen für alltägliche Handlungen wie Selbstversorgung (Essen, Trinken, Auf-die-Toilette-Gehen, Auf-den-Topf-Gehen, Händewaschen, Zähneputzen), Spielen, Singen, Basteln und soziales Lernen.

Dr. KÁROLY und MAGDA AKOS haben die Konduktive Pädagogik von PETÖ für Eltern mit zerebral geschädigten Säuglingen und Kleinkindern weiterentwickelt. Sie erklären wissenschaftlich, warum die Mutter – oder die bemutternde Bezugsperson – in diesem frühen Alter (von der Geburt bis etwa zum dritten Lebensjahr) durch keine Therapeutin ersetzt werden kann und auch nicht zeitweilig in die Rolle einer Co-Therapeutin schlüpfen darf. Ein kleines Kind kann nur mit seiner Mutter die enge Beziehung eingehen, die notwendig ist, um seine Kooperationsfähigkeit zu entwickeln. Dies wiederum ist Voraussetzung für seine Persönlichkeitsentwicklung. Die Mutter hält hier das »Monopol«. Ihr kommt eine für das Kind lebenswichtige Rolle zu. Im engen (Blick-)kontakt mit der Mutter nimmt das Kind ihre Liebe, Anerkennung und Erwartungen auf. Dieses Zusammenspiel schafft die Grundlagen für den Lernprozeß. Was aber geschieht, wenn eine solche Beziehung gar nicht oder nicht ausreichend erfahren wird?

Die Tatsache, daß ein Kind mit einer Behinderung geboren ist, stellt für viele Eltern eine tiefe Kränkung dar. Hinzu kommt, daß Behinderung in unserer Gesellschaft als Negativform des Lebens betrachtet wird. Der Alltag einer Familie mit einem Kind mit Behinderung ist geprägt durch verschiedene Therapien und Förderungen. Die Therapeutin arbeitet direkt am Kind und zeigt der Mutter Übungen, die zu Hause regelmäßig durchzuführen sind. Das ergibt einen strengen, von außen aufgesetzten Tagesablauf. Er bestimmt die familiären Beziehungen. Die Mutter wird zur Co-Therapeutin (Mit-Therapeutin) (s. S. 18). Ihre eigentliche Rolle wird zeitweise an den Rand gedrängt. Das Kind erlebt seine Mutter gespalten: einmal als liebevolle Person, das andere Mal als Person, die es in Zwangslagen bringt und seine Bedürfnisse nicht beachtet. Sie wird zu einer feindseligen Fremden.

Diese zwiespältige Situation schafft auch Probleme in der Beziehung der Mutter zum Kind. Denn auch die Mutter erlebt ihr Kind so, wie sie es nicht haben will. Es weint, kann völlig in sich gekehrt sein oder sich widersetzen, aggressiv werden und blockieren. Die Mutter weiß nicht mehr, wie sie reagieren soll. Sie tut ja nur das, was ihr die Spezialisten gesagt haben. Ihr Mißfallen, ihre Ungeduld und Hilflosigkeit bringt sie mehr oder minder offen zum Ausdruck. Das Kind spürt das sehr deutlich und reagiert verzweifelt. Beide befinden sich in einer ausweglosen Situation. Erfolge bleiben aus, der Lernprozeß ist gehemmt, Verhaltensstörungen treten auf. Hoffnungslosigkeit stellt sich ein und die Entwicklung wird verhindert oder erschwert. Mutter und Familie brauchen dann Hilfe, wie sie die Beziehung zu ihrem Kind verbessern und dadurch seine Bereitschaft zur Zusammenarbeit fördern können.

Ein Kind lernt durch »interzerebrale Kooperation« (Zusammenarbeit zwischen zwei oder mehreren Gehirnen) mit anderen Menschen (»anthropogene Kooperationen«). Die unterstützende Person denkt für das Kind und fühlt mit ihm. Dabei übernimmt das Kind die Modelle, die von der helfenden Person als Lösung für seine Probleme angeboten werden. Dies geschieht anfänglich langsam, schrittweise und mit viel Hilfe. Allmählich trägt das Kind aber immer aktiver zur Befriedigung seiner Bedürfnisse bei. Es wird selbständiger.

Ein *Beispiel* soll das verdeutlichen:

Ein Baby hat Hunger, es schreit. Die Mutter gibt ihm das Fläschchen. Sie legt seine Hände um das Fläschchen herum und hält sie dort fest, da das Baby sonst loslassen und die Flasche hinunterfallen würde. Die Mutter versucht immer wieder, ihre Hände wegzunehmen, um zu sehen, ob das Baby die Flasche schon alleine hält. Allmählich begreift das Kind den Zusammenhang zwischen Flasche-Halten und Hunger-Stillen und hält die Flasche selbständig. Es hat die von der Mutter vorgedachte Lösung als Muster für sein eigenes Verhalten übernommen.

Bei nicht zerebral geschädigten Kindern läuft dieser Prozeß der Persönlichkeitsentwicklung spontan ab. Die Mutter erhält von ihrem Baby die Signale, die sie braucht, um sich angemessen mit ihm zu beschäftigen. Das Baby schreit, wenn ihm etwas fehlt. Die Mutter reagiert darauf und versucht, die Ursache für sein Unbehagen zu finden. Das Baby zeigt also seiner Mutter durch sein Verhalten an, was sie tun soll. Das Baby leitet seine Mutter. Sie wiederum zeigt ihm auf vielfältige Weise, wie es immer mehr an den Handlungen, die sie für das Kind ausführt, aktiv teilhaben kann. Dadurch wird es immer selbständiger. Die Mutter leitet ihr Kind. Es entsteht ein Dialog.

Bei einem Kind mit zerebraler Schädigung ist das anders. Die Fähigkeit, Wünsche und Bedürfnisse zu signalisieren, ist meist eingeschränkt oder überhaupt nicht vorhanden. Die Mutter erhält nicht die Signale, die sie braucht, um sich angemessen mit dem Kind zu beschäftigen. Sie weiß nicht, was sie tun soll und »vernachlässigt« unabsichtlich das Kind, das eigentlich besondere Impulse benötigt. Der oben beschriebene gegenseitige Lehr- und Lernprozeß setzt nicht ein. Dadurch wird Entwicklung verhindert oder behindert. In dieser Situation braucht die Mutter erst einmal eine Erklärung, warum ihr Kind so »ruhig« ist, so »merkwürdig«. Zudem braucht sie Anleitungshilfen, wie sie sich mit ihrem Kind beschäftigen kann, damit es lernen kann und die Symptome der Schädigung zurückgehen. Die Mutter lernt, ihr Kind genau zu beobachten und kleine Anzeichen von Aktivität als Handlungsaufforderung zu interpretieren und weiterzuentwickeln.

Der Tagesablauf gleicht dem eines nicht-geschädigten Kindes. Allerdings werden die Aktivitäten ganz bewußt und langsam durchgeführt. Alles braucht mehr Zeit, auch das Spielen. Dabei soll die Mutter lernen, ihr Kind zu aktivieren. Das kann sie am besten, weil sie es am besten kennt. Sie ist die eigentliche »Spezialistin« für ihr Kind. Es erfordert viel Kreativität und Einfühlungsvermögen, um herauszufinden, wodurch das Kind motiviert werden kann, selbst tätig zu werden.

Die Mutter begleitet das kindliche Handeln sprachlich, meist in der Ich-Form, manchmal wie eine Erzählerin. Das soll dem Kind helfen, sich allmählich seiner Aktivitäten bewußt zu werden. Es soll einen Zusammenhang zwischen Absicht und Tun herstellen. Bei den Erwachsenen dauert es manchmal eine Weile, bis sie das Gefühl überwunden haben, das sei lächerlich oder nütze nichts, weil das Kind es ja doch nicht verstehe. Diese Arbeit erfordert viel Zeit und Geduld.

Aus dem Brief der Mutter von Olivia, einem 2jährigen Mädchen mit einer Athetose, wird dies deutlich:

»...lange habe ich mich nicht gemeldet, da es meiner Meinung wenig zu sagen gab – so dachte ich jedenfalls. Die zurückliegende Zeit war auch für mich eine Zeit des Lernens. Ich war kurz davor zu resignieren, da sich einfach kein 'Sprung' in Olivias Entwicklung zeigte. Die Zeit war sehr zäh und so wenig erfolgzeigend. Jedoch war es meine Ungeduld, die mir zu schaffen machte. Heute muß ich sagen, daß die Zeit absolut nicht stillstand in Olivias Entwicklung.«

Frau B., die Mutter des 2jährigen Patrick mit einer Hemiplegie, schreibt:

»Als ich mit der Konduktiven Pädagogik anfing, wußte ich nicht, was ich mit Patrick eigentlich tun sollte! Die Krankengymnastik, die ich mit ihm gemacht habe, hat ihn völlig überfordert. Die Fähigkeit, ohne Hilfe gehen zu können, stand nun vorerst nicht mehr im Vordergrund. Das Kriechen zu verhindern, um das Krabbeln zu fördern, war auch nicht mehr wichtig. Auch schon vorher habe ich Patrick dazu motiviert, seine linke Hand zu strecken und zu benützen. Meiner Meinung nach ging es jetzt nur darum, ihn barfuß gehen zu lassen und ihn ganz genau zu beobachten. In der Zwischenzeit stelle ich eine enorme Verbesserung in meiner Beziehung zu Patrick fest. Ich bin jetzt auch in der Lage, die kleinsten Fortschritte wahrzunehmen, die ich vorher gar nicht gesehen habe... Nachdem ich 'Dina' noch einmal gelesen habe, ist mir einiges klarer geworden. Erst jetzt habe ich verstanden, daß Patricks Entwicklung in kleinen Schritten und im 'Zeitlupentempo' vor sich geht. Zeitlupe, das ist das Zeitmaß, in dem er sich entwickelt und das ich so lange nicht verstanden habe...

Abb. 9   Das Kind lernt, sich am Sprossenstuhl hochzuziehen.

Ich bin viel gelassener geworden im Umgang mit Patrick, viel gelöster und unbeschwerter. Der Freiraum wurde für das Kind größer, und die Erfolge stellen sich dadurch noch mehr ein und wir haben viel mehr Freude und Spaß miteinander...«

In der Konduktiven Pädagogik werden nur wenige besondere *Hilfsmittel* benötigt, z. B. runde Holzstäbe, Rasseln und andere Gegenstände, die das Kind gut greifen kann. Später kommen dann der Sprossenstuhl (s. Abb. 9, S. 83) und das Lattenbett dazu. An den Latten kann sich das Kind gut festhalten. Es kann sich z. B. auf dem Bauch liegend herunterschieben, bis die Füße flach auf dem Boden stehen. Während es sich am Lattenbett festhält, kann es den Oberkörper aufrichten und zum Stehen kommen. Der Sprossenstuhl kann zum Festhalten beim Sitzen verwendet werden oder später als Hilfsmittel beim Gehenlernen.

Sozial-rechtliche Hilfen für Eltern mit einem Kind mit Behinderung

Den Eltern eines Kindes mit Behinderung stehen unter bestimmten Voraussetzungen verschiedene Vergünstigungen und Hilfen zu. Es ist nicht immer ganz einfach, die einzelnen Ämter, Zuständigkeiten und Möglichkeiten ausfindig zu machen. Deshalb werden in diesem Kapitel einige Informationen zu steuerlichen Vergünstigungen, finanziellen und sonstigen Hilfen zusammengestellt. Die Angaben richten sich nach dem derzeitigen Stand der Rechtslage und erheben keinen Anspruch auf Vollständigkeit.

In erster Linie ist es notwendig, für das Kind einen *Schwerbehindertenausweis* ausstellen zu lassen. Schwerbehindert sind vor dem Gesetz alle Personen, die körperlich, geistig oder seelisch behindert sind und wenigstens einen Grad der Behinderung von 50% haben. Sie müssen in der Bundesrepublik wohnen, hier ihren gewöhnlichen Aufenthalt oder eine Beschäftigung als Arbeitnehmer haben.

Die bestehenden Rechte und Hilfen können nur in Anspruch genommen werden, wenn eine Behinderung und ihr Grad festgestellt wurden. Dies geschieht auf Antrag beim Versorgungsamt, das für den Wohnort der Familie zuständig ist. In den neuen Bundesländern gibt es noch keine Versorgungsämter. Dort sind in den Kreisen, kreisfreien Städten und Stadtbezirken Behörden bestimmt worden (Abteilung Gesundheits- und Sozialwesen). Die Aushändigung des Ausweises erfolgt entweder über die Gemeindeverwaltung des Wohnorts oder direkt durch das Versorgungsamt.

Jedes Kind bekommt zwei Ausweise: Der *grüne Ausweis* ermöglicht bevorzugte Behandlung bei Behörden, die Benutzung der Schwerbehindertensitze in öffentlichen Verkehrsmitteln, die Inanspruchnahme von Steuervergünstigungen und der Rechte des Schwerbehindertengesetzes.

Der *grün-orangefarbene* Ausweis berechtigt zusätzlich zur unentgeltlichen Beförderung im öffentlichen Personennahverkehr (nähere Informationen erhalten sie durch ein Informationsblatt beim Versorgungsamt). Auf der Rückseite des grün-orangefarbenen Ausweises werden je nach Problematik des Kindes folgende Merkzeichen eingetragen:

G   = gehbehindert – die Bewegungsfähigkeit im Straßenverkehr ist erheblich eingeschränkt

aG = außergewöhnlich gehbehindert

H   = hilflos
Bl   = blind
RF   = befreit auf Antrag von der Rundfunkgebührenpflicht und
       ermöglicht eine Telefongebührenermäßigung
B   = eine ständige Begleitung ist notwendig

In der Regel gelten die Ausweise für fünf Jahre. Bei Kindern sind sie bis zur Vollendung des 10. Lebensjahres befristet. Danach muß die Verlängerung beantragt werden.

Bei einem Grad der Behinderung über 50% können beim Finanzamt unter Vorlage des Schwerbehindertenausweises folgende steuerliche Vergünstigungen beantragt werden:

– Pauschalbetrag für Körperbehinderte, Blinde und Hilflose (nach § 33b EinkommenSteuerGesetz (EStG)); der Betrag liegt für Körperbehinderte zwischen 600 und 2760 DM pro Jahr, für Hilflose und Blinde bis zu 7200 DM pro Jahr. Die Höhe richtet sich nach dem Grad der Behinderung im Schwerbehindertenausweis. Eltern können den Pauschalbetrag auf sich übertragen lassen (auch Pflegeeltern und betreuenden Geschwister).
– außergewöhnliche Belastungen (nach § 33 EStG): Wenn höhere Ausgaben vorliegen, können neben oder anstatt des Pauschalbetrags diese geltend gemacht werden. Dann wird jedoch die zumutbare Eigenbelastung, die sich nach dem Gesamtbetrag der Einkünfte und dem Familienstand richtet, abgezogen.

Neben dem Pauschalbetrag können folgende Belastungen zusätzlich berücksichtigt werden:

– Außerordentliche, durch einen akuten Anlaß verursachte Krankheitskosten.
– Aufwendungen für eine Heilkur.
– Aufwendungen für eine Hausgehilfin/Haushaltshilfe, wenn der Steuerpflichtige oder sein im Haushalt lebender Ehegatte oder sein Kind hilflos oder schwer körperbehindert (Grad der Behinderung mindestens 45%) sind.
– Bei Heim- oder Pflegeunterbringung können in den Gesamtaufwendungen enthaltene Kosten für hauswirtschaftliche Dienstleistungen abgesetzt werden.
– Kinderfreibetrag, für Kinder, die wegen ihrer Behinderung dauernd erwerbsunfähig sind, auch über das 16. Lebensjahr hinaus.
– Haushaltsfreibetrag für alleinstehende Elternteile.
– Ausbildungsfreibeträge.

– Das Kindergeld wird bis zum 16. Lebensjahr, bei Schul- und Berufsausbildung bis zum 27. Lebensjahr bezahlt. Für behinderte Kinder, die ihren Lebensunterhalt nicht selbst bestreiten können, verlängert sich die Kindergeldzahlung zeitlich unbegrenzt, allerdings einkommensabhängig. Eltern, die mangels hinreichenden Einkommens den steuerlichen Freibetrag nicht oder nicht voll nutzen können, können einen Zuschlag zum Kindergeld beantragen. Nähere Informationen erteilen insbesondere die Arbeitsämter.

Besteht kein Anspruch auf Kindergeld, können die Eltern den Pauschalbetrag für den Unterhalt absetzen.

– Pauschalbetrag für Kfz-Kosten (nach § 33 b EStG in Verbindung mit Abschnitt 194 Absatz 11 EStG): Der Pauschalbetrag beträgt derzeit 52 Pfennig pro gefahrenem Kilometer und ist auf eine jährliche Fahrleistung von 3000 km abgestellt. Dabei ist die zumutbare Eigenbelastung zu berücksichtigen. Die Voraussetzung für die Anrechnung der Kfz-Kosten ist ein Grad der Behinderung um mindestens 80% oder 70% und eine erhebliche Beeinträchtigung der Bewegungsfähigkeit. Der Körperbehinderte muß an den Fahrten teilnehmen bzw. die Fahrten müssen notwendigerweise für ihn durchgeführt werden (z. B. Fahrten ins Krankenhaus bei stationärer Behandlung des Kindes). Höhere Kosten müssen nachgewiesen werden (z. B. über ein Fahrtenbuch).

– Bei Körperbehinderten, die sich außerhalb des Hauses nur mit einem Kfz bewegen können (aG im Ausweis), sind alle Kfz-Kosten als außergewöhnliche Belastungen anzuerkennen (auch Erholungs-, Freizeit- und Besuchsfahrten).

– Befreiung von der Kfz-Steuer (nach § 3a KraftfahrzeugSteuerGesetz):

Fahrzeuge, die auf Personen mit einer Behinderung zugelassen sind, sind von der Kfz-Steuer zu 100% befreit, wenn im Schwerbehindertenausweis die Merkzeichen H, Bl oder aG eingetragen sind. Die Steuerbefreiung beträgt 50% bei dem Merkzeichen G. Der Schwerbehinderte darf aber dann die Vergünstigungen im öffentlichen Personennahverkehr nicht mehr in Anspruch nehmen.

Das Kfz muß zur Beförderung des Kindes notwendig sein. Die Steuerbefreiung bzw. -ermäßigung wird nur für ein Fahrzeug genehmigt und ist nicht einkommensabhängig. Dem Antrag müssen Schwerbehindertenausweis und Kraftfahrzeugschein beigefügt werden. Der Halter des Fahrzeugs muß das behinderte Kind sein.

Weitere Steuervorteile enthalten die Bestimmungen für die Umsatzsteuer und die Vermögenssteuer. Auskünfte sind beim zuständigen Finanzamt oder durch ein Informationsblatt des Versorgungsamtes zu erhalten.

Neben den steuerlichen, gibt es noch andere Vergünstigungen. Nachfolgend dazu einige Stichworte und Informationen:

– *Kfz-Versicherung:* Personen, die wegen ihrer Behinderung **ganz** von der Kfz-Steuer befreit sind, erhalten bei der Kfz-Haftpflicht und Fahrzeugvollversicherung (Vollkasko) einen Beitragsnachlaß von 25%. Personen, deren Kfz-Steuer um **50%** ermäßigt wird, erhalten einen Beitragsnachlaß von 12,5%. Die Voraussetzungen müssen der Versicherungsgesellschaft nachgewiesen werden. Einzelheiten sind bei dem jeweiligen Versicherungsunternehmen zu erfragen.

– Auf Antrag beim zuständigen Straßenverkehrsamt können außergewöhnlich gehbehinderte Menschen (Merkzeichen aG) einen *Parkausweis* erhalten. Dieser Parkausweis berechtigt zur Nutzung der Behindertenparkplätze, zum kostenlosen Parken an Parkuhren ohne Zeitbegrenzung, zum Parken mit Parkscheibe im eingeschränkten Halteverbot bis zu drei Stunden, zum Parken in Fußgängerzonen während der Be- und Entladezeit.

– Menschen mit Behinderung können eine *Rundfunk- und Fernsehgebührenbefreiung* und eine *Telefongebührenermäßigung* erhalten. Die Anträge auf Rundfunkgebührenbefreiung müssen beim zuständigen Bürgermeister- oder Sozialamt gestellt werden. Für die Telefongebührenermäßigung sind die Post- und Fernmeldeämter oder die Sozialämter zuständig.

– Für Vergünstigungen im *öffentlichen Personenverkehr (Nah- und Fernverkehr)* muß beim zuständigen Versorgungsamt eine Wertmarke beantragt werden (Ergänzung zum Schwerbehindertenausweis). Der Eigenanteil beträgt derzeit 120 DM pro Jahr. Es gibt folgende Vergünstigungen:

– Schwerbehinderte Kinder und Jugendliche mit den Merkzeichen H oder Bl im Ausweis benutzen den öffentlichen Nahverkehr kostenlos.

– Schwerbehinderte, die Arbeitslosenhilfe oder Sozialhilfe erhalten (bei Kindern gilt dies für die Familie), bezahlen keinen Eigenanteil.

– Bei dem Merkzeichen B im Ausweis fährt eine Begleitperson immer kostenlos mit.

– Dies gilt auch für den Flugverkehr. Dazu ist bei der Lufthansa eine Broschüre »Reisetips für behinderte Fluggäste« erhältlich.

– Bei den *Krankenkassen* kann eine *Pflegehilfe* in Höhe von 400 DM beantragt werden (nach § 57 Sozialgesetzbuch V). Sie ist einkommensunabhängig.

– Bei verschiedenen Krankheitsbildern (ärztliches Attest) übernehmen die Krankenkassen, wenn die Kinder drei Jahre alt sind, die Kosten für Windeln. Nähere Informationen gibt es bei jeder Krankenkasse.

– Zusätzlich zur Pflegehilfe der Krankenkasse kann *Hilfe zur Pflege (Pflegegeld)* (§ 68, 69 Bundessozialhilfegesetz) beim Sozialamt beantragt werden. Im Rahmen der Hilfe in besonderen Lebenslagen gewährt das Sozialamt eine finanzielle Unterstützung in Form von Pflegegeld. Dafür muß das Einkommen der Familie unter einer bestimmten Grenze liegen. Die Einkommens- und Vermögensverhältnisse werden nach der Antragstellung beim Sozialamt geprüft. Die Höhe des Pflegegeldes richtet sich nach dem Einkommen und Vermögen der Familie. Außerdem werden 200 DM der Pflegehilfe der Krankenkasse auf das Pflegegeld angerechnet.

Das Pflegegeld kann für Kinder in der Regel ab dem Zeitpunkt der Feststellung der Pflegebedürftigkeit beantragt werden. Die Art der Pflegebedürftigkeit (einfache, qualifizierte, außergewöhnliche) muß im Einzelfall vom behandelnden Arzt bescheinigt werden. Bei einer teilstationären Betreuung des Kindes kann das Pflegegeld angemessen gekürzt werden.

Die neuesten Gerichtsurteile bezüglich des Pflegegeldes sind sehr unterschiedlich. Genaue Informationen sind beim Sozialamt oder bei der Bundesarbeitsgemeinschaft für Behinderte (Adresse auf S. 212) zu erhalten.

– Für blinde Kinder kann *Blindengeld* beantragt werden. Dazu ist ein augenärztliches Attest notwendig. Wo die Anträge jeweils gestellt werden können, erfragen Sie bei Ihrem Augenarzt.

– Die Zahlung von *Wohngeld* ist abhängig von der Zahl der Familienmitglieder, der Höhe des Einkommens und der Höhe der zuschußfähigen Miete. Es werden Freibeträge bei einem Grad der Behinderung von mindestens 80% angerechnet. Auskünfte sind bei der Stadt- und Gemeindeverwaltung zu erhalten.

– Die *Wohnungsbauförderung* ist abhängig vom Einkommen. Bei einem Grad der Behinderung von wenigstens 50% erhöht sich die Einkommensgrenze. Es besteht kein Rechtsanspruch auf die Bewilligung von Mitteln zur Finanzierung von Mehrkosten bei notwendig werdenden Umbaumaßnahmen. Auskünfte erteilen die

jeweiligen Wohnungsbauförderungsämter der Gemeinden oder Landkreise.
- Die *medizinische Rehabilitation* beinhaltet ärztliche, zahnärztliche Behandlungen, Arznei- und Verbandmittel, Heilmittel einschließlich Krankengymnastik, Bewegungstherapie, Sprachtherapie, Ausstattung mit Körperersatzstücken, orthopädische oder andere Hilfsmittel. Diese werden durch ärztliche Rezepte verordnet.
- Die *vorschulische und schulische Rehabilitation* umfaßt heilpädagogische Maßnahmen im Vorschulalter. Diese werden je nach Bundesland von der Sozialhilfe bezahlt oder von anderen Trägern übernommen. Für Kinder mit einer Behinderung gilt die allgemeine Schulpflicht.
- Es gibt eine Vielzahl von *Selbsthilfegruppen*. Ihre Adressen sind bei der Bundesarbeitsgemeinschaft für Behinderte e.V., Kirchfeldstraße 149, 4000 Düsseldorf, Tel. 0211/340085 oder KORN, 7900 Ulm, Tel. 0731/502−5639 zu erfahren. Außerdem gibt es die Zeitschrift »Selbsthilfe« der Bundesarbeitsgemeinschaft »Hilfe für Behinderte«.

Organisation und Formen der Frühförderung

≡ Organisationsaufbau einer Frühförderstelle

Anhand der Angebote, die es an der Frühberatungsstelle der Schule für Körperbehinderte Ulm gibt, soll beispielhaft der organisatorische Aufbau der Frühförderung dargestellt werden.

Tab. 6   Angebote der Frühberatungsstelle an der Schule für Körperbehinderte Ulm

Lebensalter

```
         Regelschule                        Sonderschule K, G, S, F, E
  7

                        Be-        Moto-      E
  6                     ratung     thera-     i
                        und        pie        n
                        Förde-                z
  5                     rung                  e
                        im                    l
                        Regel-               f
                        kinder-              ö
         Regel-         garten               r      Sonder-
         kinder-                             d      kinder-
         garten                              e      garten
  4                                          r.

  3      H          E      Spiel-        Spielgruppe   S
         a          i      gruppen       kombiniert    c
         u          n      in der        mit spe-      h
         s          z      Beratungs-    zieller       w
  2      f          e      stelle        motorischer   i
         ö          l      bzw.          Förderung     m
         r          f      Außenstellen                m
         d          ö                                  e
  1      e          r                                  n
         r          d
         u          e
         n          r.
         g
  3 Mon
```

Das Angebot der Frühförderung erstreckt sich von 0−6 Jahren. Die meisten Kinder kommen im Verlauf der ersten 18 Monate zur Frühförderung. Für Kinder unter einem Jahr gibt es drei Angebote: *Hausfrühförderung, Einzelförderung* in der Beratungsstelle und das *Frühförderschwimmen*. Das Frühförderschwimmen ist in der Regel ein Zweitangebot.

Für Kinder ab ca. 12 bzw. 18 Monaten bietet die Frühförderstelle zwei Formen von Spielgruppen an. Im dritten Lebensjahr steht die Frage der weiteren Betreuung der Kinder an. Es gibt drei Möglichkeiten:

a) Das Kind wird in einen Schulkindergarten aufgenommen. Wenn dies der Fall ist, endet die Betreuung durch die Frühförderstelle. Alle notwendigen Hilfen werden von den Mitarbeitern des Kindergartens gegeben. Die Mitarbeiter von Kindergarten und Frühförderung arbeiten eng zusammen. Die Mitarbeiter der Frühförderung begleiten die Familie vom ersten Kontakt, einer ersten Ortsbesichtigung, über vorbereitende Besuche und Elterngespräche bis zum ersten Tag der Kindes im Kindergarten. Der Entscheidung, ob ein Kind im Schulkindergarten betreut werden soll, gehen zahlreiche Gespräche mit den Eltern voraus. Die letztendliche Entscheidung, wo das Kind gefördert wird, treffen die Eltern.

Ganz wichtig: Es gibt keine Verpflichtung zum Besuch eines Sonderschulkindergartens, (auch) wenn das Kind in der Frühförderung betreut wurde. Im Gegenteil, die Bestrebungen sind eher andersherum. Die Mitarbeiter versuchen, wo immer es möglich ist, ein Kind in den Regelkindergarten oder in einen Kindergarten für behinderte und nicht-behinderte Kinder zu integrieren.

b) Besucht das Kind (nach der Frühförderung) einen Regel- oder einen integrativen Kindergarten, so bestehen drei verschiedene Angebote:

1. Beratung und Anleitung der Erzieherinnen des Regelkindergarten in allen Fragen der Förderung und Betreuung des Kindes. Dazu gehört auch die Unterstützung bei der Elternarbeit: beispielsweise in Form von Aufklärung und Information bei Elternabenden. Anleitung bedeutet in der Regel nicht, daß der Mitarbeiter sagt, wie die Erzieherin mit dem Kind umzugehen habe, sondern aktives Mitgestalten einer Spielsituation. Anleitung ist somit eher das »Pflanzen« von Spielideen, von Formen der Hilfe oder des Umgangs mit bestimmten Schwierigkeiten im Kindergartenalltag. Die vierte Zielgruppe sind die anderen Kinder im Kindergarten. Auch sie haben ein Recht auf Information über die besondere Situation des behinderten Kindes, Aufklärung und auf Gedankenaustausch zum Thema Behinderung.

2. Die Mototherapie richtet sich an Kinder, von denen alle Beteiligten glauben, daß eine spezielle und individuelle Förderung dringend notwendig ist. Mototherapie ist ein zwei-stündiges, wöchentliches Gruppenangebot (ca. acht Kinder). Sie findet in einer besonders ausgerüsteten Schul-Turnhalle statt.

Da sich die Probleme der meisten Kinder nicht nur auf die Motorik beschränkt, wurde in Ulm mit großem Erfolg ein Kombinationsangebot eingerichtet: 1 Stunde Mototherapie, 30 min »Kaffeetrinken«, Aufteilung der Gruppe: je 1 Stunde Maltherapie und je 1 Stunde Werken und Basteln. Die Gruppen wechseln vierteljährlich.

3. In begründeten Einzelfällen bietet die Frühförderung gezielte Förderung eines Kindes in den Räumen des Regelkindergartens an. Dies sollte besonders dann der Fall sein, wenn der Besuch der Regelschule gefährdet scheint. Die spezielle Förderung sollte die Einschulung ermöglichen.

c) Die dritte Möglichkeit ist der Besuch des Regelkindergartens ohne besondere Betreuung oder Förderung.

Der Übergang in die Schule
Wie beim Übergang in den Kindergarten haben die Mitarbeiter der Frühförderung die Aufgabe, den Wechsel in die Schule zu begleiten. Gespräche mit den Lehrern sind dabei von größter Wichtigkeit. Eltern und Lehrer sollten auf die Möglichkeiten der Betreuung und Förderung durch Sonderschullehrer ihrer Kinder aufmerksam gemacht werden.

Nach meiner Auffassung sollten sich die Mitarbeiter der Frühförderung verpflichtet fühlen, in besonderen Situationen die Beratung und Begleitung der Mitarbeiter in der Schule und der Familie zu übernehmen.

Organisationsformen in der Frühförderung

Organisatorisch besteht die Frühförderung aus zwei Formen. Zum einen ist es die Hausfrühförderung, also die Förderung des Kindes in der Wohnung der Familie. Dies ist auch die älteste Form der Frühförderung. Sie begann bei hör- und sprachgestörten Kindern. Zum anderen die Einzel- und Gruppenförderung in der Frühförderstelle (ambulante Förderstellen).

In der Gruppe sollen die Kinder erste Erfahrungen mit anderen Kindern machen. Sie erleben Unterstützung und Rivalität. Wesentliche Bedeutung erhält die Gruppenförderung durch die Kontaktmöglichkeiten der Eltern untereinander. Viele Gespräche mit den Eltern weisen auf die große Bedeutung dieser Kontakte.

Zu Beginn der Förderung, zum Aufbau der ersten Kontakte ist die Hausförderung der Förderung an der Frühförderstelle vorzuziehen. Dies vor allem dann, wenn die notwendige psychische und physische Stabilität des Kindes bzw. der Familie oder der Mutter noch fehlt und deshalb weitreichende Aktivitäten außerhalb der Familie noch nicht möglich sind. Nach einer Kontakt- und Stabilisierungsphase sollte zur ambulanten Betreuung übergegangen werden. Als Zwischenschritt zur Belebung der Außenbeziehungen könnten Spielgruppen im Nachbarschaftsraum der Familie organisiert werden. Von den Mitarbeitern der Hausförderung angeregt, nehmen an diesen Gruppen Eltern mit ihrem behinderten Kind, die in der näheren Umgebung der Familie wohnen, teil.

Hurra, wir dürfen in den Kindergarten

Der Kindergarten ist ein Angebot zur Ergänzung der familiären Erziehung. Aufgrund der personellen Besetzung können im Regelkindergarten einzelne Kinder nicht speziell und regelmäßig allein gefördert werden. Für die Eltern eines Kindes mit Behinderung oder Entwicklungsverzögerung ist es deshalb nicht einfach zu entscheiden, ob ihr Kind den Regelkindergarten oder den Schulkindergarten für behinderte Kinder besuchen soll.

Die Antworten auf folgende Fragen können ein Stück zur Klärung beitragen. Wie ist der Entwicklungsstand des Kindes? Wo sollen die Schwerpunkte für die weitere Förderung des Kindes liegen? Wieviel spezielle Förderung benötigt das Kind? Ist es in der Lage, von anderen Kindern zu lernen? Sind Träger und ErzieherInnen des Regelkindergartens bereit, das Kind aufzunehmen? Je nachdem wie die Antworten ausfallen, ergeben sich Entscheidungshilfen für die Wahl des Kindergartens. Gespräche mit den Mitarbeitern der sonderpädagogischen Frühförderung, eventuell unter Beteiligung von Erziehern aus beiden Kindergartenformen, können die Entscheidungsfindung erleichtern.

≡ Der Schulkindergarten für Körperbehinderte

In den Schulkindergarten für Körperbehinderte werden körper- und mehrfachbehinderte Kinder ab drei Jahren aufgenommen. Dazu gehören Kinder mit zerebralen Bewegungsstörungen, angeborenen Fehlbildungen der Gliedmaßen, erworbener Körperschädigung nach einem Unfall, zerebralen Anfällen, Muskelerkrankungen, Querschnittslähmung, Spina bifida, schwerem Herzfehler, Erkrankungen des Skeletts und Stoffwechselstörungen.

Das Recht, den Schulkindergarten für Körperbehinderte zu besuchen, endet mit Beginn der Schulpflicht. Schulpflichtig ist, wer am 30.6. sechs Jahre alt ist.

Der Kindergarten ist eine öffentliche Einrichtung. **Der Besuch des Kindergartens ist kostenlos.** Die Kinder werden in Kleingruppen zu je 3−7 Kindern betreut und von Kleinbussen zum Kindergarten gebracht und wieder nach Hause gefahren. **Der Transport ist kostenlos.**

Zum ständigen Personal des Kindergartens gehören ein Leiter, Fachlehrer, Erzieher, Krankengymnasten und Kinderpflegerinnen. Zeitweise kommen zur Betreuung noch ein Kinderarzt, ein Logopäde und

Sonderschullehrer von der Schule für Körperbehinderte dazu. Zur Eingewöhnung können die Eltern ihre Kinder stundenweise oder halbtags in den Kindergarten geben.

Wie ein Tagesablauf in einem Schulkindergarten für Körperbehinderte aussehen kann, soll am *Beispiel* Ulm dargestellt werden:

Im Kindergarten beginnt der Tag um 8:30 und endet um 14:30. Nach einem gemeinsamen Morgenkreis ist gegen 9:15 Frühstückspause. Um 12:00 gibt es Mittagessen, das von einer zentralen Küche angeliefert wird. Es wird von einer Küchenfrau verteilt. Das Mittagessen muß von den Eltern bezahlt werden. Danach ist für die jüngeren Kinder Mittagsruhe mit Mittagsschlaf. Die anderen haben Freispiel. Nach einem gemeinsamen Schlußkreis werden die Kinder verabschiedet.

Die Arbeit im Schulkindergarten

Der Schulkindergarten für körperbehinderte Kinder ermöglicht eine umfassende gezielte Förderung und Therapie des Kindes. In der Regel wird jedes Kind zweimal wöchentlich krankengymnastisch betreut. Ergänzend zur Krankengymnastik geht das Kind einmal in der Woche zum therapeutischen Schwimmen. Es wird angestrebt, die Bewegungsfähigkeit des Kindes zu verbessern und grob- und feinmotorische Beeinträchtigungen zu mindern oder aufzuheben.

Entsprechend der Behinderung wird dem Kind größtmögliche Selbständigkeit und Selbstsicherheit vermittelt. Hilfsmittel und eine kind- und behindertengerechte Umgebung erleichtern seinen Weg zur Selbständigkeit.

Im Spiel und bei Beschäftigungen in der Kleingruppe lernt das Kind sich mit seiner Umwelt auseinanderzusetzen und seine Kräfte und Eigeninitiative zu entwickeln. Veränderte Spielformen und auf die Gegebenheiten umfunktioniertes Spielmaterial ermöglichen dem körperbehinderten Kind auf seiner Entwicklungsstufe tätig zu werden. Die Themen und Angebote sind ähnlich denen des Regelkindergartens. Sie richten sich nach dem kindlichen Interesse und sind den Jahreszeiten angepaßt. Über die jeweiligen Themen werden die Eltern in einem regelmäßig erscheinenden Elternbrief informiert.

Die Mitarbeiter des Kindergartens versuchen, versäumte oder eingeschränkte Umwelterfahrungen der Kinder nachzuholen und den Kontakt zu nichtbehinderten Kindern anzubahnen (z. B. gegenseitiger Besuch eines Regelkindergartens).

Die *krankengymnastische Behandlung* ist der Form der Behinderung, dem geistigen und motorischen Entwicklungsstand angepaßt. Sie orientiert sich an der Entwicklung des nichtbehinderten Kindes. Ziele und Übungsinhalte werden in den Alltag der Gruppe und in die pädagogische Förderung übernommen. Die Krankengymnastin sorgt in Zusammenarbeit mit dem Kinderarzt für notwendige Hilfsmittel wie Schienen, Rollator, Bauchliegebrett, Stehständer und Rollstuhl. Die Eltern sind an diesen Entscheidungsprozessen beteiligt.

In der sonderpädagogischen Einzelförderung werden Spiel- und Lernmöglichkeiten eröffnet und Mundtherapie und Sprachanbahnung durchgeführt.

Sonderschullehrer wirken beim Aufnahmeverfahren mit. Sie führen sonderpädagogische Diagnostik durch und erstellen Gutachten. Beim Übergang in die Schule, insbesonders bei der Beratung der Eltern vor der Schulanmeldung, helfen sie mit. An der umfassenden Förderung des Kindes arbeiten Eltern und alle Beteiligten mit. Anregungen und Hilfen im Umgang mit dem Kind werden vermittelt.

An Elternabenden informieren die Mitarbeiter über die Arbeit im Kindergarten und nehmen Anregungen dankbar entgegen. Am Ende der Kindergartenzeit steht die Entscheidung, welche Schule für das Kind in Frage kommt: die Regelschule am Heimatort, die Schule für Körperbehinderte oder eine andere Schulart.

Die Mitarbeiter des Kindergartens und der beratende Sonderschullehrer helfen in einem Elterngespräch bei der Lösung dieser Frage.

≡ Der Schulkindergarten für Kinder mit geistiger Behinderung

»Der Schulkindergarten für geistigbehinderte Kinder« (so die offizielle Bezeichnung) ist eine eigenständige Einrichtung mit selbständiger Verwaltung und eigenem pädagogischen Konzept. Das Recht, den Schulkindergarten für Geistigbehinderte zu besuchen, endet mit Beginn der Schulpflicht. Schulpflichtig ist, wer am 30.Juni eines Jahres sechs Jahre alt ist. Wie bei nichtbehinderten Kindern besteht auch für Kinder im Schulkindergarten die Möglichkeit, ein Jahr vom Schulbesuch zurückgestellt zu werden. Der Kindergarten ist eine öffentliche Einrichtung. Es besteht eine enge Zusammenarbeit mit der jeweiligen Schule für Geistigbehinderte. Die Schulbehörde hat einen sog. »Bildungsplan« für die Arbeit im Schulkindergarten für geistigbehinderte Kinder erarbeitet. Die pädagogische Arbeit orientiert sich an diesem Plan. **Der Besuch des Kindergartens ist kostenlos.** Der Kindergarten untersteht dem Staatlichen Schulamt. Der

Kostenträger ist die jeweilige Stadt, der Landkreis oder die Gemeinde. Er ist eine Ganztagseinrichtung, d. h., die Kinder können auch über die Mittagszeit im Kindergarten bleiben. Sie bekommen im Kindergarten ihr Mittagessen.

Wer fördert und betreut die Kinder?

Der Kindergarten wird in der Regel von einem Sozialpädagogen geleitet. Im Kindergarten arbeiten Kinderpflegerinnen, Erzieherinnen, Fachlehrer und Sonderschullehrer.

Wann werden die Kinder aufgenommen?

Ein Kind kann in den Kindergarten aufgenommen werden, wenn es das dritte Lebensjahr vollendet hat, wenn eine erhebliche Entwicklungsbeeinträchtigung oder eine geistige Behinderung vorliegt, wenn die motorische Entwicklung so weit fortgeschritten ist, daß es frei gehen kann und wenn der Wohnort des Kindes im Einzugsbereich des Kindergartens liegt. Der Einzugsbereich entspricht dem der zugeordneten Schule. Das Kind muß **nicht** sauber sein und nicht alleine essen können, um in den Schulkindergarten aufgenommen zu werden. Dies ist beim Regelkindergarten nicht so.

Wie ist der Kindergarten organisiert?

Die Kinder werden in kleinen Gruppen bis zu sechs Kindern betreut. Der Schulkindergärten für geistigbehinderte Kinder kann bis zu fünf Gruppen groß sein. Das pädagogische Konzept beruht auf der Förderung des Kindes in einer Gruppe. In besonderen Fällen gibt es auch Einzelförderung. Die Gruppen werden so zusammengestellt, daß die Kinder einigermaßen zusammenpassen. Ein angenehmes Klima in der Gruppe soll möglich werden.

Wer geht in den Kindergarten?

Mit der Antwort auf diese Frage wird entschieden, bei welchem Kind eine erhebliche Entwicklungsbeeinträchtigung oder eine geistige Behinderung vorliegen. *Bei aller Vorsicht* kann man sagen, daß ein Kind in den Schulkindergarten aufgenommen wird, wenn eine erhebliche Entwicklungsverzögerung oder eine geistige Behinderung vorliegt. Bei dieser Feststellung beachten die Mitarbeiter, daß die Entwicklungsbereiche eines Kindes unterschiedlich weit entwickelt sein können.

Bei der Beurteilung, ob ein Kind in den Schulkindergarten sollte oder nicht, sind folgende Gedanken wichtig:

Alle Aussagen über den Entwicklungsstand des Kindes, besonders im Vorschulalter, sind vorläufig. Sie werden deshalb halbjährlich überprüft. Werden bei dieser Überprüfung deutliche Fortschritte des Kindes erkannt, ist das Ziel der Mitarbeiter, das Kind in eine entsprechende Einrichtung zu überweisen. Dies kann z. B. der Regelkindergarten am Wohnort des Kindes oder eine andere Sondereinrichtung sein.

Grundsätzlich gilt – wie bei allen Beurteilungen des Kindes –, daß die Einschätzung der Eltern und der Personen, die das Kind gut kennen, berücksichtigt wird. Auch die Lebenssituation der Familie wird beachtet.

Wie sieht die Arbeit im Kindergarten aus?

Wo immer es möglich wird, werden die Spiel- und Lerninhalte für die gesamte Gruppe angeboten. Die Kinder sollen das Miteinander erleben. Das soziale Lernen ist somit bei allen Aktivitäten fester Bestandteil des Kindergartenalltags. Auf der anderen Seite sind – wie bereits erwähnt – Einzelförderung für bestimmte Kinder oder Lernaufgaben genau so selbstverständlich. Weiter wechseln sich natürliche und speziell geplante Lernsituationen ab. Viele Lerninhalte ergeben sich aus dem alltäglichen Leben im Kindergarten. Das Anziehen um im Freien zu spielen, das Essen, der Gang zur Toilette, Händewaschen und die Hilfe beim Auflesen der Papierschnipsel werden als natürliche Lernmöglichkeiten benützt. Daraus wird ersichtlich, daß die besonderen und natürlichen Lernsituationen bei der Arbeit im Schulkindergarten gleichwertig nebeneinander stehen.

Welche Arbeitsschwerpunkte gibt es im Kindergarten

Die Arbeit im Kindergarten hat Schwerpunkte, die in einem staatlichen Bildungsplan festgehalten sind.

Bewältigung lebenspraktischer Anforderungen. Ziel ist das selbständige Handeln und die Fähigkeit, sich in der Umwelt zu orientieren. Die Kinder sollen z. B. sicher wissen, wo die Küche ist, in welchem Regal Bilderbücher stehen. Sie sollen ihren Raum wiederfinden.

Umwelt kennenlernen und sich in ihr zurechtfinden. Zunächst versuchen die Mitarbeiter herauszufinden, wie das Kind seine Umwelt wahrnimmt, was es schon erfassen kann. Darauf aufbauend soll das Kind seine Erlebniswelt erweitern. Dazu gehört z. B., daß es beim Morgenkreis selbst mitspielt oder die anderen Kinder bei einem Spiellied beobachtet. Allmählich erkennt es, was das Kind vorgeführt hat.

Mitteilungen verstehen und sich ausdrücken. Das Kind soll lernen, daß man sich mit anderen Menschen gezielt verständigen kann. Dies ist direkt durch Sprache möglich. Aber auch Mimik und Gestik oder andere Handlungen können für die Verständigung eingesetzt werden. Um dies zu erlernen, wird die Sprachanbahnung und Sprachförderung einmal in die Gesamtförderung eingebaut, aber auch in bestimmten Situationen speziell geübt.

Sich bewegen lernen. Bewegen lernen ist ein wichtiger Bestandteil der Arbeit im Kindergarten. Um dies abwechslungsreich zu gestalten gibt es in den meisten Schulkindergärten besondere Räume für die Bewegungsförderung. Das gesamte Angebot der Mototherapie kommt zum Tragen (s. S. 74).

Sich im Wasser bewegen lernen. Die Kinder sollen beim Spielen und Toben im Wasser ihren Körper unter diesen besonderen Bedingungen kennenlernen. Zum Teil erleben sie Bewegungen, die sie an Land nicht fertigbringen. Sehr grobe und sehr feine Bewegungen sind möglich.

Weiter haben die Kinder die Gelegenheit, das Medium Wasser sowohl passiv, als auch aktiv durch die Eigenbewegungen zu erleben. Eine wichtige Rolle spielt auch der Entspannungs- und Lockerungseffekt des Wassers.

Musik und Rhythmus erleben und sich danach bewegen. Ziel ist, Musik und Rhythmus mit den Bewegungen des Kindes zu verknüpfen. Das Kind kann neue Bewegungen erfinden. Es nutzt die Bewegungen, die durch das Hören und Empfinden der Musik entstehen, seine Gefühle auf besondere Art den anderen zu vermitteln.

Viele neue Spiele kennenlernen. Das Spiel ist zentrales pädagogisches Mittel im Schulkindergarten. Auf seine Fähigkeiten aufbauend, soll das Kind neue Spiele kennenlernen und bestehende zu variieren.

Malen und gestalten lernen. Das Umgehen mit Farben, Knetmasse und anderen einfachen Materialen zum Gestalten und Basteln nimmt ebenfalls einen wichtigen Platz in der Schulkindergartenarbeit ein. Besonderes Anliegen ist es, den Kindern die Möglichkeit zu geben, Geschaffenes als Eigenleistung zu erkennen und sich daran zu erfreuen. Mit Stolz sollen sie es zu Hause dann präsentieren.

Wie sieht der Tag im Schulkindergarten aus?

Die Beschreibung eines Tagesablaufes im Schulkindergarten in Ulm soll zeigen, wie ein solcher Tag aussehen kann.

Alle Kinder werden mit Schulbussen gebracht und von den MitarbeiterInnen in Empfang genommen. Alle Kinder versammeln sich zum gemeinsamen Morgenkreis. Danach gehen die Kinder in ihre Gruppen. Alle Aktivitäten und speziellen Angebote, das Frühstück und das Mittagessen, spielen sich in der Gemeinschaft der einzelnen Gruppen ab. Nach dem Mittagessen gibt es eine halbstündige Ruhezeit. Manche Kinder schlafen. Anschließend spielen die Kinder eine halbe Stunde frei. Dann gehen die Kinder wieder in ihre Gruppen. Begonnenes kann fertig gemacht werden.

Der Kindergartentag wird durch einen Schlußkreis beendet. Alle singen ein Abschlußlied und verabschieden sich voneinander.

Eltern und Mitarbeiter arbeiten zusammen!

Ziel der Elternarbeit ist es, die Erziehungsbemühungen von Familie und Kindergarten abzustimmen. Nach Absprache können die Eltern auch am Gruppenleben teilnehmen.

Wie im Regelkindergarten gibt es auch einen *Elternbeirat*. Er bringt Anliegen der Familien vor und beteiligt sich an der Gestaltung des Kindergartenlebens.

Es gibt *Einzelgespräche* der Eltern mit den Mitarbeitern. Die Mitarbeiter besuchen die Familien auch zu Hause. Dort bekommen sie viele Anregungen für die Gestaltung ihrer Erziehungsbemühungen.

Viele Schulkindergärten informieren die Eltern durch *Elternbriefe* über die aktuelle Arbeit und über geplante Besonderheiten im Jahresablauf (z. B. Feste und Feiern wie Geburtstage des Kindes).

Zusammenarbeit mit anderen Einrichtungen

Eine enge Zusammenarbeit besteht mit der Frühförderung, dem Sprachheilkindergarten, den niedergelassenen Ärzten und der Kinderklinik. Gute Kontakte bestehen auch zu Schulen und Ausbildungsstätten von zukünftigen Mitarbeitern, die immer wieder Praktikanten schicken.

Wie geht die Aufnahme vor sich?

Die Eltern melden ihr Kind im Schulkindergarten an. Medizinische oder pädagogische Frühberatungsstellen, Ärzte oder Kliniken, Regelkindergärten, Jugend- und Sozialämter sowie Behindertenverbände teilen den Eltern mit, daß es einen Schulkindergarten gibt.

Der *erste Kontakt* findet mit der Leitung des Kindergartens statt. Die Eltern berichten über das Kind, ihre Sorgen, ihre Wünsche und Vorstellungen. Der Leiter bekommt einen ersten Eindruck vom Kind und der Familie. Bei dieser Gelegenheit kann sich die Familie auch im Kindergarten umsehen.

Kommen alle Beteiligten zu dem Ergebnis, daß das Kind wohl am besten im Schulkindergarten gefördert werden kann, wird bei einem zweiten Termin der Entwicklungsstand des Kindes festgestellt. Die Ergebnisse der Untersuchung werden mit den Eltern besprochen.

Liegt eine erhebliche Entwicklungsbeeinträchtigung oder eine geistige Behinderung vor, können die Eltern einen Antrag zur Aufnahme in den Schulkindergarten stellen. Das Schulamt spricht daraufhin die vorläufige Aufnahme des Kindes in den Schulkindergarten aus. Nach einer Beobachtungsphase von zirka 6−10 Wochen wird ein pädagogisch-psychologisches Gutachten erstellt. Diese Aufgabe wird von dem Sonderschullehrer übernommen, der auch im Schulkindergarten mitarbeitet.

Während einer Eingewöhnungsphase kann das Kind auch halbtags aufgenommen werden.

Dieses Gutachten kann die Aufnahmeuntersuchung bestätigen oder den Ausgangspunkt für die gemeinsame Suche nach anderen Fördermöglichkeiten darstellen.

Grundsätzlich entscheiden die Eltern, ob ihr Kind in den Kindergarten aufgenommen wird.

Besondere Gruppen im Schulkindergarten

Um den Übergang von der Frühförderung in den Kindergarten zu erleichtern, wurde eine besondere Gruppe eingerichtet. Sie trifft sich einmal wöchentlich am Vormittag. Sie besteht aus Frühförderkindern und aus Kindern, die bereits im Kindergarten sind. Die Frühförderkinder sollen das Arbeiten und Spielen im Rahmen einer Gruppe erlernen. Da die Eltern in die Förderung einbezogen sind, können sie sich mit der Arbeit des Kindergartens vertraut machen.

Wie im Regelkindergarten gibt es eine sogenannte Vorschulgruppe. Ein Sonderschullehrer betreut die Kinder, die im nächsten Schuljahr schulpflichtig werden. Die Gruppe trifft sich einmal wöchentlich. Sie soll hauptsächlich das Zusammengehörigkeitsgefühl der zukünftigen Schulkinder fördern.

≡ Schulkindergarten für besonders förderungsbedürftige Kinder und für Erziehungshilfe

Im Schulkindergarten für besonders förderungsbedürftige Kinder beziehungsweise für Erziehungshilfe werden entwicklungsverzögerte bzw. verhaltensauffällige Kinder ab 3 Jahren bis zur Einschulung betreut. Der Kindergarten ist eine eigenständige Einrichtung. Er arbeitet eng mit der Förderschule bzw. der Schule für Erziehungshilfe zusammen. Dies bedeutet, daß aus der jeweiligen Schule Lehrer stundenweise im Kindergarten mitarbeiten.

Der Kindergarten untersteht der Aufsicht des Staatlichen Schulamtes. Träger ist die jeweilige Stadt bzw. Gemeinde oder der Landkreis.

Die Betreuung der Kinder erfolgt ganztägig (mit Mittagstisch) und **kostenlos**. Die Kinder werden in Bussen befördert. Die Aufnahme eines Kindes in den Kindergarten sagt nichts darüber aus, welche Schule das Kind später besuchen wird.

Eltern erfahren in der Regel von den Erzieherinnen im Kindergarten, vom Arzt oder den Erziehungsberatungsstellen, daß es einen solchen Schulkindergarten gibt.

Soll ein Kind in den Schulkindergarten aufgenommen werden, beantragen dies die Eltern direkt beim Schulkindergarten. Nach einem Gutachten von seiten der Sonderschule, die mit dem Kindergarten zusammenarbeitet, entscheidet das Schulamt über die Aufnahme in den Schulkindergarten.

Welche Kinder besuchen den Kindergarten?

Die Probleme und Nöte der Kinder, die den Kindergarten besuchen, sind sehr unterschiedlich. Ein großer Teil der Kinder wächst unter äußerst schwierigen Lebens- und Erziehungsbedingungen auf. Häufig ist die Situation in der Familie von einer Vielzahl von Problemen gekennzeichnet (z. B. beengte Wohnverhältnisse, Arbeitslosigkeit, Armut, Arbeitsüberlastung, Scheidung der Eltern, alleinerziehende Mütter und Väter oder auch psychische Probleme der Eltern).

Die Grundbedürfnisse der Kinder nach Zuwendung und Geborgenheit, nach gleichen und verläßlichen Bezugspersonen, nach Bewegung und Spiel können aufgrund der erschwerten Bedingungen nicht befriedigt werden. Viele der Kinder sind dadurch nicht nur gefühlsmäßig verunsichert und tun sich schwer im Umgang mit anderen Kindern und Erwachsenen, sondern sind oft in ihrer gesamten Entwicklung verzögert und von einer Lernbehinderung bedroht.

Ein Kriterium der Aufnahme stellt also die *Entwicklungsverzögerung* eines Kindes dar. Ein anderes Kriterium ist die *Verhaltensauffälligkeit* eines Kindes. Oft haben diese Kinder vorher einen Regelkindergarten besucht. Dort sind sie aufgrund vielfältiger Probleme auffällig gewesen. Zum Teil waren sie unruhig und unkonzentriert oder aggressiv im Umgang mit den anderen Kindern. In der großen Kindergruppe konnten sie sich nicht zurechtfinden. Sie waren stets Außenseiter bzw. Sündenbock, was sich nachhaltig negativ auf ihr Selbstwertgefühl auswirkte. Die Schwierigkeiten dieser Kinder umfassen dann den gesamten sozial-emotionalen Bereich. Häufig wirkt sich aber die psychische Not der Kinder auf ihre gesamte Entwicklung aus. Wer innerlich ständig mit Problemen beladen ist, kann seine Umgebung nicht mit Interesse erkunden und neue Erfahrungen sammeln.

Immer mehr Kinder leiden unter der Auflösung ihrer Familie oder wachsen bereits in unvollständigen Familien auf. Auch sie erfahren mit ihren besonderen Problemen im Kindergarten für besonders förderungsbedürftige Kinder Hilfestellung für ihre Entwicklung.

Welche Zielsetzung und Aufgaben hat der Schulkindergarten?

Ziel der Kindergartenarbeit ist es, die Chancen der benachteiligten Kinder zu verbessern und eine Lernbehinderung zu verhindern und damit eine Einweisung in die Förderschule (Lernbehindertenschule) nach Möglichkeit zu vermeiden. Ein weiteres Ziel der Förderung ist, einer drohenden Verhaltensstörung vorzubeugen und die Kinder in ihrer psychischen Not weitgehende Hilfestellung erfahren zu lassen.

Voraussetzung für die Verwirklichung dieser Ziele ist das Angebot einer vertrauensvollen, stabilen und zuverlässigen Beziehung zu einer konstanten Bezugsperson. Außerdem brauchen die Kinder den Schutz und die Geborgenheit der Kleingruppe. Innerhalb dieser erleben sie sich nicht mehr als Außenseiter, sondern als Teil einer Gemeinschaft, in der jeder Stärken und Schwächen hat.

Aufgabe der Förderung ist es stets, die Bedürfnisse und das individuelle Vermögen, sowie die besonderen Schwierigkeiten jedes einzelnen Kindes im Auge zu haben. Die Kinder brauchen eine anregungsreiche Umgebung mit vielfältigen Spiel- und Lernmöglichkeiten, so daß sie in sämtlichen Entwicklungsbereichen neue Erfahrungen machen können.

Eine weitere Aufgabe ist die Elternarbeit, das intensive Gespräch mit den Eltern. Wesentlich ist das Verständnis für die familiären Zusammenhänge und Nöte, sowie eine vertrauensvolle Beziehung. Die Brücke zum Elternhaus ist unabdingbar für eine positive Entwicklung des Kindes und die Berücksichtigung seiner Bedürfnisse im familiären Umfeld.

Wie sieht die Betreuung der Kinder aus?

Eine *Kindergruppe* umfaßt *etwa 10 Kinder* und wird von einer Erzieherin oder Sozialpädagogin betreut. Zusätzlich arbeiten *Lehrer der zugeordneten Sonderschule* fünf Stunden pro Woche in jeder Gruppe mit.

Der Tagesablauf im Kindergarten sieht folgendermaßen aus:

Morgenkreis: Wir begrüßen uns, hören wie es jedem geht, spielen im Kreis, singen und musizieren.
Wir überlegen, was jeder gerne spielen möchte und mit wem er das tun will.

Freispiel: Jedes Kind wählt seine Beschäftigung selbst. Sämtliche Aktionsfelder stehen zur Auswahl.

Zweites Frühstück: Gemeinsames »vespern« und zur Ruhe kommen.

Wir haben Zeit für Gespräche und Mitteilungen untereinander. Kinder und Erwachsene erleben, daß man sich gegenseitig sehr wichtig nimmt.

Förderung in der Gruppe: gemeinsame Aktivitäten aller Kinder je nach Themenstellung; Arbeit mit einzelnen Kindern oder einer Teilgruppe. Die nicht individuell betreuten Kinder haben Freispiel.

Bewegungsspiele im Freien: Die Kinder aller Gruppen treffen sich im Garten. Intensiv werden gruppenübergreifende Kontakte gepflegt.

Mittagessen: Das Mittagessen wird in der jeweiligen Gruppe eingenommen. Das Gefühl der Gruppenzusammengehörigkeit wird erlebt.

Ruhepause: Die Drei-/Vierjährigen haben die Möglichkeit zur Entspannung nach einem langen erlebnisreichen Kindergartenvormittag.

Spiele für die »Großen«: Während der Ruhepause gibt es für die älteren Kinder spezielle Spielmöglichkeiten.

Schlußkreis: Der Kindergarten wird durch den gemeinsamen Schlußkreis beendet.

Der Tagesablauf wird verändert und ergänzt durch das wöchentliche *Turnen* und *Schwimmen,* sowie das gemeinsame *Kochen* der Kinder an einem Wochentag.

Die *pädagogische Arbeit* orientiert sich an *Themen,* die längerfristig erarbeitet werden und die Bedürfnisse und der Entwicklungsstand der Kinder berücksichtigen. *Beispiel:* Das Thema »Die kleine Maus sucht einen Freund« (nach einem Bilderbuch) begleitet die Kinder zu Beginn des neuen Kindergartenjahres und greift das Thema »Freunde finden« auf. Eigene Wünsche und Ängste der Kinder werden angesprochen und ernstgenommen. Die Angebote im musischen, rhythmischen, sprachlichen und gestaltend-kreativen Bereich sowie im Bereich der Bewegungserziehung und Umwelterfahrung beziehen sich dann auf dieses Thema.

Für jedes Kind wird zu Beginn des Kindergartenjahres ein *pädagogisches Konzept* erstellt, das laufend aktualisiert wird. Es umfaßt folgende Bereiche:

Verhalten des Kindes, sozial-emotionale Kompetenzen, Fähigkeiten in den Bereichen Wahrnehmung, Sprache, Motorik, kognitive Kompetenzen. Weiter wichtig sind körperliche und familiäre Zusammenhänge.

Aus der maßgeblichen Problemstellung des Kindes ergeben sich die Folgerungen für das pädagogische Handeln:

– Welche Beziehungen zu anderen Personen braucht das Kind?
– Welche besonderen Anregungen durch entsprechende Spielmaterialien braucht das Kind?
– Was muß mit den Eltern besprochen werden?

Aus diesen Fragestellungen wird deutlich, daß ein weiterer wichtiger Pfeiler der Arbeit die *Zusammenarbeit mit den Eltern* darstellt. Sie geschieht durch Gespräche vor der Aufnahme, durch Eltern-Kind-Spielstunden, durch Besuche der Eltern in der Kindergruppe, durch Hausbesuche, Elternabende und Feste. Ein wichtiges Thema ist hier, neben Erziehungsfragen, die Einschulung des Kindes.

Abschließend sei noch ein weiterer wesentlicher Bereich der Arbeit genannt, die *Zusammenarbeit mit anderen Einrichtungen:* den Beratungsstellen der Sonderschulen, den Schulkindergärten für körper-, geistig- und sprachbehinderte Kinder, sowie dem Sozial-, Jugend- und Gesundheitsamt, den Ärzten, etc. Diese Kooperation ist für eine umfassende Hilfestellung für das Kind und seine Familie unentbehrlich.

≡ Der Schulkindergarten für sprachbehinderte Kinder

In den Schulkindergarten für Sprachbehinderte werden Kinder ab dem 3. Lebensjahr aufgenommen, wenn eine *massive Sprachentwicklungsverzögerung* vorliegt. Das Recht, den Schulkindergarten für Sprachbehinderte zu besuchen, endet mit Beginn der Schulpflicht. Schulpflichtig ist ein Kind, wenn es am 30. Juni sechs Jahre alt ist. Der Kindergarten ist eine öffentliche Einrichtung. Es besteht eine enge Zusammenarbeit mit der Schule für Sprachbehinderte. Der Besuch des Kindergartens ist kostenlos.

Der Schulkindergarten für Sprachbehinderte wird in der Regel von einer Sozialpädagogin geleitet. Erzieherinnen leiten die Gruppen. Die Förderung der Kinder erfolgt in Gruppen bis zu 12 Kindern. Manche Schulkindergärten sind Ganztageseinrichtungen.

In Baden-Württemberg geben Sonderschullehrer der Schule für Sprachbehinderte pro Kindergartengruppe acht Stunden Sprachtherapie. In anderen Bundesländern übernehmen diese Aufgabe meist Psychologen oder Logopäden.

Kinder, die in den Schulkindergarten für Sprachbehinderte kommen, wissen, daß an ihnen etwas besonders sein muß. Deshalb sprechen Erzieherin und Therapeut mit dem Kind über die Sprachprobleme. Gemeinsam werden dann Wege gesucht, die besonderen Sprachfördermaßnahmen in den Kindergartenalltag und die Lebenswelt des Kindes einzubinden.

Die *sprachtherapeutische Arbeit* im Schulkindergarten orientiert sich an der natürlichen Sprachentwicklung. Die Förderung wird nicht auf wenige therapeutische Einzelsituationen beschränkt, sondern erstreckt sich auf den gesamten Kindergartenalltag. An den Überlegungen, wie die gezielte Sprachförderung ins »normale« Spielen eingebaut werden kann, ist der Sonderschullehrer beteiligt. Zu den aktuellen Themen werden dann Spielmöglichkeiten mit sprachfördernder Absicht entworfen. Diese *»Themenorientierte Sprachförderung«* ist somit ein Teil des Lebens im Kindergarten. Die Sonderschullehrer sind durch die *»Gemeinsame Stunde«*, an der alle Kinder einer Gruppe teilnehmen, in dieser eingebunden. Da für viele Kinder diese eher begleitende Form der sprachtherapeutischen Betreuung nicht ausreicht, gibt es noch Einzelförderung.

Die Eltern werden regelmäßig über die Arbeit im Kindergarten durch die *Kindergartenzeitung* informiert. Diese enthält, neben wichtigen organisatorischen Informationen und Terminen, ausgearbeitete Wochenpläne, Sachinformationen und Ideen für sprachfördernde Spiele zum Selbermachen für das jeweilige Thema im Kindergarten. Sie dient dem Informationsaustausch bei einem großen Einzugsgebiet. Außerdem soll sie den Eltern Einsicht in die Arbeit im Schulkindergarten für Sprachbehinderte gewähren und ihnen die Möglichkeit geben, sich am Prozeß der Sprachförderung ihres Kindes gezielt zu beteiligen.

Über den Aufbau einer Handlung

Da das Ziel der Frühförderung der Aufbau der Handlungs- und Erlebnisfähigkeit beim Kind ist, wird im folgenden Kapitel aus neurophysiologischer und neuropsychologischer Sicht dargestellt, wie eine Handlung aufgebaut ist und im Nervensystem organisiert wird.

Welche Aufgaben hat das Nervensystem?

Die Aufgaben des Zentralnervensystems (ZNS) werden anhand des *sensomotorischen Regelkreises* verdeutlicht. Ein Regelkreis ist ein Gedankenmodell. Er zeigt, wie verschiedene Aufgabenbereiche miteinander verbunden sind und wie sie aufeinander Einfluß nehmen. Im sensomotorischen Regelkreis wird der Verarbeitungsweg von der Wahrnehmung zur Bewegung beschrieben und wie die Bewegung wiederum die Wahrnehmung beeinflußt. Das Regelkreissystem ist bei allen Handlungen aktiv. Bei Kindern mit Behinderung sind oft bestimmte Teile nicht harmonisch in den Ablauf integriert und funktionieren nur unzureichend. Bei genauer Kenntnis des Regelablaufes können deshalb viele Details für eine gezielte Förderung des Kindes abgeleitet werden.

Der sensomotorische Regelkreis besteht aus drei großen Teilen: Reizaufnahme(I), Reizverarbeitung(II) und Reaktion(III) (s. Tab. 7). Als Verbindungen zwischen zwei Bereichen dienen die Nervenbahnen. Leiten sie Impulse zum ZNS, nennt man sie sensorische (afferente) Bahnen. Leiten sie Impulse vom ZNS zu den Muskeln, nennt man sie motorische (efferente) Bahnen.

Tab. 7   Der sensomotorische Regelkreis

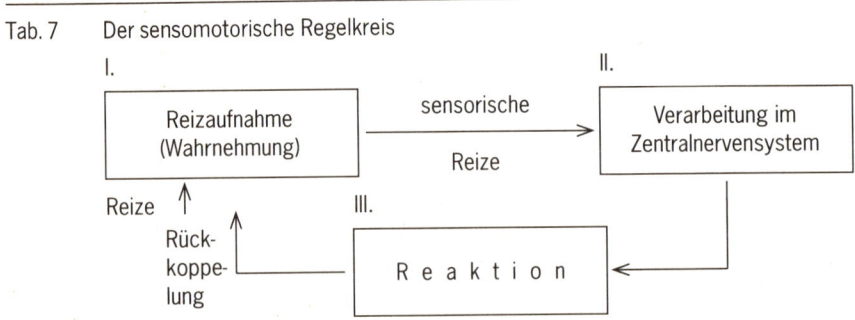

Anhand der Wahrnehmung und Verarbeitung von Gleichgewichtsreizen soll erläutert werden, wie ein solcher Regelkreis in Wirklichkeit arbeitet (s. Tab. 8).

Tab. 8   Sensomotorischer Regelkreis: Beispiel vestibulärer Wahrnehmung

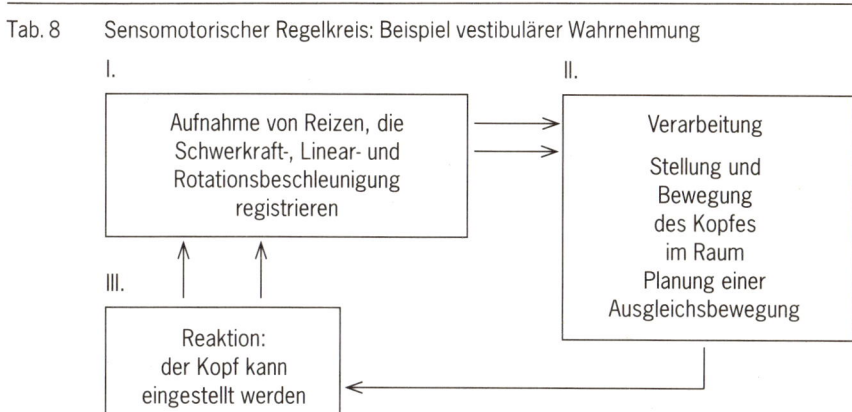

Die Reizaufnahme für Gleichgewichtsreize erfolgt im Ohr. Der Fachausdruck lautet vestibuläre Wahrnehmung.

Das *Gleichgewichtsorgan* kann drei Reizqualitäten verarbeiten. Erstens die Schwerkraftbeschleunigung. Dies bemerken wir besonders im Aufzug; wir registieren, daß der Aufzug nach oben fährt und dann wieder abbremst. Zweitens die Linearbeschleunigung. Fahren wir mit dem Auto los, bemerken wir auch bei geschlossenen Augen die Beschleunigung in gerader Richtung. Drittens, die Rotationsbeschleunigung. Diese registrieren wir, wenn die Straße eine Kurve macht.

Als Reaktion auf die jeweiligen Reize wird der Kopf entsprechend seine Lage verändern. Wollen wird dies verhindern, planen wir eine Ausgleichsbewegung. Der Kopf und der Körper werden »eingestellt«. Für den Kopf bedeutet dies, daß die Augenlinien waagrecht und die Gesichtslinie senkrecht stehen. Das Bedürfnis den Kopf einzustellen ist bei kleinen Kindern beim Schaukeln besonders groß und wichtig für die Entwicklung. In der Krankengymnastik nach BOBATH werden diese Funktionen besonders geübt. Der Fachausdruck lautet Stellreaktionen (s. S. 43 und 125).

Beim starken Schaukeln auf der Plattformschaukel im Langsitz reichen die Stellreaktionen als Antworten bei weitem nicht aus. Die Kinder müssen eine Ausgleichsbewegung planen oder sich mit Hilfe der Stütz- und Gleichgewichtsreaktionen (s. S. 43 und 125) abstützen. Wie diese und andere in der Frühförderung so wichtigen Vorgänge mit Hilfe des sensomotorischen Regelkreises dargestellt werden können, wird nachfolgend anhand von zwei Formen gezeigt. Die erste Form bezieht sich auf physiologisch-sensomotorische Aspekte der Motorik. Die zweite Form auf die Organisation einer Handlung (s. Tab. 9 und 10)

Tab. 9   Der Sensomotorische Regelkreis (Schwerpunkt Motorik)

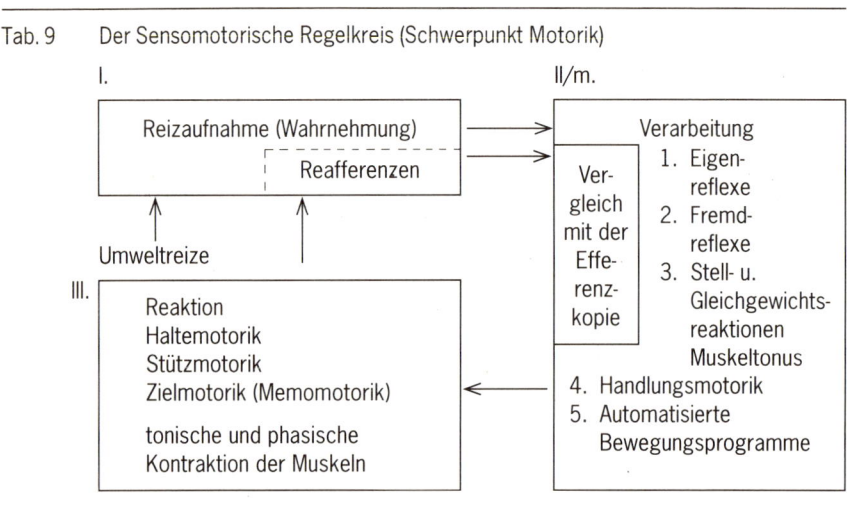

Tab. 10   Der Sensomotorische Regelkreis (Schwerpunkt Handlungsorganisation)

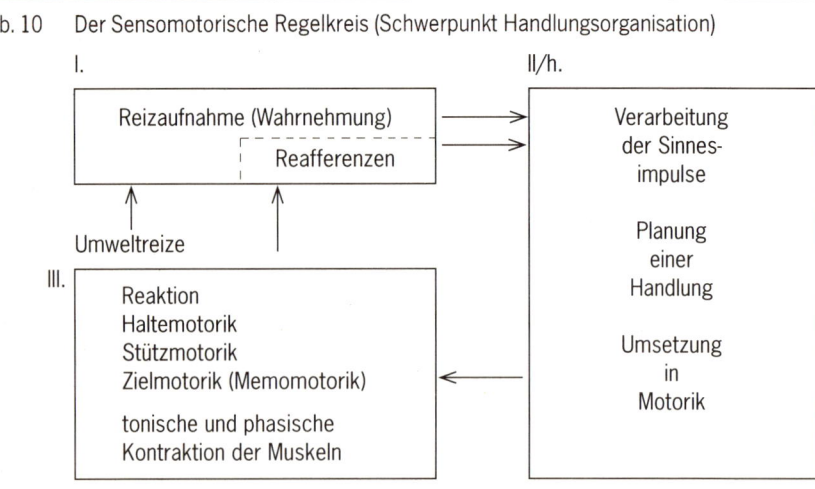

≡ Der erste Teil des sensomotorischen Regelkreises: Die Wahrnehmung

Für die Wahrnehmung der Reize aus der Umwelt und aus dem eigenen Körper stehen 13 Wahrnehmungsbereiche (s. Tab. 11) zur Verfügung. Die Wahrnehmungsreize werden über Sinneszellen aufgenommen, beispielsweise Sehzellen im Auge, Berührungszellen in der Haut. Die aufgenommenen Impulse werden über die Nervenbahnen zum ZNS geleitet und entschlüsselt.

Tab. 11   Übersicht über die Wahrnehmungsbereiche

Wahrnehmungsbereiche

1. Sehen – visuelle Wahrnehmung
2. Hören – auditive Wahrnehmung
3. Schmecken – gustatorische Wahrnehmung
4. Riechen – olfaktorische Wahrnehmung

Oberflächensensibilität (Hautsensibilität)
5. Taktile Wahrnehmung: (berühren und streichen)
   haptische Wahrnehmung: mit den Händen
   stereognostische W.: Raumwahrnehmung/Gestaltwahrnehmung durch Tasten mit den Händen (*)
6. Druckempfindung auf der Haut
7. Vibrationsempfinden
8. Schmerzsinn
9. Temperatursinn

Tiefensensibilität:
10. Gelenkstellung (Stellungssinn)
11. Gelenksbewegungen (Bewegungssinn)
12. Muskelspannung (Kraftsinn)

13. Vestibuläre Wahrnehmung
    lineare Beschleunigung
    Winkelbeschleunigung
    Vertikale Beschleunigung (Relation zur Schwerkraft)

(*) Das Tasten mit den Händen und das Erkennen von Form, Oberflächenbeschaffenheit und Gewicht ist eine integrierte Wahrnehmungsfunktion. Dies bedeutet, daß mehrere Sinnessysteme zusammen ausgewertet werden und ein komplexes Wahrnehmungsbild entsteht: Z. B. ein blaues Klötzchen mit einem großen Loch und rauher und glatter Seite.

Nachfolgend wird beschrieben, welche Reizinhalte wahrgenommen werden können. Dies ist für die Entwicklungsförderung von großer Bedeutung, weil daraus Hilfen für die Gestaltung der Fördersituationen abgeleitet werden können.

Ich sehe was, was du nicht siehst!
Die visuelle Wahrnehmung.

Jeder weiß, daß wir mit unseren Augen sehen können. In der Netzhaut gibt es Photo-Sinneszellen, die auf Lichtreize reagieren. Wenn sie ihre Impulse über Nervenbahnen ins Gehirn senden, sehen wir schwarz/weiß und farbig. Außerdem erkennen wir, daß ein Gegenstand weiter weg ist als der andere. Diesen Vorgang nennt man Tiefensehen. Voraussetzung dafür ist die Zusammenarbeit beider Augen.

Bei genauen Untersuchungen des Gehirns entdeckte man, daß bestimmte Nervenzellen bei ganz bestimmten Reizbildern besonders aktiv sind. Es gibt Nervenzellgruppen, die spezialisiert sind auf die Wahrnehmung von Lichtstreifen an einer bestimmten Stelle des Gesichtsfeldes, Hell-Dunkel-Konturen, und Farben, bestimmten Richtungen und Ausdehnung (schwarze Streifen nach oben, quer, schräg bzw. schmal oder dick), Konturunterbrechungen und Ecken, bestimmten Mustern (Gitterlinien, Kreise, Kreuze), bewegten oder starren Bildern (bei den bewegten gibt es »Spezialisten« für Bewegungen auf das Auge zu und für Bewegungen vom Auge weg).

Grundsätzlich kann man sagen, daß die Augen bei bewegten Bildern aktiver sind als bei ruhenden. Dies bedeutet:

- Visuelle Stimulierung durch bewegte Bilder ist erfolgreicher als durch ruhende.
- Die Bewegungsgeschwindigkeit sollte so gewählt werden, daß die Augen die Bewegungen mitmachen können. Das Maß für diese Geschwindigkeit sollte kleiner als 600/s sein. Ist sie größer als 800/s, werden automatisch Kopfbewegungen notwendig.
- Der Bewegungsraum sollte 40° nach oben und 60° nach unten nicht überschreiten.
- Eine Hilfe zur Orientierung und zum Erfassen der Inhalte bei ruhenden Bildern sind die Hervorhebung markanter Punkte der Abbildung. Dies kann z. B. durch Zeigen oder durch Beleuchten sein.

Die Einschränkungen im Bewegungsraum gelten so lange, bis das Kind eine gute Kopfkontrolle entwickelt hat. Alle Aktivitäten, bei denen das Kind das Halten des Gleichgewichts übt und Ausgleichsbewegungen bei drohendem Fallen lernt, beschleunigen so indirekt die Fähigkeit des Sehens von bewegten Bildern.

Will eine Person etwas besonders genau sehen oder ist sie gefühlsmäßig sehr stark beteiligt, werden im Gehirn zusätzliche Nervenzellen mit der Entschlüsselung der Informationen beauftragt.

Wer nicht hören kann, muß fühlen!
Die auditive Wahrnehmung.
Wir hören tiefe und hohe Töne, wir unterscheiden eine Melodie vom Krach, wissen, ob ein Ton laut oder leise ist. Wir erfassen, aus welcher Richtung ein Geräusch kommt und schätzen die Entfernung zur Geräuschquelle.

Das Hörsystem paßt sich relativ leicht an einen bestimmten gleichbleibenden Ton an. Es reagiert heftig bei Unterbrechungen und bei Änderungen in der Tonhöhe und im Rhythmus. Zwischen dem Hörsystem und dem Bewegungssystem gibt es enge Verbindungen. Sie sind sehr wichtig für die Orientierung im Raum. Ohne diese Verbindungen können wir nicht feststellen, ob ein Ton lauter wird, weil wir uns auf die Geräuschquelle zu bewegen oder weil diese lauter wird.

Über Geschmack kann man bekanntlich streiten!
Die gustatorische Wahrnehmung
Wenn auch unklar ist, was geschmackvoll ist, so ist wenigstens unstrittig, daß die Zunge für den Geschmack zuständig ist. Mit ihrer Hilfe kann man zwischen süß, salzig, bitter und sauer unterscheiden. Natürlich können wir auch Kombinationen wahrnehmen wie süß/sauer bei eingelegten Gurken oder süß/bitter bei Pampelmusen.

Eine besondere Bedeutung hat das Schmecken von bitteren Stoffen. Damit wir uns nicht vergiften, löst es leicht den Würgereflex und Brechreiz aus. Ob wir etwas als zu süß oder als versalzen empfinden, ist von Mensch zu Mensch verschieden. Weiter ist es abhängig vom Versorgungszustand des Körpers. Haben wir einen Mangel an Salz, akzeptieren wir eine Suppe, die wir sonst als versalzen ablehnen würden.

Muß der denn seine Nase überall reinstecken?
Die olfaktorische Wahrnehmung
Der Mensch kann viele tausend Gerüche wahrnehmen. Dafür hat er Riechzellen in der Nasenhöhle. Anders als beim Schmecken kann man die Inhalte eines Geruchsreizes nicht genau bestimmen. Viele Düfte lassen sich aber den Merkmalen blumig, ätherisch, kampferartig (Eukalyptus), stechend oder faulig zuordnen.

Die Nervenbahnen, die die Geruchsreize zum Gehirn senden, haben besondere Verbindungen zum Gefühls- und Motivationssystem. Deshalb gibt es viele gefühlsmäßige Reaktionen auf Gerüche.

Das ging mir unter die Haut! Die Wahrnehmung über die Haut (Oberflächensensibilität)

Zur Oberflächensensibilität gehören die Berührung (einschließlich Tasten), Druck- und Vibrationsempfinden. Der Fachbegriff für Berührungen durch die Haut ist »taktile Wahrnehmung«. Die Berührungsempfindlichkeit der Haut ist nicht an allen Stellen gleich groß. So können die Fingerspitzen und die Hände wesentlich genauer Informationen sammeln als z. B. der Rücken. Für diese Aufgabe haben die Finger besonders viele Tastkörperchen in der Hautoberfläche. Um eine Berührung von einem Druck auf die Haut unterscheiden zu können, gibt es Sinneszellen, die Stärke und die Eindrucktiefen in die Haut messen. Sie reagieren auch, wenn die Haut gedehnt wird. Die dritte Form der Wahrnehmung in der Haut sind die Vibrationsempfindungen. Es gibt Sinneszellen in der Haut, die durch einen raschen Berührungswechsel aktiviert werden, wie dies bei Vibrationen der Fall ist.

Zur Hautwahrnehmung gehören auch noch das Kälte- und Wärmeempfinden und der Schmerzsinn.

Das wirft mich aus der Bahn! Die Wahrnehmung der Stellung, Bewegung und Kraft (die Tiefensensibilität)

Die Sinneszellen der Tiefensensibilität liegen in den Sehnen, Gelenken und Muskeln. Sie vermitteln einen Eindruck über die Körperhaltung, die Bewegung der Gelenke. Weiter geben sie Auskunft über den Kraftaufwand für eine Bewegung. Dafür wird die Höhe des Muskeltonus (Muskelspannung) gemessen. Um die Körperhaltung im Raum und räumliche Bewegungen wahrzunehmen, brauchen wir ein gutes Zusammenspiel von allen drei Sinneskanälen. Häufig bekommt die Tiefensensibilität Unterstützung durch das Entfernungs- und Richtungshören und das Tiefensehen.

Bis zum Alter von etwa zwei Jahren steuert allein die Tiefensensibilität die Kontrolle der Körperhaltung und Bewegung. Danach übernehmen die Augen einen Teil der Steuerung.

Da die Körperhaltung und die visuelle Kontrolle von Bewegungen im Leben eine große Rolle spielen, gibt es im Gehirn zwei spezielle Arbeitsfelder, die die kombinierte Verarbeitung vornehmen. Ein Feld sammelt alle Informationen über die Oberflächen- und Tiefensensibilität und integriert sie zu einem Gesamtbild. Wir können dann in jedem Augenblick Auskunft über unsere aktuelle Körperhaltung geben. Das zweite Feld kombiniert die visuelle Wahrnehmung mit der Oberflächen- und Tiefensensibilität. Dieses Feld ist besonders aktiv, wenn die Augen die Bewegungen der Hand steuern sollen. Diese Augen-Hand-Koordination erwirbt das Kind spätestens ab dem neunten Entwicklungsmonat.

Ich bin zur Zeit völlig aus dem Gleichgewicht!
Die vestibuläre Wahrnehmung
In der Achterbahn können wir auch bei geschlossenen Augen feststellen, ob wir gerade hochsteigen oder hinuntersausen, ob es geradeaus geht, oder ob die Bahn einen Bogen fährt. Dies ermöglicht das Gleichgewichtssystem im Ohr. Es unterrichtet uns über Bewegungen in Beziehung zur Schwerkraft, über Beschleunigung und über Kurvenbewegungen. Ein Teil der Nervenfasern aus dem Gleichgewichtsorgan endet im Gefühlssystem. So kann man sich auch vorstellen, warum alle Gleichgewichtsempfindungen einen relativ starken Reiz auf die Gefühlswelt haben. In der Mototherapie und sensorischen Integrationstherapie wird dieser Zusammenhang therapeutisch genutzt.

≡ Der zweite Teil (II/m) des sensomotorischen Regelkreises: die fünf sensomotorischen Funktionsbereiche

Da die Vorgänge sehr kompliziert und vielschichtig sind, werden sie in fünf Funktionsbereiche gegliedert. In Wirklichkeit sind die Teile jedoch eng miteinander verwoben. Tab. 12 gibt einen Überblick.

Tab. 12   Die sensomotorischen Funktionssysteme

Erstes sensomotorisches Funktionssystem:	Eigenreflexe
Zweites sensomotorisches Funktionssystem:	Fremdreflexe
Drittes sensomotorisches Funktionssystem:	Muskeltonusregulation, Stell- und Gleichgewichtsreaktionen
Viertes sensomotorisches Funktionssystem:	Handlungsmotorik
Fünftes sensomotorisches Funktionssystem:	Bewegungsalltag Automatisierte Motorik

Erstes sensomotorisches Funktionssystem: Eigenreflexe.
Der Eigenreflex ist eine festgelegte Antwort des ZNS auf eine Reizung der

Sinneszellen. Er bildet – wie der sensomotorische Regelkreis – einen geschlossenen Schaltkreis. Tab. 13 zeigt, daß die Sinneszelle und das Ziel der motorischen Impulse im gleichen Organ liegen.

Tab. 13   Eigenreflex

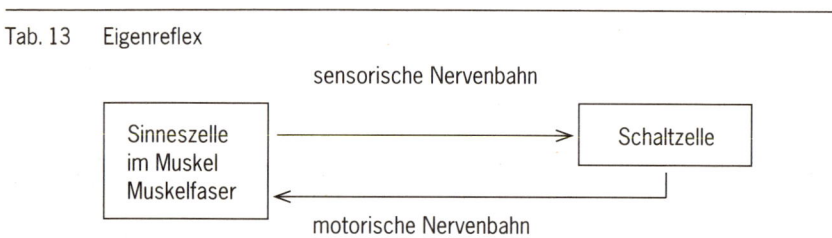

Die Eigenreflexe spielen bei der Bewegungsorganisation eine große Rolle. Durch sie werden die Muskelspannung und die Muskellänge aufrechterhalten. Die Eigenreflexe wirken nur verstärkend. Bei einer spastischen Bewegungsstörung bedeutet dies, daß jede Veränderung der Länge des Muskels eine übermäßige Erhöhung des Muskeltonus auslöst und der Muskel wieder in seine alte Stellung zurück will. Das Bewegungsspiel ist dadurch eingeschränkt.

Zweites sensomotorisches Funktionssystem: Fremdreflexe
Beim Fremdreflex liegen Reizursprung und Reizziel nicht im gleichen Organ. Die Impulse werden nicht nur an einer Zelle umgeschaltet, sondern durchlaufen mindestens zwei Stationen. Diese Reflexe kennt man aus dem Alltag als rasches Zurückziehen des Armes, wenn es heiß wird, als Blinzeln bei grellem Licht oder als Strecken des Knies, wenn der Arzt auf die Kniesehne schlägt. Die Fremdreflexe wirken je nach Situation hemmend oder aktivierend.

Tab. 14   Der Fremdreflex

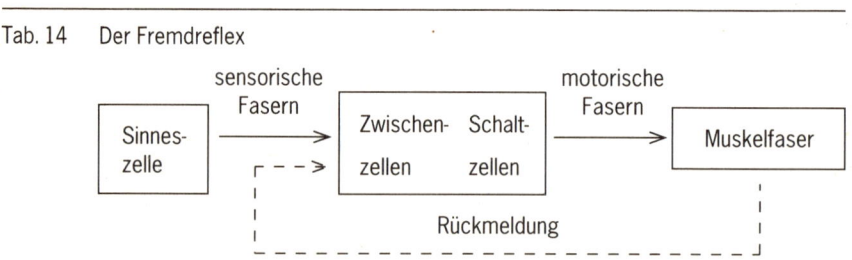

Drittes sensomotorisches Funktionssystem: Muskeltonus-regulation, Stell- und Gleichgewichtsreaktionen

Der Muskeltonus ermöglicht die Haltefunktion der Muskeln gegen die Schwerkraft und sorgt für ein flüssiges Bewegungsspiel. Veränderungen der Spannung eines Muskels sind nicht immer sichtbar. Sie können jedoch durch Berühren des Muskels oder durch ein Elektro-Myogramm (EMG) erlebt bzw. gemessen werden.

In den ersten Lebenswochen des Kindes wird der Muskeltonus stark von den sog. Haltereaktionen beeinflußt. Dazu gehören die tonische Labyrinthreaktion (TLR) und die Asymmetrisch und symmetrisch Tonische Nackenreaktion (ATNR und STNR).

Beim jungen Säugling löst die tonische Labyrinthreaktion in Bauchlage die Aktivierung der Beugemuskulatur, in Rückenlage die der Streckmuskulatur aus. Der Reizursprung liegt im Gleichgewichtsorgan.

Abb. 10   Die Asymmetrische Tonische Nackenreaktion.

Tab. 15   Halte- und Haltungsreaktionen

Haltereaktionen	Tonische Labyrinthreaktion
Halten gegen die Schwerkraft	Symmetrische-Tonische Nackenreaktion
	Asymmetrische-Tonische Nackenreaktion
Haltungsreaktionen	Stellreaktionen
es kommt zu einer aktiven An-	Labyrinth-Stellreaktion auf den Kopf
passung nach einer Veränderung	Halsstellreaktion
der Körperhaltung	Körperstellreaktion auf den Kopf
	Körperstellreaktion auf den Körper
	Optische Stellreaktion
	Gleichgewichtsreaktionen

Die STNR kommt durch Reizung der Dehnungsrezeptoren in der Nackenmuskulatur zustande. Bei Beugung des Kopfes werden die Arme gebeugt und die Beine gestreckt. Die Streckung des Kopfes bewirkt eine Streckung der Arme und eine Beugung der Beine. Der ATNR kann durch (passive) Drehung des Kopfes zur Seite ausgelöst werden. Bei Linksdrehung vermehrt sich der Strecktonus im linken Arm und linken Bein, der Beugetonus wird rechts stärker. Bei Rechtsdrehung des Kopfes sind die Verhältnisse genau umgekehrt. Beim STNR und ATNR liegt der Reizursprung zum größten Teil im Schulter- und Nackenbereich.

Die starren Bewegungsmuster der Haltereaktionen werden im Verlauf der ersten Lebensmonate durch eine vielschichtigere Motorik überlagert. Wäre dies nicht der Fall, würde das Sitzen-, Krabbeln- oder das Stehenlernen wesentlich erschwert oder gar nicht möglich sein. Auf der anderen Seite haben die tonischen Haltereaktionen eine wichtige Funktion für die Entwicklung des Kindes. Durch sie lernt das Kind in den ersten Wochen alle grundlegenden Bewegungsmuster, wie Wechsel von Beugung und Streckung und asymmetrische und symmetrische Körperhaltung. **Die Stellreaktionen** erhalten bei groben Bewegungen die Stellung des Kopfes im Raum (Gesicht senkrecht, Mund horizontal) und koordinieren die Bewegungen von Rumpf und Gliedmaßen. Die Stellreaktionen sind schon mit fünf Monaten gut ausgebildet. Sie entstehen durch Reize aus dem Gleichgewichtssystem, der Tiefensensibilität und durch visuelle Reize. Die Reize werden integrativ verarbeitet und lösen zusammengesetzte moto-sensorische Reaktionen aus. **Die Gleichgewichtsreaktionen** sind sichtbare Bewegungen. Durch sie kann man auf schnelle Lageveränderungen reagieren. Ihre Entwicklung überschneidet sich mit der Entwicklung der Stellreaktionen.

Viertes sensomotorisches Funktionssystem: Die Handlungsmotorik

Handlungsmotorik ist der Bewegungsanteil einer Handlung. Dieses System plant und erzeugt neue, komplizierte Bewegungen. Muß eine Bewegung besonders rasch ausgeführt werden, benützt das ZNS dieses System. Alle Bereiche von Gehirn und Rückenmark sind aktiv, speziell aber die sogenannten motorischen Rindenfelder im Kortex.

Fünftes sensomotorisches Funktionssystem: Der Bewegungsalltag, die automatisierte Motorik

Bewegungen im Alltag sind sehr vielschichtig und kompliziert aufgebaut. Um nicht alle Einzelteile gesondert planen und entwerfen zu müssen und dabei sehr viel Zeit und Energie zu verbrauchen, fassen wir gut bekannte Teile zu einer größeren Einheiten zusammen. Diese Teile nennt man Unterprogramme. Die Teile, die viel Aufmerksamkeit und Wissen beanspruchen, nennt man Hauptprogramme. Sie gehören zum großen Teil zum vierten Funktionssystem.

In diese Arbeitsteilung ist auch das Kleinhirn eingebunden. Bei vielen Kindern mit Entwicklungsstörungen arbeitet das Kleinhirn nicht zufriedenstellend. Um spezielle Hilfen erarbeiten zu können, werden nachfolgend die Aufgaben des Kleinhirns beschrieben.

Der älteste Teil des Kleinhirns koordiniert den Muskeltonus der rumpfnahen Muskeln. Er ist schon beim jungen Säugling aktiv. Bei Ausfällen kommt es zu Störungen der Gleichgewichtsmotorik und der Augenbewegungen. Die Motorik ist durch die tonische Labyrinthreaktion gekennzeichnet.

Der »mittelalterliche« Teil verarbeitet Reize aus Tiefen- und Oberflächensensiblität, dem Gleichgewichtssystem und hat Anteil an der Aufmerksamkeitssteuerung. Bei Störungen kommt es unter anderem zu Ausfällen der Stützmotorik.

Der jüngste Teil ist besonders aktiv, wenn neue und komplizierte Bewegungen organisiert werden. Bei Störungen ist der Muskeltonus herabgesetzt. Die Bewegungen sind ungenau; sie erreichen ihr Ziel nicht. Einzelne Bewegungsteile sind nicht aufeinander abgestimmt. Sie wirken ruckartig. Rasch aufeinanderfolgende Umwende-Bewegungen sind ungenau oder gar nicht möglich. Die Länge einer Bewegung ist zu klein oder zu groß.

Abb. 11   Festhalten und gleichzeitig Malen, das ist zu schwierig.

☰ Der dritte Teil des sensomotorischen Regelkreises: Die Reaktion und Rückkoppelung

In diesem Kapitel werden erstens die Reaktion auf die Verarbeitung, also die Motorik, und zweitens die Bewegungswahrnehmung über Rückkoppelungsimpulse besprochen.

»Reaktion« bedeutet immer eine Aktivierung der Muskulatur, also eine Bewegung (Motorik). Man unterscheidet zwei große Aktivitätsbereiche im Muskel: seine Verkürzung und die Erhöhung der Muskelspannung. Die Verkürzung können wir als Bewegung beobachten. Tab. 16 gibt einen Überblick.

Tab. 16   Die Formen der Muskelaktivität

Zwei Formen von Muskelaktivitäten

Die dynamische Muskelaktivität
Sie bewirkt Veränderung der Muskellänge; aktiv werden die Muskeln nur verkürzt.
Das Längerwerden des sogenannten Gegenspielers entsteht passiv

Die tonische Muskelaktivität
Sie bewirkt eine Veränderung des Spannungszustandes ohne nennenswerte Muskellängenschwankungen

Der Begriff Motorik ist ein Oberbegriff für sieben Aspekte jeder Bewegung: Ziel-, Stütz-, Haltemotorik und Neuro-, Senso-, Psycho- und Soziomotorik. Alle sieben Teilbereiche sind eng miteinander verknüpft. Im Alltag kann man sie nicht getrennt beobachten. In der Fördersituation besteht jedoch die Möglichkeit, bestimmte Schwerpunkte zu setzen.

Die *Zielmotorik* ist der Bewegungsanteil einer Handlung. Dieser Anteil ist also bewußt geplant und ermöglicht das Erreichen eines Handlungszieles. *Beispiel:* Alle Bewegungen der Arme und Hände, die notwendig sind, daß ein Kind zwei Bausteine zusammenstecken kann. Um nicht bei jeder zielgerichteten Bewegung unzählige Planungseinheiten aktivieren zu müssen, werden häufig benutzte motorische Reaktionen zu größeren Einheiten zusammengefaßt. Diese Einheiten sind im Gedächtnis abgespeichert. Sie lassen sich je nach Gesamtziel verschieden kombinieren.

Die *Haltemotorik* ist immer dann aktiv, wenn wir uns nicht bewegen. Sie sorgt für einen gleich starken Muskeltonus der Beuger und Strecker beispielsweise beim Stehen oder beim Sitzen.

Die *Stützmotorik* sorgt für eine Aufrechterhaltung der Körperhaltung, ehe durch die Zielmotorik das Gleichgewicht verlorengeht. Liegt beispielsweise ein Baustein weit weg, muß sich das Kind beim Ergreifen seitlich abstützen, damit es nicht umfällt. Die Stützmotorik kann so als dynamischer Zwischenschritt zwischen Haltemotorik und Zielmotorik aufgefaßt werden.

Die folgenden Begriffe beschreiben *Entwicklungsprozesse.* Je nach Entwicklungsalter bestimmen sie schwerpunktmäßig die Motorik des Kindes.

Zur *Neuromotorik* gehören Eigen- und Fremdreflexe, Halte- und Haltungsreaktionen sowie die Gleichgewichtsreaktionen.

Mit dem Begriff *Sensomotorik* wird der Zusammenhang zwischen der Wahrnehmung von Sinnesreizen und der Organisation einer entsprechenden Bewegung betont. Beide Bereiche stehen in einem engen Wechselverhältnis. Die Wahrnehmung beeinflußt also die Motorik, diese wiederum die Wahrnehmung. Dieses Beziehungsgefüge ist so eng, daß wir eigentlich immer Sensomotorik sagen sollten, auch wenn es »nur« um Wahrnehmung oder »nur« um Motorik geht. Werden die motorischen Anteile eines Vorganges besonders betont, wird der Begriff moto-sensorisch benützt. Mit dem Wort senso-motorisch wird der Wahrnehmungsanteil hervorgehoben.

Im Alltag ist Motorik immer ein Zusammenspiel von Neuromotorik, Sensomotorik, der Aufmerksamkeitsleistung und den Gefühlen und Denkanteilen. Dieses Zusammenspiel nennt man *Psychomotorik*. Typische Beispiele sind Hüpf- und Fingerspiele. Psychomotorik betont also den Zusammenhang zwischen psychischen und sensomotorischen Anteilen einer Bewegung (s. Abb. 12).

Die *Soziomotorik* ist die Motorik, die wir bei direkten Begegnungen mit anderen Menschen brauchen. Die Sozialwahrnehmung ermöglicht Gefühle und Bedürfnisse zu erkennen, zu akzeptieren, ihre Bedeutung für sich und den anderen abzuschätzen und sie in der Bewegung auszudrücken. Typische Beispiele für Soziomotorik sind Spiele wie »Kaiser, wieviel Schrittlein schenkst Du mir« oder Mannschaftsballspiele (s. Abb. 12).

Die Bewegungs- und Stellungswahrnehmung, die Reafferenz

Hat das ZNS eine Reaktion organisiert, kann mit Hilfe der Bewegungswahrnehmung und der Wahrnehmung der Körperhaltung geprüft werden, ob und wie sich der Körper bewegt hat. Die Impulse dieser Wahrnehmung sind Rückkoppelungsimpulse. Der Fachbegriff lautet sensorisches Feedback oder Reafferenzen.

Sie werden über die Bahnen der Tiefensensibilität und des Gleichgewichts vermittelt. Durch die Reafferenzen können wir eine Bewegung spüren. Wir können dann kontrollieren, ob sie so ausgeführt wurde, wie sie geplant war.

Ein *Beispiel* zeigt, wie wichtig diese Kontrolle ist, und was passieren würde, wenn wir sie nicht hätten: Nehmen wir an, Sie wollen eine Flasche öffnen. Ein Teil des Handlungsplanes sagt, daß sich der Deckel durch Ihre Fingerbewegungen drehen läßt. Ist nun aber der Deckel so fest, daß Ihre geplante Kraft nicht ausreicht, um ihn zu drehen, können Sie über die Rückkoppelung wahrnehmen, daß Sie nicht erfolgreich waren. Sie veranlassen eine Korrektur. Führt dies zum Erfolg, sind Sie zufrieden und löschen Ihren Durst.

a

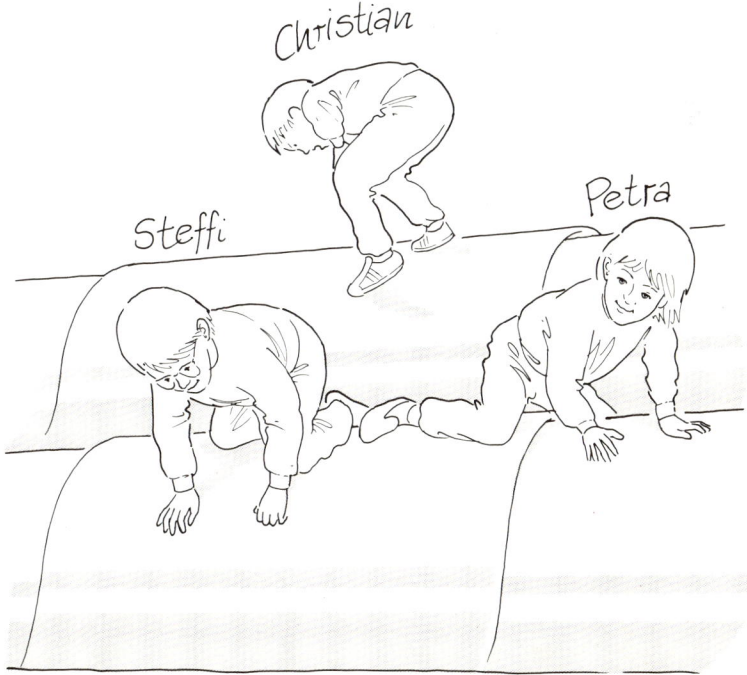

b

Abb. 12   Sensomotorik, Psychomotorik und Soziomotorik.

Druck, Zug, Vibration und Bewegungen gegen Widerstand (s. S. 48) fördern die Verarbeitung der Reafferenzen. Kinder schieben deshalb in der Fördersituation einen schweren Wagen, tragen einen Sack voll mit Holzbausteinen oder schaukeln an der Reckstange.

≡ Zur Neuropsychologie des Handlungsablaufes

Im folgenden Abschnitt wird die zweite Form des sensomotorischen Regelkreises erläutert (s. Tab. 10). Dabei geht es um die neuropsychologischen Aspekte eines Handlungsablaufes. Diese bedeutet, daß gezeigt wird, wie Aufmerksamkeit, Motivation, Wahrnehmung, Denken und Gedächtnisarbeit und Bewegungsplanung und die tatsächliche Bewegung zusammenwirken. Anhand von Tab. 17, die einen groben Überblick über

Tab. 17   Wichtige Teile einer sensomotorischen Handlung und ihre Ablaufstruktur

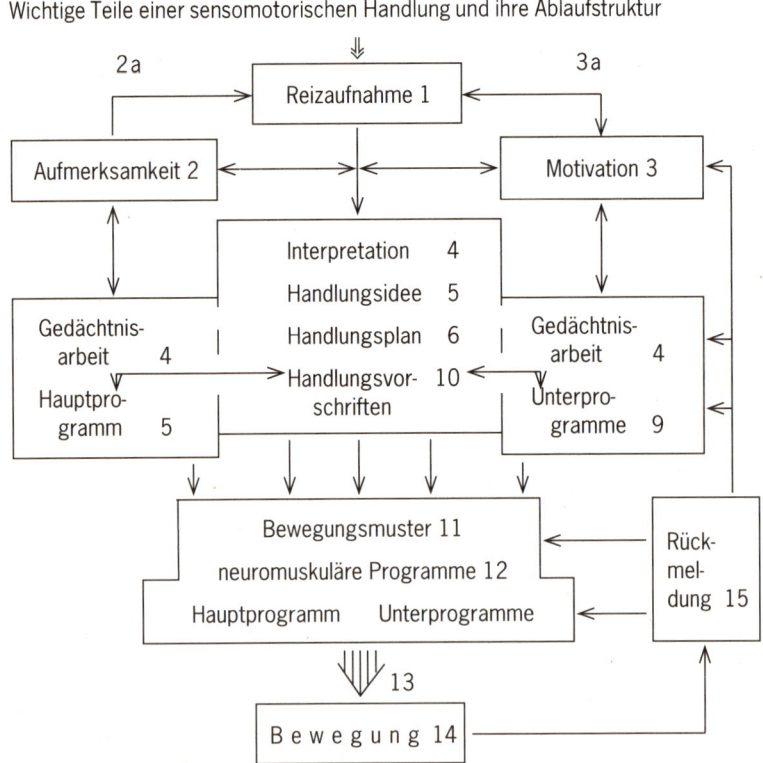

einen Handlungsablauf mit Schwerpunkt Neuropsychologie gibt, werden die wichtigsten Inhalte erarbeitet. Um die einzelnen Teile im Text wiederzufinden, wurden sie durchnumeriert.

Eine Handlung beginnt mit der gezielten Reizaufnahme (1) durch die Sinneszellen. Diese gelingt nur, wenn das Kind wach und aufmerksam (2) ist. Neurologisch bedeutet dies, daß das Nervensystem bis zu einem bestimmten Maß aktiviert sein muß.

Wird ein Reiz registriert, wird sein Bekanntheitsgrad und seine Bedeutung ermittelt. Dabei hilft das Motivationssystem (3). Wird ein Reiz als unbedeutend oder langweilig eingestuft, wird der Verarbeitungsvorgang abgebrochen.

Wird ein Reiz als wichtig eingestuft, sorgen Aufmerksamkeits- und Motivationssystem (2 und 3) für eine umfassendere Aufnahme, Suche nach weiteren Reizen und eine intensive Deutung der Inhalte. In Tab. 17 wurde dies mit dem Begriff Interpretation (4) bezeichnet. Sie bildet dann die Grundlage für eine Handlungsidee (5). Sie kommt aber, um es nochmals zu betonen, nur zustande, wenn die Situation als interessant (motiviert) eingeschätzt wird.

Von der gesamten Planung wird für Vergleichszwecke mit der Rückmeldung eine Kopie angefertigt. Als nächstes wird ein Handlungsplan (6) entwickelt. Dafür wird das gesamte Gedächtnis aktiviert. Dies bedeutet, der Handlungsplan wird in Haupt- (8) und Unterprogramme (9) gegliedert. In ihnen »stehen« alle Handlungsvorschriften (10). Im nächsten Schritt werden diese in Bewegungsmuster (11) umgesetzt.

Jetzt kommt es zur »Auftragserteilung« an die Handlungsmotorik und an die automatisierte Motorik (s. S. 125). Die Aufträge werden in ein konkretes neuro-muskuläres Programm übersetzt. Alles was nun geplant und umgesetzt wurde, wird durch die motorischen Nervenbahnen (13) zu den Muskeln gesendet. Jetzt können wir eine Bewegung beobachten (14).

Mit Hilfe der Rückmeldung (15) werden die Planungs- und Ausführungsbestimmungen mit der tatsächlichen Bewegung verglichen.

Da diese Gedanken sehr theoretisch waren, haben U. Mühlbayer und L. Pflüger eine kleine Geschichte aufgeschrieben, mit deren Hilfe die Abläufe und Ereignisse im Zentralnervensystem nochmals »bildlich« dargestellt werden können.

≡ Die Sultansgeschichte*

Es war einmal ein beliebter und wei-
ser Sultan im fernen Orient. Er hatte eine große Leidenschaft. Er sam-
melte Informationen, Gegenstände
und Seltenheiten aus aller Welt. An
einem schönen Frühsommertag fei-
erte der Sultan wie so oft mit seinem
Hofstaat ein Fest. Alle Menschen
seines Landes waren eingeladen.
Das Fest war so prächtig, daß es
sowohl im Palast als auch in den
Gärten stattfand. Der Palast war
überaus eindrucksvoll und reichhal-
tig verziert. Außerdem war er ver-
winkelt und nicht so leicht durch-
schaubar. Um den Sultan vor den
Unwirtlichkeiten des Lebens zu
schützen, wurden vier Wälle um die
Wohnräume des großen Herrschers
gebaut.
Der Sultan war nur durch komplizierte, verschlungene Wege zu erreichen. Um auch in den entlegen-
sten Winkeln den Überblick zu be-
halten und für Ordnung zu sorgen,
hatte der Sultan sehr viele treue
Bedienstete.
Am Sommerfest kamen viele zig-
tausend Untertanen von nah und
fern und begehrten Einlaß. Aber,
obwohl der Palast sehr groß war,
konnte nur ein kleiner Teil der Gäste direkt im Palast empfangen und
bewirtet werden. Die Torwächter
hatten somit die schwierige Aufgabe, bedeutsame Persönlichkeiten
unter den Besuchern zu erkennen

Das Nervensystem verarbeitet
Reize.

Alle Teile des ZNS wirken zusammen und sind aktiv.

Verschiedene Gebiete des ZNS
haben verschiedene Aufgaben.

Ein Geflecht von Nervenbahnen

Informationen werden bewußt,
wenn sie im ZNS bestimmte Wege
durchlaufen.

Nicht alle Reize, die wir kurzfristig
aufnehmen, werden bewußt.

Das ZNS besteht aus einem dichten
Geflecht von Nervenbahnen.

Es gibt unwichtige und wichtige
Reize.

---

* U. Mühlbayer-Gäßler und L. Pflüger haben den Sultan »persönlich gekannt«.

und durchzulassen. Um ihre Wichtigkeit zu betonen, brachten viele Gäste großartige Geschenke mit. Die Bediensteten des Sultans hatten die Pflicht, an den Toren die Einschätzung der Gaben vorzunehmen und dementsprechend die Besucher weiterzulassen oder sie in andere Räumlichkeiten zu verweisen. Die Bedeutsamkeit seiner Person oder die Besonderheit seiner Geschenke war entscheidend, wie weit der einzelne Besucher in das Innere des Palastes vorgelassen wurde.

Bestimmte Reize werden von spezialisierten Feldern im Gehirn erkannt.

Aufmerksamkeit und Wachheit

Gedächtnis und Erfahrungswissen

Um sich vor Schurken und Dieben zu schützen, hatte der Sultan seine Wachleute angewiesen, nur bestimmte äußere Tore zu öffnen. Viele Gäste konnten überhaupt nicht in den Palast gelangen. Sie hielten sich vor dem Palast auf. Ungefähr tausend kamen in den ersten Hof. Viele gingen nach kurzer Zeit wieder hinaus oder wurden weggeschickt. Einige überreichten kleine Gaben an die Wachen. An der zweiten Ringmauer wurden noch ungefähr hundert Besucher durchgelassen. Auch hier entschied ein gut ausgebildeter Wächter des Sultans, wer weitergehen konnte. Wieder wurden viele Geschenke abgegeben. Die Gaben von zehn großen Persönlichkeiten waren so eindrucksvoll, daß sie in den dritten Hof vorgelassen wurden. Vier Geschenke waren von so großem Wert, daß ein Bote mit einer Vorankündigung zum Ältestenrat in den Thronsaal geschickt wurde. Die Ältesten beschlossen nach einer kurzen Prüfung, die Wertschätzung der Person

Schutzmechanismen, wie Blinzeln und Husten, wenn man sich verschluckt hat.

Radioaktivität können wir nicht wahrnehmen.

Nicht alle Reize gelangen ins Bewußtsein. Bestimmte Reize, beispielsweise solche, die Gleichgewichtsreaktionen auslösen, werden nur ganz kurz verarbeitet.

Erfahrung durch Gedächtnisarbeit

Bei wichtigen Informationen halten wir inne und konzentrieren uns, z. B. wenn jemand unseren Namen nennt.

und der Geschenke durch eine Eskorte zu unterstreichen. Nach und nach gelangten so alle – zum Teil mit ihren Eskorten – in den riesigen Thronsaal. Dort konnte man schon unzählige Geschenke und Gaben von früheren Ereignissen bewundern.

Im obersten Teil des Gehirns, dem Kortex, werden alle komplizierten Entscheidungen getroffen und neue Informationen im Gedächtnis abgespeichert.

Die Ältesten, die Gäste und der hochwohlgeborene Sultan bewunderten die Geschenke, verglichen sie untereinander und mit den Gaben in den Regalen, entschieden über ihre Wichtigkeit und wo sie aufbewahrt werden sollten. Der Sultan mit seiner unermeßlichen Weisheit erkannte, daß sich die neuen mitgebrachten Gaben untereinander und erst recht mit den vorhandenen in den Regalen zu einer immer größeren gigantischen Sammlung verknüpfen lassen würden.

Sensorische Integration, Denkprozesse, Schlußfolgerungen ziehen, Informationen sortieren und bündeln. Doppelte Informationen aussortieren.

Gedächtnisaufbau

u. a. Querverweise zuordnen

Plötzlich wurde das Fest unterbrochen. Eine Gruppe Spezialisten, die in Windeseile auf den Palast zugeritten waren, wurde angekündigt.

Aufmerksamkeit
Konzentration

Die Wächter an den Toren erkannten sofort ihre Bedeutung. Die Offiziere gaben ihnen schnellere Pferde und ließen ihnen den direkten Weg in den Thronsaal freimachen. Dort angekommen, brachten sie die traurige Kunde von einem schrecklichen Erdbeben in einem abgelegenen Landstrich. Jeder steuerte Informationen aus seinem Spezialgebiet bei. Sie berichteten über das Ausmaß der Verwüstung an Gebäuden und Wegen und nannten die Zahl der Toten und Verletzten. Einer warnte vor drohenden Seuchen und der Gefahr für die Bevölkerung.

Fernsinne wie Hören und Sehen

Bahnung über »parallel« geschaltete Nervenbahnen. Mehrere Nervenbahnen melden so die gleiche Information.

Die verschiedenen Sinneskanäle liefern bestimmte Informationen.

Kurzzeitgedächtnis
(= Arbeitsgedächtnis)

Neugierde, Interesse

Der Ältestenrat und der Sultan nahmen alle Nachrichten mit großem Interesse auf. Sie erkannten die Not, und ihre Sorgen waren an ihren Gesichtern abzulesen. Rasch und dennoch mit großer Sorgfalt wurden die ersten Maßnahmen ergriffen. Sie verglichen die neuen Informationen mit Erfahrungen aus früheren Ereignissen. Dazu nutzten sie die sorgfältig geordnete Sammlung von Erlebnissen, Plänen und Rückmeldungen über Ablauf, Erfolg und Mißerfolg solcher Vorkommnisse. Sie berieten kurz, und der Sultan gab den Spezialisten die notwendigen Anweisungen, wie jetzt zu reagieren sei. Die Spezialisten begaben sich, begleitet von vielen Helfern auf schnellstem Wege und gut ausgerüstet wieder in das Erdbebengebiet. Um dem Sultan über die Vorgänge zu berichten, wurde regelmäßig ein Bote mit einem Bericht zurückgeschickt. So konnte der Sultan entscheiden, ob seine Anweisungen gut waren oder ob er dem Boten Änderungen auf den Weg mitgeben sollte. Durch die gute und verantwortungsvolle Arbeit seiner Bediensteten und seine äußerst reichhaltige Nachschlagesammlung war der Sultan in der Lage, sein Land lange zufriedenstellend zu regieren. Weil er auch für Veränderungen offen war und sie in seine Entscheidungen immer mit einbezogen hatte, war er in seinem Lande beliebt. Und wenn er nicht gestorben ist, so lebt er auch noch heute...

Entwicklung von Ideen

Emotionale Belegung
Vorausschauende Planung

Gedächtnisarbeit
Handlungsplanung, dabei Gliederung in Unter- und Hauptprogramme

Motorische Planung

Ausführungsvorschriften

Haupt- und Unterprogramme

Reafferenzen (sensorisches Feedback)

Gedächtnisaufbau,
Denken, Schlußfolgerung, Vorhersehen.

≡ Psychologische, neurologische und neuropsychologische Aspekte der Entwicklung vom 1. bis. 30. Entwicklungsmonat

Der nachfolgende Abschnitt ist eine Zusammenstellung der Entwicklung des Kindes aus entwicklungspsychologischer, entwicklungsneurologischer und neuropsychologischer Sicht.

Die *Entwicklungspsychologie* beschäftigt sich mit der Entwicklung des Menschen. Sie versucht Inhalte, Ursachen und Abfolge aller Entwicklungsvorgänge zu erforschen.

Die *Entwicklungsneurologie* befaßt sich mit der normalen und abweichenden Entwicklung des Aufbaus und der Aufgaben des Nervensystems im Verlauf des Lebens. Die *Neuropsychologie* erforscht die Zusammenhänge zwischen dem Nervensystem und dem Verhalten.

≡ 1. und 2. Entwicklungsmonat

Gleich nach der Geburt beherrscht das Kind eine große Anzahl von äußerst vielschichtigen *Verhaltensmustern,* die ihm sein Überleben sichern. Z.B. bedeutet die Nahrungsaufnahme nicht nur Saugen, sondern eine komplizierte Koordination von Mundbewegungen, Schlucken, Atmen, und eine Kopfhaltung, daß der Blickkontakt zur Mutter gelingt. Bei Kindern mit Entwicklungsstörungen gilt dies nicht immer. Das Kind handelt hauptsächlich mit Hilfe der automatischen motorischen Reaktionen (Stell- und Gleichgewichtsreaktionen). Die anderen Bewegungen können noch nicht aktiv eingesetzt werden, denn der Kortex als Planer und Ausführungsorgan arbeitet noch nicht gezielt.

Ein *Beispiel:* Gleichgewichtsreize lösen noch keine Stützreaktionen aus. Das Kind fällt um. Auch die Aktivitäten im Kortex sind noch zu ungenau und zu langsam.

Dagegen erreichen die vestibulären Impulse die Formatio reticularis und das limbische System, also die Bereiche, die für die Wachheit und die Gefühle zuständig sind. Dies kennen alle Eltern, wenn sie die Freude ihrer Kinder beim Schaukeln und Wiegen auf ihrem Arm erleben.

In den ersten Lebenswochen ist die Entwicklung des Kleinhirns noch nicht weit fortgeschritten. Seine moto-sensorischen Koordinationsleistungen und Hilfen beim Aufbau eines nützlichen Muskeltonus stehen noch nicht zur Verfügung.

In der Fördersituation werden dem Kind Reize angeboten, die es leicht erkennen und verarbeiten kann.

Beispiel: Das Kind greift verschiedene Gegenstände und Materialien und speichert die entsprechenden Muster. Dies ist nicht nur aus psychologischen Gründen (Erfahrung von Weltinhalten) wichtig, sondern auch aus entwicklungsneurologischen. Die Felder im Kortex, die kombinierte Inhalte (z. B. Oberfläche spüren und Größe ertasten) verarbeiten, erreichen nur dann ihre volle Funktionstüchtigkeit, wenn sie durch entsprechende Aufgaben stimuliert werden.

In der *Entwicklungspsychologie* werden diese Handlungen als taktil-gesteuertes Greifen bezeichnet.

Das Greifen kommt allerdings zunächst nur zufällig zustande. Daß die Entwicklung aber rasch weiterschreitet, zeigt sich darin, daß das Kind schon im zweiten Entwicklungsmonat in der Lage ist, eine einfache Handlung (z. B. Saugen am Finger) zu wiederholen. Dies bedeutet, es benützt bereits gespeicherte Gedächtnismuster.

3. bis 5. Entwicklungsmonat

In diesem Entwicklungsalter lernt das Kind verschiedene Bereiche zu koordinieren:

1. Die Wahrnehmungsbereiche werden untereinander verknüpft.
   Beispiel: Das Kind hört, daß die Mutter kommt, die Augen bewegen sich, der Kopf wird gedreht, das Kind kann nun die Mutter sehen.
2. Ganz bestimmten Wahrnehmungsreizen werden aktiv (nicht zufällig) bestimmte motorische Muster zugeordnet. Man spricht von senso-motorischer Koordination.
3. Die Bereiche Aufmerksamkeitssteuerung, Motivation und Denken werden zueinander in Beziehung gesetzt.

Das folgende *Beispiel* soll diese Koordinationsleistungen verdeutlichen. Das Kind freut sich über ein selbstproduziertes Ereignis, z. B. Anstoßen eines aufgehängten Spielzeuges (Punkt 1 und 2). Es kann dies erfolgreich wiederholen und erkennt den Zusammenhang zwischen dem erreichten Ergebnis und seinem Tun. Es freut sich und ist motiviert, dieses Spiel zu wiederholen. Die bereitgestellte Aufmerksamkeit garantiert den Erfolg (Punkt 3).

Durch gezielte moto-sensorische Leistungen bezieht das Kind jetzt auch Gegenstände der Umwelt aktiv in seine Handlungspläne mit ein. Die Feinmotorik ist aufgrund der reichhaltigen Erfahrungen wesentlich vielfältiger geworden. Eine Voraussetzung dafür ist, daß das Kind lernt, seine Hände zu drehen. Die Handinnenflächen zeigen dann nach oben. Greift das Kind, kann es dann seine Hände drehen und nachschauen, was es in der Hand hält. Unterstützt wird dieser Entwicklungsprozeß durch den beginnenden Dreipunktstütz. Allgemein kann man sagen, daß das Kind die Halte-, Stütz- und Zielmotorik gut beherrscht.

Unter *entwicklungsneurologischen* Gesichtspunkten bedeutet dies unter anderem, daß Wahrnehmungfelder und Planungsfelder im Gehirn umfassend aktiviert sind und bereits gut mit der automatisierten Motorik zusammenarbeiten und daß das Gleichgewichtssystem im Hirnstamm seine Aufgaben mit dem Kortex und dem Kleinhirn abstimmt.

In den Beispielen stecken drei neuropsychologische Leistungen. Erstens werden zwei oder mehrere Wahrnehmungsbereiche zu einer größeren Einheit (sensorische Integration) verknüpft. Dafür sind gute Wahrnehmungs-/Gedächtnisleistungen notwendig. Zweitens haben die Handlungen des Kindes bereits einen hierarchischen Charakter, d. h. cs gibt ein Haupt- und ein Unterprogramm in der Planung und drittens gibt es ein Haupt- und Unterprogramm in der Bewegung. Kopfhalten, Ellenbogenstütz sind Unterprogramme. Greifen und Anschauen, Loslassen und Greifen bilden das Hauptprogramm. Für den reibungslosen Ablauf dieser Vorgänge sorgt das Kleinhirn. Kinder mit Dysmetrie brauchen in solchen Fällen sehr viel Hilfe!

5. bis 8. Entwicklungsmonat

In diesem Alter kann man bereits eindeutig Entwicklungsverzögerungen feststellen. An einem Beispiel aus der Aufrichte-Entwicklung soll dies gezeigt werden: Ein Kind muß sich im sechsten Entwicklungsmonat in Bauchlage im *Einzel-Ellenbogen-Stütz* abstützen können. Es hat dies im fünften Monat gelernt. Das Kind liegt im sog. Stützdreieck; die Eckpunkte sind z. B. linker Ellenbogen/linke Schulter, linke Hüfte und rechtes Knie bei angewinkelter Hüfte. Mit der anderen Hand (hier die rechte) muß das Kind ein Spielzeug greifen können. Diese Position muß das Kind sowohl links als auch rechts beherrschen. Pathologisch wäre u. a. eine dauernde Streckung beider Beine; bei der Absicht, etwas zu greifen, Schwerpunktverlagerung auf die Gesichts-/Greifarmseite anstatt auf die Stützseite; eine ständige Überstreckung des Kopfes nach hinten; die Blickrichtung ginge dann zum Stützarm; die Wirbelsäule wäre nicht rotiert.

In diesem Entwicklungsalter ist das Kind in der Lage, den Einzel-ellenbogenstütz dynamisch, rasch, ohne Gleichgewichtsverlust und mit flüssigem Wechsel rechts-links an die jeweiligen Umweltbedingungen anzupassen. Die deutlich gestiegene Bewegungskompetenz ermöglicht das Üben von Wenn-Dann-Beziehungen. *Beispiel:* Wenn ich den Ball greifen will, dann muß ich zur Seite kippen und den Arm strecken. Das Kind versteht diese Zusammenhänge auch. Es kann sie ganz gezielt einsetzen.

Während der vergangenen Monate wurden die Aktivitäten des Kindes noch viel über Tasten und Greifen geleitet. Allmählich übernehmen immer mehr die Fernsinne die Führung. Es findet somit der wichtige Wechsel vom taktil gesteuerten Greifen (Hand-Auge-Koordination) zum visuell (Auge-Hand-Koordination) gesteuerten Greifen statt.

Das Kind kann jetzt schon recht lange seine Halte- und Stützmoto-rik aufrechterhalten. Dies bedeutet, daß diese Muster schon komplett automatisiert sind. Sie bilden ein Untersystem. Ein solches Untersystem arbeitet erfolgreich, weil die Kooperation zwischen den einzelnen Teilen des Gehirns bereits voll funktionsfähig ist.

Mit etwa acht Monaten gelingt die Anpassung der automatisierten Teile an neue Bedingungen flüssig, zeitlich und sachlich gut koordiniert. Grundlage dieser Fähigkeiten ist die gesteigerte Kompetenz, durch Auf-merksamkeitswechsel rasch vom Unterprogramm zum Hauptprogramm und umgekehrt hin- und herzuschalten.

Beispiel: Ein Kind will ein zweites Klötzchen in die Hand nehmen. Dies gelingt nicht, weil es zu weit weg liegt. Dieser Vorgang war bis jetzt das Hauptprogramm. Um dem Klötzchen näher zu kommen, geht es vom Sitzen in Bauchlage und robbt sehr geschickt ein kleines Stück vorwärts. Es erreicht dadurch das zweite Klötzchen. Das Wechseln in Bauchlage und das Robben bilden in dieser Phase das Hauptprogramm; das Klötzchen-Holen läuft als Unterprogramm mit. Diese Aktion gelingt gut und rasch, wenn das Kind viele Rückkoppelungsimpulse über der Fortbewegungsak-tion verarbeitet. Im Rahmen der Entwicklungsförderung ergibt sich hier ein Ansatzpunkt für Hilfen.

Aus dem Alltag kennen wir alle Situationen, in denen dieses kurzfristige Unterprogramm (also das Holen des Klötzchens) bei solchen Situationen verloren geht. Nach dem Robben hat das Kind dann einen anderen Wunsch. Das Greifen des Klötzchens ist plötzlich nicht mehr wichtig.

=== 8. bis 12. Entwicklungsmonat

In diesem Alter entwickeln sich beim Kind die grobmotorischen Fähigkeiten wie Kniestand, das freie, zeitlich unbegrenzte Sitzen, das Hochziehen zum Stand und bei den meisten Kindern auch das Krabbeln.

Diese Fortschritte sind besonders wichtig. Sie ermöglichen, daß die Hände völlig frei hantieren können. Viele Denkleistungen können in Motorik umgesetzt werden. Das Kind benützt jetzt seine Hände und Arme als Werkzeuge um etwas zu bewirken und nicht mehr nur um irgend etwas zu tun, gleichgültig was; das Kind verfolgt also ein ganz bestimmtes Ziel. Beim jüngeren Kind z. B. war dies durch fehlende Gleichgewichtsbewegungen häufig unterbrochen, das Ziel ging »verloren«. Da die Planung und Organisation von Bewegungen wesentlich weniger Aufwand bedeuten, kann das Kind eine größere Anzahl von Handlungsteilen überblicken. Es beginnt Handlungsketten zu verstehen und zu aktivieren. Im Alltag zeigt sich dies folgendermaßen: Kind untersucht Spielgegenstände sehr genau. Er erkennt Eigenschaften wie »oben paßt der Ball rein, unten ist es zu eng« und kann deshalb erfolgreich handeln.

In diesem Entwicklungsalter zeigen sich deutliche Fortschritte beim Sprachverständnis. Das Kind weiß z. B. jetzt genau, was das Wort »Nein« bedeutet.

Die meisten Nervenbahnen haben eine dicke mantelartige Schutzschicht (wie beim Stromkabel). Zum Zeitpunkt der Geburt war sie noch wenig ausgebildet. Mit einem Jahr hat sie deutlich an Stärke zugenommen. Dies bewirkt, daß die Reize wesentlich schneller als früher weitergeleitet werden können. Besonders gilt dies für die Tiefensensibilität und den Hautsinn. Die erhöhte Reizleitungsgeschwindigkeit ermöglicht auch, daß Ausgleichsbewegungen und Korrekturbewegungen viel schneller ausgeführt werden können als früher. Ausgleichsbewegungen braucht man z. B., wenn die Schaukel ihre Richtung wechselt. Korrekturbewegungen werden notwendig, wenn das Kind nicht erfolgreich geplant hat, z. B. den großen Becher in den kleinen stecken will, dies feststellt und es anders herum probiert. Unterstützt werden diese Aktivitäten durch »reifere« Kleinhirnfunktionen. Das gesamte Handeln des Kindes wird flüssiger, mit Variationen versehen und erfolgreicher. Ein eindrucksvolles Beispiel ist das selbständige Essen aus der Hand.

Alle Bewegungsmuster sind bereits so kompliziert und aufeinander bezogen, daß der Kontakt zwischen den beiden Hirnhälften gut funktionieren muß. Dies ist besonders bei gegenläufigen Mustern (abwechselnd links Streckung, rechts Beugung) wie Krabbeln, aber auch beim wechselnden einseitigen Kniestand zu beobachten.

Trotz dieser immensen Fortschritte fehlt im Bereich der Grobmotorik aber noch immer die visuelle Kontrolle der Gleichgewichtsbewegungen. Die Kontrolle erfolgt nach wie vor durch die Zusammenarbeit von Tiefensensibilität und das Gleichgewichtssystem. Erst ab den zweiten Lebensjahr übernehmen die visuellen Impulse die »Führung«.

▬▬ 12. bis 16. Entwicklungsmonat

In diesem Alter wird das freie Gehen erlernt. 90% aller Kinder können mit 16 Monaten frei gehen (50% mit 14 Monaten. Üblicherweise werden sieben freie Schritte als freies Gehen gewertet.

Weitere wichtige Entwicklungsschritte sind die ersten korrekt eingesetzten Wörter. Das Kind kann jetzt selbst durch eine zeigende Geste oder sprachliche Äußerungen direkt eine Aktion mit einer anderen Person beginnen. Es kann die Aufmerksamkeit des Erwachsenen auf etwas lenken, etwas benennen oder kommentieren. Es kann einen Wunsch so äußern, daß ihn auch nicht vertraute Personen verstehen.

Die perfektionierte Motorik gibt einen Hinweis auf die Zunahme von Gedächtnisinhalten. Dies führt zu deutlichen Fortschritten bei der Nachahmung. Das Kind erinnert sich genau an Erlebtes und weiß deshalb oft, was jetzt gleich passieren wird.

Das Kind versucht, neue Entdeckungen zu machen und neue Wege zum Erreichen eines bestimmten Zieles zu erfinden. Dies gelingt aber nur durch Ausprobieren und nicht durch Nachdenken.

Durch die Entwicklung der aktiven Sprache und Sprachverständnisses kann die Sprache immer mehr für eine aktive und passive Steuerung einer Handlung eingesetzt werden. Im Alltag drückt sich dies durch Sätze aus wie: »Schau mal, hier liegt ja Dein Teddy«.

Durch das sich entwickelnde Gehen wird die Fortbewegung sehr schnell. Neurologisch bedeutet dies, daß die Programmierungs- und Steuerungsvorgänge noch rascher und besser koordiniert werden müssen. Einen wesentlichen Beitrag leistet dafür das Wachheitssystem im Gehirn. Dabei ist besonders an die Mitwirkung bei der Aktivierung der Gedächtnisarbeit zu denken. Diese Funktion wird besonders dann gebraucht, wenn eine Spielidee nur dann verwirklicht werden kann, wenn man es mal so herum probiert und dann mal anders herum, solange bis es klappt.

Die Entwicklung der aktiven Sprache weist auf die Spezialisierung der Großhirnhälften hin.

═══ 16. bis 22. Entwicklungsmonat

Das Kind erreicht in diesem Entwicklungsalter auf jeden Fall das Endziel seiner motorischen Entwicklung, nämlich das freie Gehen. Es kann jetzt beim Gehen Hände und Arme als Hilfsmittel, z. B. beim Transportieren von Gegenständen, einsetzen. Die Augen können dabei zusätzlich zur Bewegungswahrnehmung die Aktivitäten von Armen und Händen kontrollieren. Diese doppelte Wahrnehmungsmöglichkeit ist für Kinder mit Entwicklungsstörungen von großer Bedeutung, weil sie oft die Impulse aus der Tiefensensibilität ungenügend verarbeiten. Insbesondere gilt dies bei Schädigungen oder Funktionsstörungen im Bereich des Kleinhirns. Die Augen helfen immer besser dieses Defizit auszugleichen.

In diesem Entwicklungsalter läßt sich auch schon relativ sicher beurteilen, wie stark die motorische Behinderung langfristig sein wird. Kommt man zu der Auffassung, daß das Kind nicht nur eine Entwicklungsverzögerung hat, die es irgendwann aufholen wird, sondern daß sich bestimmte Fähigkeiten wohl nicht entwickeln, hat dies Konsequenzen für die Förderung. Für die ausbleibenden Entwicklungsschritte müssen Ersatzmöglichkeiten gefunden werden. Die fehlende Fortbewegung muß z. B. durch geeignete Fahrzeuge ermöglicht werden. Diese können und sollen durchaus spielbezogen ausgewählt werden. Bei der Auswahl müssen entwicklungsneurologische Gesichtspunkte streng beachtet werden. Die Mithilfe oder der Rat einer Krankengymnastin ist oft erforderlich. Eltern und Mitarbeitern muß klar sein, daß in solchen Situationen die Fortbewegung nicht geübt wird. Solche Spiele ersetzen deshalb die entsprechende motorische Förderung nicht. *Solche Spiele sollen auch nicht bedeuten, daß die Förderung der aktiven Fortbewegung nicht notwendig ist. Sie haben aber die Aufgabe, fehlende Erfahrungsmöglichkeiten soweit wie möglich auszugleichen.* Konkretes Ziel der Förderung könnte dann folgendermaßen lauten: Das Kind soll trotz seiner motorischen Entwicklungsdefizite eine Form von Bewegungserlebnis im Raum kennenlernen.

Große Fortschritte zeigen sich jetzt auch im Denken. Das Kind entdeckt jetzt nicht mehr nur neue Sachen, sondern erfindet sie regelrecht. Es konstruiert aus altem Wissen und aktuellen Ideen, neue Gedächtnisinhalte. Die erweiterte Sprachentwicklung ist ein Hinweis für das Symbolverständnis des Kindes. Immer häufiger erlebt man, daß das Kind in seiner Handlung innehält und erfolgreich in seiner Vorstellungswelt (also in der Symbolwelt) eine Lösung für sein Problem gefunden hat.

Das natürliche Absterben von Neuronen und die Reduktion von synaptischen Kontakten macht die Funktionsweise des ZNS ökonomischer; doppelte Schaltwege fallen weg. Durch die Reduktion kommt es zu einer individuellen Verschaltung der verschiedenen Funktionen. Erwachsene erleben dies beim Kind daran, daß es jetzt bereits ganz charakteristische Bewegungen hat. Die Großmutter kommentiert dann: »Martina erkennt man bereits am Gang«.

Durch die Zunahme der Isolierschicht der Nervenbahnen im Wecksystem nimmt die Fähigkeit zur Aufmerksamkeitssteuerung zu. Im Bereich der Motorik meistert das Kind jetzt auch schon komplizierte Fortbewegungen. Es steigt auf einen Stuhl, klettert die Treppe hoch und geht einige Schritte rückwärts. Unvorhergesehene Hindernisse werden vom Kind jedoch noch nicht bewältigt, denn eine Veränderung der Haltung und das Einleiten von Stützreaktionen sind noch abhängig von den aktuellen Rückkoppelungsimpulsen. Sie werden noch nicht – wie später – vom Erfahrungswissen bestimmt. Eine durch Denken gesteuerte Vorausplanung, um solche »Ungleichgewichtssituationen« zu verhindern (z. B. das Kippen des Stuhles), entwickelt sich erst im Kindergartenalter.

22. bis 30. Entwicklungsmonat

Die sensomotorische Entwicklung wird in diesem Entwicklungsalter nur noch unter qualitativen Gesichtspunkten beurteilt. Es wird also nicht mehr nach dem *Was* gefragt, sondern nach dem *Wie* (wie genau, wie leicht, wie umständlich, wie geschickt). Dies gilt auch für motorische Geschicklichkeitsübungen wie »auf einem Bein stehen« oder »auf der Stelle hüpfen«, »in die Hocke gehen«. Alles sind mehr oder weniger geschickte Variationen von Stehen und Sitzen.

Die Verbesserung der Qualität der Motorik zeigt sich jetzt auch, daß das Kind seine Schrittlänge verändert, um präzise an einer bestimmten Stelle anzukommen. Die besondere Leistung des Kindes ist dabei nicht die motorische Fertigkeit, sondern die Abstimmung der räumlichen Orientierung mit der Motorik. Jüngere Kinder wären kurz vor dem Ziel stehen geblieben und hätten, falls notwendig, einen kleinen Zusatzschritt gemacht.

In Rollenspielsituationen wird die soziale Kompetenz des Kindes immer deutlicher: Das Kind bezieht die Handlungen und erkennbaren Wünsche des Spielpartners mit ein. Es lernt, daß bestimmte Gegenstände, Personen oder Abläufe nicht nur bestimmte Namen haben, sondern auch, daß mit ihnen bestimmte Werte und Beziehungen verbunden sind. Bestimmte Wörter lösen bestimmte Aktivitäten beim Partner aus.

Außer einer Erhöhung der Reizleitungsgeschwindigkeit gibt es keine besondere neurologische Entwicklung.

Ein bedeutsamer neuropsychologischer Entwicklungsschritt ist die Fähigkeit, daß Handlungsideen immer häufiger ihren Ursprung im Denken haben und nicht mehr auf aktuelle Anregung von außen angewiesen sind.

KONZENTRATION

Formenkreise von Behinderung

Störungen und Behinderungen beim Lernen

Geistige Behinderung

Eine geistige Behinderung ist ein vielschichtiges Phänomen. Pädagogik, Medizin, Psychologie sind nur einige Wissenschaftsbereiche, die sich mit einer geistigen Behinderung beschäftigen. Aus pädagogischer Sicht gilt als geistigbehindert, wer in seiner Gesamtentwicklung so sehr beeinträchtigt ist, daß er voraussichtlich lebenslanger sozialer und pädagogischer Hilfen bedarf. Die Ursachen können in einer organisch-genetischen oder anderweitigen Schädigung liegen. Besonders beeinträchtigt sind die Aufmerksamkeitssteuerung, das Lernen und Denken. Die Erschwernisse betreffen aber auch die sprachliche, soziale, emotionale und die motorische Entwicklung.

Unter biologischen Gesichtspunkten wird die geistige Behinderung in *chromosomal* (die Chromosomen sind die Träger der Erbanlagen), *metabolisch-genetisch* (erblich, auf den Stoffwechsel bezogen) und *exogen* (von außen z.B. durch Alkoholmißbrauch der Mutter) bedingte Ursachen unterteilt. Bei einer großen Anzahl von Kindern kann man nicht feststellen, welche Ursache die Behinderung hat.

Eine geistige Behinderung kann auch durch die gesellschaftlichen Bedingungen, unter denen ein Mensch lebt, entstehen. Zu denken ist an ungünstige Wohnverhältnisse, anregungsarmes Umfeld (z.B. durch fehlendes Spielzeug), unzureichende Ernährung, unzureichende Sprachvorbilder, mangelhafte Erziehungseinrichtungen, zu wenig Zuwendung, Ablehnung, mangelnde Lernangebote oder einseitige unangemessene Lernanforderungen.

Eine geistige Behinderung zeigt sich in allen Entwicklungsbereichen:

Zur Motorik

Alle Kinder mit geistiger Behinderung sind in ihrer Bewegungsentwicklung beeinträchtigt und verzögert. Die Entwicklungsverzögerungen beziehen sich auf die allgemeine Kraft, die dynamische Kraft (z.B. beim Hüpfen), die Schnelligkeit und die Koordination, z.B. das Wiedererlangen des Gleichgewichts (grobmotorisch) und der Handgeschicklichkeit (feinmotorisch). Als Ursachen für die motorischen Probleme nimmt man sowohl quantitative und qualitative Mängel der Muskulatur an, als auch eine Unfähigkeit, das neuromuskuläre System für eine maximale Anstrengung zu aktivieren.

Zur Wahrnehmung

Primäre Wahrnehmungsstörungen, also Sinnesbehinderungen, sind sehr häufig. Beispielsweise haben 60% der Kinder mit Down-Syndrom zusätzlich eine Hörbehinderung. Man rechnet, daß Schwerhörigkeit bis zu 18mal häufiger ist als bei nichtbehinderten Kindern. 83% der blinden Kinder gelten als lern- oder geistigbehindert.

Wahrnehmungsleistungen im visuellen Bereich sind bei Menschen mit Down-Syndrom besser als im Bereich der Bewegungswahrnehmung und des Tastens. Bei anderen Formen der geistigen Behinderung ist dies umgekehrt. Die Ursache für die Schwäche der Tast- und Berührungswahrnehmung liegt in einer unzureichenden Verarbeitung von Rückkoppelungsimpulsen. D. h. die Impulse, die Auskunft über die Qualitäten und den Inhalt der eben ausgeführten Bewegung geben, werden nicht genügend verarbeitet.

Zum Sozialkontakt und zur Gefühlswelt

Bei Kindern mit einer geistigen Behinderung werden einerseits häufig unerwartet starke gefühlsmäßige Reaktionen beobachtet, die der Situation nicht angemessen erscheinen. Andererseits ist das Verhalten aber auch durch ungewöhnlich geringe gefühlsmäßige Reaktionen gekennzeichnet. Allgemein wird das Verhalten als defensiv oder ängstlich und nicht als kämpfend oder sich durchsetzend beschrieben. Im Kontakt mit anderen verhalten sich die Kinder oft widersprüchlich. Große Scheu, Beziehungslosigkeit, Anhänglichkeit und Distanzlosigkeit kennzeichnen das Verhalten. Die Kinder erfassen besonders beim Kontakt mit anderen Personen nur bestimmte Aspekte. Sie haben keinen Gesamtüberblick. Sie lassen sich oft von einem spontanen Impuls leiten. Veränderungen oder Stimmungsschwankungen bei sich selbst oder bei den Sozialpartnern werden nicht genügend beachtet. Das Verhalten wirkt dann unangemessen und starr.

Zur Sprachentwicklung

Häufiges Kennzeichen einer geistigen Behinderung ist das Fehlen bzw. die Verzögerung in der Sprachentwicklung (s. Dyslogie S. 157). Dies wirkt sich besonders gravierend auf das Leben eines Menschen aus. Die Teilhabe am gesellschaftlichen Leben wird stark behindert. Dies wird zu einem Faktor für soziale Isolation.

Die Verzögerung der Sprachentwicklung beginnt mit der Verspätung oder dem Wegfallen der Lallphase. Der Beginn des Sprechens liegt durchschnittlich zwischen dem 4. und 5. Lebensjahr. Geistig behinderte Kinder verwenden Einwortsätze meist vom 6.–9. Lebensjahr an. Die Entwicklungsphase, die durch den Gebrauch der Einwortsätze gekennzeichnet ist (normalerweise vom 18.−24. Lebensmonat), wird als die wichtigste für die Sprachentwicklung betrachtet. Dies bedeutet für die Planung von Fördermaßnahmen, daß die Spracherziehung in eine umfassende sensomotorische Förderung eingebaut werden muß.

Zur kognitiven Entwicklung

In der Regel fehlt bei Menschen mit einer geistigen Behinderung die Fähigkeit zum abstrakten Denken. Sie erfassen bestimmte Zusammenhänge nur, wenn sie direkt als Handlungen mit Personen oder Gegenstände vorkommen. Dies bedeutet, daß sie sich nur sehr schwer vorstellen können, was es bedeutet, wenn der Staat eine Straße baut, oder die Steuern erhöht. Im täglichen Umgang zeigt sich dies auch, daß Kinder mit geistiger Behinderung Witze nicht lustig finden und keine Freude an Wortspielereien und Denkspielen haben. Die Entwicklungspsychologen sagen deshalb, daß Menschen mit geistiger Behinderung auf der Stufe des anschaulichen Denkens stehen bleiben. *Dies wiederum hat wichtige Konsequenzen für die Förderung.* Fördern heißt immer konkretes Handeln.

Im Frühförderalter bedeutet dies z. B., daß diese Kinder erst wesentlich später als üblich erkennen, daß es beispielsweise die Murmel immer noch gibt, auch wenn der große Bruder sie unter der Schachtel versteckt hat.

═══ Lernbehinderung

Der Lernprozeß (wie wird gelernt) und der Lernaufbau (was wird wann, wo in welchem Umfang gelernt) eines jeden Menschen hängen von einer Vielzahl von Bedingungen ab. Folglich ist auch eine Behinderung im Lernen ein Ereignis, das vielfältig bedingt sein und unterschiedlich verlaufen kann. An ihrer Entstehung und Ausformung im konkreten Fall sind auch stets mehrere Faktoren beteiligt.

Eine genaue Begriffsbestimmung von Lernbehinderung gibt es nicht. Es existieren lediglich Sprachregelungen, mit denen man bestimmte Personen beschreibt: Als lernbehindert wird ein Mensch bezeichnet, der in seinem Lernen und im Lernaufbau schwerwiegend, langandauernd und umfänglich so beeinträchtigt ist, daß deutliche von der Altersnorm abweichende Verhaltens- und Leistungsformen sichtbar werden. Bei weniger schwerwiegenden Beeinträchtigungen spricht man von Lernstörungen. Der Übergang zwischen beiden Formen ist fließend. Unter ungünstigen schulischen Lernbedingungen und einer schwierigen Lebenssituation können sich manche Lernstörungen *so* ausweiten und verfestigen, daß eine Lernbehinderungen entsteht.

≡ Sprachstörungen

≡ »Ich Blot Mamalade essen« oder was sind
Sprachentwicklungsstörungen

Das Erlernen der Sprache ist eine phantastische Leistung eines jeden Kindes. Das Erlernen der Sprache ist ein Teilgebiet der Denkentwicklung mit eigenen Prozessen und Gesetzmäßigkeiten. Wie großartig diese Entwicklung ist, wird uns deutlich, wenn wir Erwachsene versuchen, eine Fremdsprache zu erlernen. Oft müssen wir, obwohl wir schon viele Wörter und Regeln über den Satzbau gelernt haben, noch mit Händen und Füßen reden, damit wir uns mitteilen können. Was vollbringt dagegen das kleine Kind? Wir freuen uns, wenn es um das erste Lebensjahr das erste Wort spricht. Drei Jahre später beherrscht es schon komplizierte Sätze wie:»Ich trinke Kakao, weil ich Durst habe«. Im zweiten Lebensjahr benützt es nur einige Dutzend Wörter; mit ihnen kann es nicht einmal alle wichtigen Gegenstände des Alltags benennen. Kommt das Kind in die Schule, kennt es über 4000 Wörter und kann sie korrekt einsetzen. Diese Gedanken sind zwei Schlaglichter auf einen unvorstellbaren komplizierten und vielschichtigen Entwicklungsprozeß bei Kindern. Er ist so schwierig, daß er bis heute von den Sprachwissenschaftlern nicht exakt erklärt werden kann. So ist es möglich zu verstehen, daß in diesem faszinierenden Entwicklungsprozeß nicht bei jedem Kind alles nach Fahrplan abläuft. Im nachfolgenden soll ein kleiner Überblick über die wichtigsten Sprachentwicklungsprobleme im Kindesalter zu geben.

Beim Besuch im Kindergarten ist gerade Frühstückszeit. Ein Kind berichtet:»Ich Blot Mamalade essen«. Eigentlich will es sagen: Ich esse ein Brot mit Marmelade. Diese beiden Sätze zeigen deutliche Unterschiede. Wäre das Kind erst zwei Jahre alt, würde uns ein solcher Satz nicht beunruhigen. Im Alter von vier, fünf oder gar sechs Jahren müßten wir uns aber Gedanken machen, ob das Kind mit seiner Sprache nicht deutlich auffällt, ob es die Toleranz, die wir dem Zweijährigen noch zubilligen, bereits überschreitet. Ist dies der Fall, ist eine Therapie dringend angesagt. Welche Schlußfolgerung kann man daraus ziehen: Vieles, aber auf keinen Fall alles, was Kinder sprachlich im Vorschulalter von sich geben und von uns als auffällig eingeschätzt wird, gehört im frühen Kindesalter zu einem ganz normalen Durchgangsstadium der Sprachentwicklung.

Dies führte lange Zeit dazu, daß man Abweichungen in der Sprachentwicklung erst spät als Entwicklungsauffälligkeiten oder -Störungen betrachtet hat. Bei einer Störung der motorischen Entwicklung oder des Denkens ist dies anders. Entsprechend wurde deshalb bei Sprachauffälligkeiten oft der Rat gegeben, erst mal noch abzuwarten und auf eine spontane Entwicklung zu hoffen. In vielen Fällen ist dies auch richtig, denn viele Auffälligkeiten verlieren sich von alleine. Was passiert aber mit den Kindern, und von denen gibt es ebenfalls viele, bei denen die Störungen nicht von alleine verschwinden? Was passiert mit den Kindern, bei denen die Schwierigkeiten immer größer werden? Bei diesen Kindern hätte man schon frühzeitig bestimmte Signale erkennen können, die zu den späteren Problemen geführt haben. Um diese Signale zu erkennen, müssen von den Eltern des Kindes, den anderen Erwachsenen und den Kinderärzten genaue Beobachtungen angestellt werden. Diese Beobachtungen können durch drei Gruppen beschrieben werden:

— Wann fing das Kind an zu sprechen? Ist der Sprachbeginn nach dem 18. Lebensmonat oder gar nach dem zweiten Geburtstag, kann (aber keinesfalls muß) dies ein Signal sein, daß die Sprachentwicklung auffällig ist.
— Reagiert das Kind auf Geräusche, hört es also? Versteht es sprachliche Anweisungen?
— Macht das Kind Erfahrungen im Mundbereich? Nimmt es Dinge in den Mund, spielt es mit den Fingern im Mund? Erobert es mit der Zunge den Mundraum?

Hört ein Kind zu wenig oder gar nicht, sind die Auswirkungen auf das Erlernen der Sprache besonders groß. Wenn durch das fehlende Hören, keine oder nur verzerrt wahrgenommene Sprachlaute vom Gehirn bearbeitet werden können, kann das Kind nicht die Sprache erlernen, die von seiner Umgebung akzeptiert werden kann. Da Sprache aber nicht nur mit den Ohren aufgenommen wird, sondern auch über die Zunge, Mund und Gesicht, sind Erfahrungen im und mit dem Mund von großer Bedeutung. Durch Essen, Nuckeln, Lutschen an Spielsachen, Erkundungsreisen mit den Fingern werden die feinen Bewegungen in dieser Region trainiert. Sie bilden die Grundlage der Sprache und des Sprechens.

Aus diesen Gedanken kann die Schlußfolgerung gezogen werden, daß keines dieser Signale in jedem Fall zu einer Sprachentwicklungsstörung führt. Aber, die Signale können erste Hinweise für spätere Auffälligkeiten sein. Auf der anderen Seite wissen wir, daß fast alle Kinder mit Sprachentwicklungsstörungen erst mit zwei oder drei Jahren mit dem Sprechen begonnen haben. Die umgekehrte Folgerung, daß alle Kinder, die spät mit dem Sprechen begonnen haben, später Sprachentwicklungsstörungen haben, gilt nicht.

Was können Eltern tun, wenn sie über die Entwicklung ihres Kindes beunruhigt sind?

Haben Eltern das Gefühl, daß die Sprachentwicklung auffällig ist, sollten sie nach den oben genannten Kriterien ihre Beobachtungen sammeln und aufschreiben. Kommt es dann zu einem begründeten Verdacht – besonders wenn sie keine Fortschritte in der Entwicklung der Sprache erkennen können – sollten sie Fachleute (Kinderarzt, Sprachtherapeut an den Frühförderstellen oder Logopäde) zu Rate ziehen. Dort wird dann ein ausführliches Gespräch mit den Eltern über ihre Beobachtungen geführt. Das allgemeine und das sprachliche Verhalten des Kindes wird durch die Fachkraft beobachtet und beurteilt. In einem dritten Schritt entscheiden *Eltern und Fachkraft gemeinsam,* ob die Beunruhigung über die Entwicklung des Kindes unbegründet ist oder ob spezifische Fördermaßnahmen eingeleitet werden sollten.

Welche Störungen der Sprachentwicklung gibt es?

Tab. 18 gibt einen Überblick über die verschiedenen Sprachstörungen im Kindesalter. Sie unterscheidet zwischen Störungen, bei denen keine neurologische Schädigung oder eine andere Form von Behinderung vorliegt und solchen Störungen, deren Ursache in einer neurologischen Schädigung oder speziellen Behinderung liegt. Von den letzteren sollen drei hier beschrieben werden: Sprachprobleme bei *Kiefer-Lippen-Gaumenspalte,* die *Dyslogie* und die *Dysarthrie.*

Störungen der Aussprache (Dyslalie)

Wollen wir uns verständlich machen, müssen wir die Laute unserer Sprache deutlich und genau sprechen (artikulieren). Für Erwachsene ist dies eine selbstverständliche Fähigkeit. Wenn wir z. B. ein /k/ aussprechen wollen, hebt sich der mittlere Teil der Zunge und drückt gegen den Gaumen. Der Luftstrom sprengt dann diese Verbindung und es entsteht ein /k/. Wenn die Bewegungen der Zunge falsch sind, sich z. B. die Zungenspitze hinter die oberen Schneidezähne preßt, hören wir kein /k/, sondern ein /t/. Diesen Unterschied zu erkennen, ist für Kinder nicht immer leicht. Oft passiert es dann, daß »Tinder in den Tindergarten tommen«. Eine der Schwierigkeiten ist, daß die Bewegungen im Mund ziemlich variieren können, ohne daß wir einen anderen Laut hören. Dies gilt sowohl für das Kind selbst, als auch wenn man zwei Kinder miteinander vergleicht. Wird aber ein gewisser Spielraum überschritten, so entstehen unangepaßte

Tab. 18   Einteilung kindlicher Sprachstörungen

	Sprachproduktion	
Sprachentwicklungsstörung ohne eine notwendige Bindung an eine bestimmte neurologische Schädigung und/oder eine spezifische Behinderung	→ Störungen der Aussprache → Störungen der Grammatik → Störungen der Begriffe → Störung des Sprachverständnisses → Störungen des Redeflusses → Störungen der Sprechbereitschaft	Dysarthrie ← Dysglossie ← Dyspraxie ← Kindliche Aphasie ← Dysgnosie ← Dyslogie ← Störungen bei Spalten im Kiefer-Lippen-Gaumenbereich (Dysglossie) ←	Sprachentwicklungsstörung mit einer notwendigen Bindung an eine bestimmte neurologische Schädigung und/oder eine spezifische Behinderung
	Sprachwahrnehmung	

Laute. Die Kinder müssen also lernen, wo die Grenzen für bestimmte Bewegungsmuster liegen. Neben dem Vertauschen von t – k, hören wir oft noch folgendes:
d – g; l – r (Blot statt Brot); s – sch (Sule statt Schule).

Eine andere Form der Dyslalie ist das Auslassen von Buchstaben. Dies kommt besonders dann vor, wenn schwierige Mitlaute gehäuft vorkommen. Die Kinder sagen dann Bume statt Blume. Ein besonderes Problem stellen die vielen /s/ Fehler das. Der häufigste ist der, den wir beim

Englisch-Lernen mühevoll üben müssen, das /th/. Die Zunge muß dann beim Artikulieren des /s/ zwischen die Zähne gesteckt werden. Man sagt dann: das Kind lispelt. Bei längeren Worten fällt es den Kindern auch noch schwer, alle Laute zu sprechen und die richtige Reihenfolge einzuhalten. Sie sagen dann »Lade« statt »Schokolade« oder »Mamalade« statt »Marmelade«.

In der Regel überwinden viele Kinder solche Schwierigkeiten bis zur Einschulung. Allerdings gibt es noch genügend, deren Sprache noch bestimmte Formen der Dyslalie aufweisen. Diese Form der Sprachstörung ist deshalb auch die häufigste.

Auf was können Eltern achten und was sollten sie wissen?:

Viele Kinder erlernen die verschiedenen Laute nicht alle gleich problemlos. Die Selbstlaute (a,e,i,o,u) und z. B. m,b,p werden schon früh beherrscht. Das k,r,s,sch und auch das f sind wesentlich schwieriger zu erlernen. Eltern sollten beobachten, wie viele Laute das Kind noch nicht korrekt beherrscht und wie lange es schon an dieser Sprachhürde hängen bleibt.

Situationen, in denen das Kind der Tante »Susi« zeigen soll, wie putzig es aussieht, wenn die Zunge beim /s/ zwischen die Zähne gedrückt wird, sollten vermieden werden.

=== Störungen der Grammatik (Dysgrammatismus)

Jede Sprache benötigt bestimmte Regeln, die beispielsweise die Reihenfolge der Wörter in einem Satz festlegen. Der Satz: »Fensterscheibe Regen platscht der an die« mißachtet die notwendige Wortreihenfolge. Wir empfinden den Satz nicht als normal. Andere Regeln legen fest, wie ein Wort verändert wird, wenn bestimmte Mitteilungen gemacht werden sollen. Wollen wir zum Ausdruck bringen, daß nicht ein Ball, sondern mehrere gebracht werden sollen, müssen wir das Wort Ball zu dem Wort Bälle verändern. Eine andere Regel bestimmt, wie ein Zeitwort verändert werden muß, wenn nicht ich etwas tue, sondern ein anderer. Aus »Ich gehe« wird dann »Du gehst«. Alle diese Regeln bilden die Grammatik einer Sprache. Auch sie muß von den Kinder erlernt werden. Dies ist ein aufwendiger Prozeß. Doch auch hier gilt wieder: Bis zum Schuleintritt beherrschen Kinder die grammatikalischen Regeln ihrer Sprache.

Treten Probleme auf, so sind dies in der Regel folgende: Viele Kinder stellen das Zeitwort an das Ende eines Satzes: »Du Brief schreibe«.

Zum Teil erlebt man auch Sätze, die auch bei kleineren Kindern nicht vorkommen: »Heißen du wie auch?« Nebensächliche Wörter – also solche, die für das Verständnis nicht notwendig sind – werden einfach weggelassen. Der Satz »Ich esse ein Brot mit Marmelade« lautet dann »Ich Blot Mamalade essen«. Für den angemessenen Erwerb der Sprache muß das Kind aber auch diese Elemente beherrschen. Die Formveränderungen der Wörter gelingt nicht. Häufig werden die Wörter in ihrer Grundform verwendet: Du essen; er essen.

Störungen der Begriffe (Störungen der Semantik)

In diesem Abschnitt geht es um das Erlernen der inhaltlichen Bedeutung der Wörter in der Sprache.

Vorschulkinder haben schon einen großen Wortschatz. Weiter kennen sie auch schon sehr genau bestimmte Unterschiede zwischen einzelnen Begriffen, beispielsweise Stiefel – Sandale. Für ein Gruppe von Gegenständen kennen sie auch den Oberbegriff: für Stiefel und Sandale den Begriff Schuhe oder für Ananas und Pfirsich den Begriff Obst. Eine besondere Leistung ist es, wenn die Kinder auch abstrakte Begriffe wie mutig oder traurig verwenden. Auch in diesem Bereich der Sprache kann es Auffälligkeiten bei der Entwicklung geben:

- Einige Kinder besitzen nur einen eingeschränkten Wortschatz. Sie benützen viele alltägliche Begriffe nicht, kennen aber in bestimmten Bereichen sehr viele Wörter; aus dem Lebensbereich Bauernhof bei Kindern aus ländlichen Gebieten). Abstrakte Wörter oder Oberbegriffe sind für Kinder mit Defiziten bei der Wortschatzbildung eine große Überforderung.
- Manche Kinder verfügen zwar über einen bestimmten Wortschatz, zeigen aber oft Unsicherheiten, die enstprechenden Wörter in der realen Situation auch anzuwenden. Sie wissen dann, daß eine Jacke und eine Hose ein Kleidungsstück ist, nennen aber diesen Begriff auch auf Befragen nicht.
- Wieder andere Kinder kennen viele Begriffe, verwenden sie auch, aber in bestimmten Situationen kommen sie nicht drauf (Erwachsene sagen dann: »Es liegt mir auf der Zunge«). Das Wort wird nicht im Gedächtnis gefunden.

Auch bei den Störungen des Wortschatzes und der Begriffe sind *die Eltern wichtige Beobachter,* wenn es um die Einschätzung der Problematik der Kinder geht. Sie sollen darauf achten, ob ihr Kind alltägliche

Wörter benützt, ob es sie ungenau benützt oder ob sie (in bestimmten Situationen) nicht zur Verfügung stehen.

Mögliche Ursachen für Störungen beim Erfassen der Wortbedeutung sind Störungen in der Wahrnehmungsverarbeitung von Hörreizen (auditive Verarbeitung), das Angebot der Sprachreize durch die soziale Umwelt, Störungen der Steuerung der Aufmerksamkeit und der Gedächtnisarbeit.

══ Störungen des Sprachverständnisses

Viele Eltern kommen in die Frühberatungsstelle für sprachbehinderte Kinder, weil ihr Kind nicht so spricht, wie sie dies eigentlich erwarten oder von ihren älteren Kindern gewohnt waren. Sie beschreiben dann die Fähigkeiten nicht folgendermaßen: »Das Kind versteht die Sprache der Umgebung gut, es reagiert angemessen, spricht richtig und verständlich und kennt viele Wörter«, sondern so: »Das Kind spricht schlecht, andere Kinder können doch in dem Alter schon viel mehr; es macht immer diesen und diesen Fehler«. Gleichzeitig betonen viele Eltern, daß das Kind die Sprache jedoch gut verstehe. Die Eltern erleben die Unterschiede verständlicherweise als sehr belastend.

Darüber hinaus gibt es eine beträchtliche Anzahl von Kindern, die den Inhalt der Sprache nicht oder nur ungenau erfassen. Sie können also, obwohl sie gut oder zumindest ausreichend hören, die Sprache im Gehirn nicht richtig verarbeiten. Beobachtet man diese Kinder genau, fällt auf, daß sie den Inhalt des Gesprochenen nicht erfassen, sondern so reagieren, wie sie es früher in solchen Situationen gelernt hatten. Wie dies im Alltag aussieht verdeutlicht der folgendes kleine Test:

Der fünfjährige Ralf bekommt den Auftrag: »Stelle die Tasse auf den Teller«! Wie fast alle Kinder versteht auch Ralf, was von ihm verlangt wird und handelt richtig. Ob Ralf aber wirklich den sprachlichen Inhalt seines Auftrages verstanden hat, zeigt sich im zweiten Teil des Tests. Ralf bekommt jetzt den Auftrag: »Stell den Teller auf die Tasse!«

Sehr viele sprachauffällige Kinder lösen diese Aufgabe genau so wie die erste. Sie beachten demnach nicht, daß sich der Inhalt der Aufgabe geändert hat. Sie handeln so, wie sie es im Alltag gewohnt sind: Tassen stellt man auf den Teller und nicht umgekehrt. Nach neueren Erkenntnissen der Sprachwissenschaftler müssen wir davon ausgehen, daß das *Sprachverständnis* dieser Kinder so stark eingeschränkt ist, daß auch die *Sprachproduktion* entscheidend in Mitleidenschaft gezogen ist. Mit einem guten Sprachvorbild der Umgebung fangen diese Kinder nur wenig an. Sie nehmen die Sprache der anderen nur begrenzt bzw. auf sehr eigenwilligem Weg wahr oder verarbeiten sie entsprechend abweichend. Diese Sprachverständnisstörung kann sich nachteilig auf alle bisher beschriebenen Störungen (Aussprache, Grammatik und Begriffsinhalte) auswirken.

Als Hilfen für Eltern, Störungen im Sprachverständnis zu erkennen, gibt es folgende Erfahrungen:

Im Alter vom 10. bis 12. Lebensmonat schaut das Kind auf die Frage »Wo ist die Mama« zur Mutter. Ab dem 12. bis 15. Lebensmonat bringt es auf die entsprechende Frage Gegenstände des Alltags oder schaut sie an. Reagiert das Kind überhaupt nicht, kann dies eine Störung des Sprachverständnisses sein.

Mit 24 Monaten kann das Kind auch Aufforderungen erfüllen, die keinen Bezug zum aktuellen Zusammenhang haben, das Kind holt aufgrund der Bitte der Mutter das Bilderbuch, obwohl es gerade mit den Bausteinen einen Turm baut. Anfang des dritten Lebensjahres versteht es auch absurde Äußerungen wie: »Gib dem Hund mit der Bürste etwas zum Essen«.

Störungen im Sprachverständnis zeigen sich ab zwei Jahren beispielsweise dadurch, daß das Kind bei einer entsprechenden Bitte aufhört, die Puppe zu füttern, die Bürste nimmt, dann aber den Hund nicht »füttert« sondern ihn bürstet. Diese Handlungsstrategie kann man oft bis ins Kindergartenalter beobachten.

Anwortet ein Kind mit etwa vier Jahren auf eine Frage häufiger oder immer mit »ja«, aber selten oder nie mit »nein«, weil das »ja« im Frage-Antwort-Dialog mit den Erwachsenen sehr viel häufiger vorkommt als das »nein«, ist dies ein Hinweis auf eine Störung des Sprachverständnisses. Die Kinder antworten also nicht inhaltsbezogen, sondern gewohnheitsbezogen. Weitere *Beispiele* für Störungen des Sprachverständnisses sind:

– wenn Kinder Äußerungen der Umgebung sicherheitshalber immer wiederholen,
– wenn Kinder häufig Lückenwörter (hmm, ja, da) benützen,
– wenn Kinder sich fast nur an Schlüsselwörter orientieren. Auf die Bitte: »Bring den Ball zu Oma«, geht es zwar los und nimmt den Ball, erfüllt aber den weiteren Auftrag nicht,
– wenn Kinder spät die Erwachsenen mit Fragen konfrontieren und die Fragen nicht so sehr inhaltlich ausgerichtet sind, sondern eher das Verstehen betreffen. Die Kinder fragen also weniger »Warum ist das so?«, sondern »Was hast du gesagt?«.

=== Störungen des Redeflusses: Das Stottern

Die Störungen im Redefluß spielen in der Sprachentwicklung des Kindes eine besondere Rolle. Beim Stottern unterscheidet man das *Wiederholen* von Lauten, Silben oder Wörtern:»llllisa« (klonisches Stottern) vom *überlangen verkrampfenden Verharren* bei einem Laut: l---isa (tonisches Stottern). Sehr viele Kinder im Alter von drei oder vier Jahren zeigen diese Formen der Redeflußstörung. Eltern müssen wissen, daß bei 95% aller Kinder diese »Störung« ohne Therapie wieder verschwindet. Man bezeichnet diese Form des Stotterns auch als Entwicklungsstottern. Bei 5% der Kinder verfestigen sich die Auffälligkeiten. Es besteht dann die Gefahr eines bleibenden Stotterns. Eltern werden sich nun fragen, gehört mein Kind zu den 5% oder nicht? Die folgenden *Beobachtungskriterien* können Anhaltspunkte für eine Gefährdung des Kindes sein:

– Das Stottern dauert schon länger als 6 Monate.
– Das tonische Stottern überwiegt. Das Sprechen wirkt wie blockiert und stark verkrampft, die anderen Körperteile bewegen sich mit. Der Sprechvorgang scheint regelrecht eine körperliche Anstrengung zu sein.
– Dem Kind ist bewußt, daß es ein Sprechproblem hat. Es reagiert darauf mit Abbruch des Sprechens oder mit Vermeidung bestimmter Laute. Auch andere Bereiche der Sprachentwicklung und der Mundmotorik bereiten Schwierigkeiten.
– Die Eltern spüren eine gewisse Beunruhigung bei sich selbst, weil sie der Überzeugung sind, daß sich das Stottern ihres Kindes nicht von selbst legen wird.

Als Ursache des Stotterns kommen verschiedene Möglichkeiten in Betracht. Entsprechend müssen auch in der Therapie mehrere Bereiche einbezogen werden. Für eine *Therapie im Kleinkindalter* müssen folgende Fragen geklärt werden:

– Welchen Belastungen im Alltag ist das Kind ausgesetzt?
– Handelt es sich nicht doch nur um ein Entwicklungsstottern? Die Abgrenzung muß genau erfolgen (Differentialdiagnose)!
– Wie gelingt die Anpassung der gängigen Formen der Therapie an Kinder im Vorschulalter? Dies bedeutet z. B. auditive Wahrnehmungsübungen, sensomotorische Übungen besonders im Mundbereich, rhythmisch-musikalische Übungen evtl. im Zusammenhang mit Mototherapie.

Störungen der Sprechbereitschaft (Mutismus)

Eine Störung der Sprechbereitschaft liegt dann vor, wenn Kinder über lange Zeiträume (Monate/Jahre) nicht sprechen, obwohl sie eigentlich über ein Sprachvermögen verfügen oder obwohl keine nachweisbaren Schädigungen des Gehirn oder Beeinträchtigungen der Sprechorgane (Zunge, Lippen usw.) oder der Hörorgane vorliegen oder keine geistige Behinderung die Sprachfähigkeit ver- oder behindert. Diese Störungen der Sprechbereitschaft werden Mutismus genannt. Schweigt das Kind immer und gegenüber jedem Menschen, spricht man vom totalen Mutismus. Schweigt es nur gegenüber bestimmten Personen, z. B. den Eltern, aber nicht gegenüber Verwandten oder fremden Personen oder in bestimmten Lebensbereichen (z. B. Kindergarten), spricht man vom elektiven Mutismus.

Der Mutismus tritt häufig auf, wenn das Kind in den Kindergarten kommt, also zwischen dem dritten und vierten Lebensjahr, und wenn der Besuch der Schule ansteht, also etwa im 6./7. Lebensjahr. Diese Erfahrungswerte und das Fehlen von einer weiteren Schädigung oder Behinderung legen nahe, daß sich das Kind in seiner sozialen Umgebung nicht wohlfühlt. Fachleute sagen, die Ursache des Mutismus ist auf sozialpsychische Faktoren zurückzuführen.

Worauf sollten Eltern achten?:
Wichtig ist wieder einmal die *genaue Beobachtung:* Wann hat das Schweigen des Kindes eingesetzt? Ist es total oder nur bei bestimmten Personen oder in bestimmten Situationen? Liegt ein elektiver Mutismus vor, muß genau geklärt werden, mit wem das Kind spricht und mit wem nicht und wo das Kind spricht und wo nicht. Wenn das Kind zeitweilig spricht, fallen dabei Entwicklungsstörungen der Sprache oder des Sprechens auf? Mit Hilfe von Fachleuten sollte abgeklärt werden, was die Ursache der Sprechhemmung ist und dann eine Therapie eingeleitet werden.

Zusammenfassend:
Wie für alle Entwicklungsstörungen der Sprache gilt auch hier: Betroffene Eltern sollten lieber einmal zu früh und einmal zu oft, als zu spät oder zu wenig eine Beratungsstelle aufsuchen. *Sie sollen solange alle ihre Fragen stellen, bis sie sich gründlich aufgeklärt und »versorgt« fühlen.* Die Entscheidung, ob eine längerfristige Maßnahme notwendig ist, treffen immer die Eltern. Um eine fundierte Entscheidung treffen zu können, sind die Fachleute auf die Beobachtungen der Eltern angewiesen. Kleine Notizen oder das Befragen anderer Personen, die das Kind kennen (z. B.

Tagesmutter oder die Erzieherin im Kindergarten), sind eine gute Vorbereitung für den ersten Besuch bei einer Beratungsstelle.

Nachfolgend werden noch drei Formen von Sprachstörungen besprochen, deren Ursache in einer Schädigung oder Funktionsstörung des Nervensystems liegt.

Sprachstörungen infolge von Spaltbildungen im Lippen-Kiefer-Gaumenbereich

Bisher haben wir nur über Sprachstörungen gesprochen, die erst nach der Säuglingszeit des Kindes erkennbar werden. Bei der *Lippen-Kiefer-Gaumenspalte (LGS)* ist dies anders. Liegt eine LGS vor, kann man bereits zu einem sehr frühen Zeitpunkt vorhersagen, daß sich bestimmte Sprachauffälligkeiten ergeben werden. Bereits zwischen der 6.–9. Schwangerschaftswoche schließt sich der Gaumen beim Embryo von vorne nach hinten. Wo dieser Wachstumsprozeß unvollständig oder ganz ausbleibt, spricht man von Spaltbildung. Diese Spaltbildung ist eine Hemmungsmißbildung wie die Spina bifida. Man unterscheidet folgende Formen:

– Lippen-Kiefer-Spalten bei Mißbildungen im vorderen Bereich des Gaumens
– Lippen-Kiefer-Gaumen-Spalte bei Mißbildungen im vorderen und hinteren Bereich (harter und weicher Gaumen)
– Gaumenspalten bei Mißbildungen im hinteren Bereich
– Lippenspalten.

Bei etwa einem von 600 Neugeborenen findet man eine Form dieser Spaltungen. In der Regel weisen Kinder mit Spaltbildung keine andere Behinderung auf. Sie ist also ein isolierte Mißbildung, die u. a. auf Viruserkrankungen, Schädigung durch Medikamente, Stoffwechselstörungen während der Schwangerschaft zurückzuführen ist. Auch die Vererbung (rezessiver Erbgang) spielt eine gewisse Rolle. Die Angaben schwanken zwischen 12 und 40%. Ursachen sind häufig auch Chromosomenabweichungen wie Trisomie 13 oder 18.

Die Spaltbildung hat Auswirkungen auf die Ernährung und das Sprechen des Kindes. Durch die Spalte ist das Saugen schwierig oder unmöglich. Das Kind muß mit dem Löffel gefüttert oder durch eine Nasensonde ernährt werden. Viele Kinder bekommen sofort nach Geburt eine Trinkplatte ähnlich wie die Gaumenplatte beim Eßtherapiekonzept nach CASTILLO MORALES, s. S. 52). Aufgrund der Lippenspalte gibt es keinen korrekten Mundschluß. Die Kinder speicheln sehr heftig.

Zu den Sprechproblemen bei Kindern mit Lippen-Kiefer-Gaumenspalte

Die Sprache besteht vor allem aus Lauten, die durch die Lenkung des Luftstromes im Mundraum entstehen. Um einen Sprachlaut zu produzieren, wird der Nasenraum u. a. durch das Heben des Gaumensegels abgeschlossen. Nur bei drei Lauten der deutschen Sprache wird auf diesen Abschluß verzichtet: /m/ wie bei Mama; /n/ wie bei Nase und das /ng/ wie bei Angel. Bei diesen Lauten fließt der Luftstrom durch die Nase. Alle Laute bekommen daher einen mehr oder weniger starken nasalen Klang. Man spricht vom offenen Näseln.

Durch die Spaltbildung ist die Orientierung der Zunge im Mundraum erschwert. Es kommt zu unterschiedlich stark ausgeprägten Störungen der Aussprache.

Durch die Lippenspalte ist nicht nur die Ästhetik des Gesichts eingeschränkt, sondern häufig auch die für das Gelingen der sprachlichen Mitteilung notwendige Mimik. Um diese Störung zu verhindern oder zumindest zu mindern, ist eine rechtzeitige und enge Zusammenarbeit zwischen Arzt und Sprachtherapeut notwendig.

Von medizinischer Seite sind häufige Operationstermine notwendig. Die Eltern sollten sich einen möglichst genauen Terminplan geben lassen. Zum Teil gibt es zwischen dem 4. Lebensmonat bis zum 6. Lebensjahr bis zu 6 Operationen. Die Maßnahmen beider Berufsgruppen sollten aufeinander abgestimmt sein.

Kinder mit Kiefer-Lippen-Gaumenspalte sind sehr häufig großem seelischen Streß ausgesetzt. Ihr Gesichtsausdruck, ihre Mimik und ihre Sprache weichen erheblich von den Normvorstellungen ab. Dies belastet direkt den Austausch mit anderen Mitmenschen und fordert eine hohe Toleranz. Desweiteren müssen das Kind und die Eltern die zahlreichen Krankenhausaufenthalte verkraften. Die betroffenen Eltern sollten sich deshalb nicht scheuen, rechtzeitig und umfassend therapeutische Hilfe für sich und das Kind in Anspruch zu nehmen.

Störungen der Sprache bei Kindern mit geistiger Behinderung: Die Dyslogie

Ein wichtiges Kennzeichen einer geistigen Behinderung ist das Fehlen bzw. die Verzögerung oder eine Störung der Sprachentwicklung. Man bezeichnet dies als Dyslogie. Drei Ausprägungsgrade werden unterschieden:

– Die Dyslogie umfaßt massive Sprachentwicklungsdefizite im
Bereich des Sprachverständnisses, des Wortschatzes, des Begriffs-
verständnisses, der Aussprache und der Grammatik. Die Äuße-
rung von Wünschen und Meinungen ist deshalb stark beeinträchtigt und die sprachliche Verständigung fällt außerhalb des Kreises
der engsten Bezugspersonen schwer. Diese Schwierigkeiten führen oft dazu, daß sich die Kinder unverstanden und in ihrem Tun
sehr eingeschränkt fühlen und sich deshalb oft aggressiv oder
depressiv verhalten. *Massive Hilfen* auch von psychologischer,
mototherapeutischer und sprachtherapeutischer Seite *sind dringend notwendig.*

– Zum Teil noch massiver sind die Schwierigkeiten bei jener Gruppe
von Kindern, die nur über einzelne Laute verfügen und sich mit
Hilfe von nicht-sprachlichen Mitteln wie Gestik und Mimik verständigen.

– Die dritte Gruppe bilden die schwerbehinderten Kinder. Sie zeigen
keine Form der aktiven Kommunikation. Ihr Verhalten entspricht
in diesem Bereich dem eines jungen Säuglings.

Für die Förderung dieses Entwicklungsbereiches muß man sich
klarmachen, daß bei diesen Kindern nicht nur die Sprache betroffen ist,
sondern auch der gesamte vorsprachliche Bereich wie Blickkontakt,
Lächeln, Schreien, Mimik und Gestik und Nahrungsaufnahme. Diese Kin-
der brauchen möglichst frühzeitig eine Förderung in allen grundlegenden
Entwicklungsbereichen, also eine umfassende sensomotorische Förderung.
Auf dieser aufbauend, kann der Schwerpunkt auf den Mund- und Gesichtsbereich gelegt werden. Bedeutende Hilfen kommen aus der Mund- und
Eßtherapie. Häufig brauchen diese Kinder auch alternative Kommunika-
tionswege und -mittel. Äußerungen wie Beißen, Weinen, Anschauen, kleine
Bewegungen mit den Augen oder das Heben des Fingers können solche
Mittel sein. Die Familie und die Therapeuten brauchen hier viel Einfüh-
lungsvermögen, Kreativität und psychische Kraft, solche Wege auszuprobieren und zu akzeptieren.

Die Dysarthrie

Die Dysarthrie ist eine Störung der Aussprache, der Stimmgebung
und der Atmung. Sie entsteht durch eine Schädigung im Zentralnervensystem. Das Gehirn des Kindes kann dann die beim Sprechen beteiligten
Muskeln nur fehlerhaft aktivieren und kontrollieren. Die Aussprache ist
verwaschen, ungenau, näselnd und manchmal nahezu unverständlich.
Kann ein Kind überhaupt nicht sprechen, spricht man von *Anarthrie.*

Die Dysarthrie kommt vorwiegend im Zusammenhang mit einer zerebralen Bewegungsstörung vor. Etwa 65% aller Kinder mit einer zerebralen Bewegungsstörung haben Sprechschwierigkeiten unterschiedlichen Grades. Sie reichen von leichten Fehlern in der Aussprache bis zur völligen Unfähigkeit, ein verständliches Wort zu sprechen.

Neben der Dysarthrie lassen sich bei Kindern mit einer zerebralen Bewegungsstörung auch noch weitere Sprachauffälligkeiten beobachten. Diese beziehen sich auf Einschränkungen im Wortschatz oder auf Probleme der Benutzung grammatikalischer Regeln (Dysgrammatismus). Diese Probleme bezeichnet man zusammenfassend als *Sprachentwicklungsverzögerung*.

Die Art der Sprechschwierigkeit wird weitgehend durch die Form der zerebralen Bewegungsstörung, also die spastische Tonuserhöhung, die Dyskinesie und die Dysmetrie bestimmt. Die Sprechweise eines Kindes mit einer spastischen Tonuserhöhung ist in der Regel monoton mit einem geringen Stimmvolumen. Der Stimmeinsatz wirkt durch Atempressen und verkrampfte Stimmlippen explosiv. Durch die mangelhafte Kontrolle des Gaumensegels sprechen die Kinder häufig durch die Nase (nasal).

Bei einer *Dyskinesie* (Athetose) verändert sich die Lautsprache von Minute zu Minute, weil sich der Muskeltonus entsprechend verändert. Es kommt zu Schwankungen von Atmung und Stimmgebung. Ebenso ist das Gaumensegel vom schwankenden Muskeltonus beeinflußt, so daß hier eine entsprechende Nasalität entsteht. Die Lautstärke wechselt zwischen zu laut und zu leise. Diese Veränderungen kommen unter anderem auch durch Stimmungsschwankungen zustande.

Für Kinder mit *Dysmetrie* (Ataxie) ist es schwierig, den Sprechvorgang zielgerichtet zu beginnen und zu beenden. Es dauert meist einige Sekunden, bis das Kind motorisch in der Lage ist, eine Frage zu beantworten. Da die Atmung schlecht gesteuert und flach ist, sind die Sprechphasen kurz. Dies wird durch die monotone und langsame Sprechweise verstärkt. In der Praxis ist die Zuordnung der Störungsformen schwierig. Meist treten die Formen vermischt auf. Für den Alltag ist noch wichtig zu wissen, daß etwa 10−15% aller Kinder mit einer *zerebralen Bewegungsstörung* eine *Hörschädigung* haben, die ihre Sprachentwicklung beeinträchtigt. Meist handelt es sich dabei um seitengleiche Hochtonverluste (diese Kinder können hohe Töne nicht hören). Man erkennt diese am Ausbleiben der zweiten Lallphase (etwa achter bis zehnter Lebensmonat) oder an einer deutlichen Störung der Sprachentwicklung.

Bei Kindern mit einer zerebralen Bewegungsstörung sind die typischen Symptome aufgrund einer oft allgemeinen Entwicklungsverzögerung nur schwer zu erkennen. Auch die sonst üblichen Fragen der Fachleute wie

- Erschrickt das Kind bei lauten Geräuschen und verändert es daraufhin sein Verhalten?
- Wird das Kind durch mütterlichen Zuspruch ruhiger?
- Ist aus der Nähe der akustische Lidschlagreflex auslösbar?
- Lauscht das Kind bei leisen Geräuschen, z. B. Papiergeraschel?
- Hört es bei lauten Geräuschen auf zu trinken?

können bei diesen Kindern nicht immer sicher beantwortet werden. Daher sollten bei Sprachauffälligkeiten so früh wie möglich Hörmessungen durchgeführt werden.

Diagnose einer beginnenden Dysarthrie

Die Diagnose einer Dysarthrie im frühen Kindesalter stellt Ärzte und Therapeuten vor besondere Probleme. Da Sprache eine Fähigkeit ist, die das Kind erst in einer späteren Entwicklungsphase zeigt, stehen die Störungen der Denkentwicklung oder der Fortbewegung zunächst im Vordergrund. Störungen in der Entwicklung der Mundmotorik oder der Mimik werden deshalb oft lange Zeit übersehen. Diese ersten Hinweise auf mögliche Probleme in der Sprachentwicklung zeigen sich bei Kindern mit einer zerebralen Bewegungsstörung schon während der ersten Lebenswochen und -monate beim Schreien, Weinen und Lachen. Mit zunehmender Entwicklung sind dann Abweichungen in der Mimik oder beim Lallen erkennbar.

Deutlich zeigen sich Abweichungen der Sprachentwicklung bei der Nahrungsaufnahme. Probleme des Säuglings beim Trinken und Schlucken – später dann beim Kauen – sind schon in den ersten Lebensmonaten Zeichen einer Störung der Mundmotorik. In der Regel sind es die Eltern, die die Probleme ihres Kindes beim Essen und Trinken als erste bemerken. Wenn der Säugling nicht genügend trinkt, wird dies für Mutter und Kind zu einer schweren Belastung. Das Stillen oder Füttern mit der Flasche, das sonst eine enge Bindung zwischen Mutter und Kind schafft, wird dann zu einer Quelle beiderseitiger Enttäuschung.

Mögliche Zeichen einer frühen Störung der Nahrungsaufnahme: Trinkschwäche

In den ersten Wochen trinken die Kinder oft ohne Probleme. Erst ganz allmählich verschlechtert sich die Situation. Das Kind hat dann meist eine mangelhafte Saug-Schluck-Koordination. Die Eltern werden unsicher, ob ihr Kind ausreichend Nahrung bekommt. Wird das Kind gestillt, wird oft versucht, die fehlende Menge mit der Flasche zuzufüttern. Wird das Kind bereits früh ausschließlich mit der Flasche ernährt, so versuchen die Eltern das Problem durch Vergößern des Loches im Sauger zu lösen. Wird das Kind dann noch während des Fütterns nach hinten gekippt, rieselt die Nahrung in den Mund und kann oft Würgen auslösen. Trinkt das Kind immer noch nicht genug, sehen die Eltern als letzten Ausweg, die Nahrung mit dem Löffel einzuflößen. Ein solches Kind wird oft fälschlicherweise als »trinkfaul« bezeichnet.

Pathologischer Zungenstoß

Neben der frühen Trinkschwäche, ist der (sich entwickelnde) pathologische Zungenstoß ein sicherer Hinweis auf eine Fehlentwicklung der Mundmotorik. Der pathologische Zungenstoß ist eine Streckbewegung der Zunge von hinten nach vorne aus dem Mund heraus. Gleichzeitig wird die Unterlippe mit vorgeschoben. Die Zunge stößt, wenn sie vom Sauger, Löffel oder dem Finger gereizt wird, die Nahrung wieder nach außen oder drückt sie an den Gaumen. Normalerweise würde die Zunge die Nahrung mit einer Wellenbewegung nach hinten transportieren.

Ursachen einer frühen Störung der Nahrungsaufnahme

Gehen die Eltern mit ihren Kind zum Kinderarzt, überprüft dieser die frühkindlichen oralen Reflexe. Sie bilden die angeborene Grundlage für die Nahrungsaufnahme. Nach einigen Wochen beginnt das Kind mit Hilfe gelernter und gezielt einsetzbarer Bewegungen die Nahrung aufzunehmen. Die oralen Reflexe werden von diesen Bewegungsmustern überlagert und abgebaut. Können die Reflexe nicht ausgelöst werden oder bleiben sie zu lange bestehen, ist dies ein Zeichen einer abweichenden neurologischen Entwicklung und somit auch Ursache für eine erschwerte Nahrungsaufnahme.

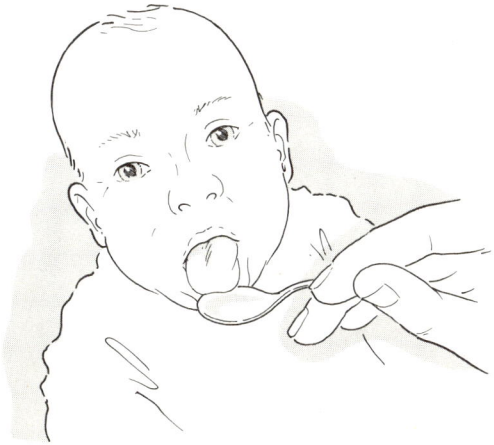

Abb. 13   Das Kind hat einen Zungenstoß.

—— *Welche oralen Reflexe gibt es?*

Der Suchreflex (Rootingreflex, Einstellreflex)

Das Trinken beginnt mit dem Suchreflex. Er leitet die Saug-Schluck-Reaktion ein. Er hilft dem Säugling, die Brustwarze oder den Sauger in den Mund zu bekommen. Berührt die Brustwarze, der Sauger oder der Finger der Mutter den Mundbereich des Kindes, vor allem den Bereich um die Mundwinkel, dreht es den Kopf in die Richtung, aus der der Reiz kommt. Die Lippen öffnen sich leicht. Diese Reaktion bleibt bis zum dritten oder vierten Lebensmonat bestehen und wird danach abgebaut (siehe Tabelle 19). Unterschiede in der Ernährung, Stillen oder Flaschennahrung, führen zu Unterschieden in der Dauer. Bei einer übersteigerten Reaktion können die Mundöffnung und Kopfdrehung vom Kind nicht kontrolliert werden.

Der Saug-Schluck-Reflex

Schon ab dem vierten Schwangerschaftsmonat gibt es längere Phasen des Saugens und ein noch nicht koordiniertes Schlucken. Wird das Kind zwischen den Lippen stimuliert, indem Brustwarze oder Sauger etwa ein bis zwei Zentimeter weit in den Mund des Neugeborenen geschoben werden, löst das beim Kind rhythmische Saug-Schluck-Bewegungen aus. Die Saug-Schluck-Bewegung ist dabei abhängig vom Hungerzustand und vom Nahrungszufluß. Auf eine Schluckbewegung können dabei bis zu drei Saugbewegungen oder auf eine Saugbewegung bis zu drei Schluckbewegungen folgen. Beim Trinken wird die Atmung gehemmt, so daß nach jedem Atemzug ein oder zweimal gesaugt und geschluckt wird. Beim älteren Säugling wird die Atmung bei jedem Schluckakt unterbrochen.

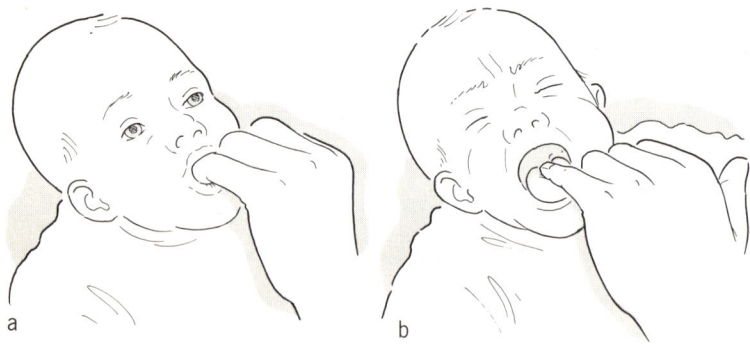

a   b

Abb. 14   Der Saugreflex und der Schluckreflex.

Voraussetzung für die Saug-Schluck-Bewegung ist der Mundschluß um die Brustwarze oder den Sauger herum. Dabei befördert die Zunge die Nahrung nach hinten. Der Saug-Schluck-Reflex kann schon im Neugeborenenalter angepaßt und vom Neugeborenen bei Sättigung unterbrochen werden. Spätestens nach dem sechsten Lebensmonat muß dieser Reflex abgebaut sein. Bei abweichender Entwicklung zeigt sich der Saug-Schluck-Reflex als Lutschen und Zungenstoß.

Der Beißreflex

Der Beißreflex besteht aus rhythmischem Öffnen und Schließen des Kiefers und einem anschließenden weichen Zubeißen. Ausgelöst wird der Beißreflex durch Berühren oder Reiben des äußeren Zahnfleisches. Dieser Reflex hilft dem Kind die Brustwarze im Mund festzuhalten. Mit Hilfe des Saug-Schluck-Reflexes nimmt das Kind dann die Nahrung auf. Der Beißreflex ist schon gleich nach der Geburt vorhanden und kann bis zum siebten Lebensmonat beobachtet werden. Der Beißreflex wird durch die sich entwickelnden Kaubewegungsmuster abgelöst. Eine übersteigerte Beißreaktion wird Schnappreaktion genannt. In solchen Fällen können die Kinder ihren Mund und die Mundhöhle nicht als Erfahrungs- und Lustorgan nutzen. Führen diese Kinder die Finger in den Mund, würden sie sich beißen und schlimmstenfalls nicht mehr loslassen können. In einigen Fällen kann der Beißreflex zwar vorhanden sein, aber durch eine starke Spastik nicht ausgelöst werden.

Der Würgereflex

Der Würgereflex ist ein Schutzmechanismus. Im Gegensatz zu den bisher genannten Reflexen bleibt er zeitlebens erhalten. Die sensiblen Zonen, an denen dieser Reflex ausgelöst wird, wandern jedoch im Laufe des ersten Lebenshalbjahres weiter nach hinten in den Rachen. Dabei sind große individuelle Unterschiede zu beobachten. Beim Säugling ist der Reflex etwa ab der Zungenmitte, beim Erwachsenen erst im Bereich des rückwärtigen Zungen- und Gaumendrittels auslösbar.

Wie leicht das Würgen ausgelöst werden kann, hängt auch vom Grad der Sättigung ab. Im sattem Zustand ist es leicht, bei Hunger schwerer auszulösen. Die Aufgabe des Würgereflexes ist, Nahrung, die den falschen Weg geht, wieder zurück in den vorderen Mundbereich zu bringen. Der Kopf wird überstreckt, die Zunge stößt nach vorne, der Mund öffnet sich. Da das Würgen unangenehm ist, soll es nur getestet werden, wenn es unbedingt notwendig ist. Beim Überprüfen wird mit dem Finger langsam am Gaumen oder auf der Zunge nach hinten gefahren, um die Stelle zu erkunden, an der der Reflex ausgelöst werden kann. Bei einer pathologischen Entwicklung liegt die Auslösezone im vorderen Munddrittel. In diesem Fall erschwert das Würgen die Aufnahme von Nahrung und ihren Transport auf der Zunge nach hinten. Die Nahrung selbst löst das Würgen aus. Ist das Würgen nicht oder nur schwach vorhanden, besteht bei fester Nahrung die Gefahr des Verschluckens.

Tab. 19   Gesichts- und Mundreflexe im ersten Lebensjahr

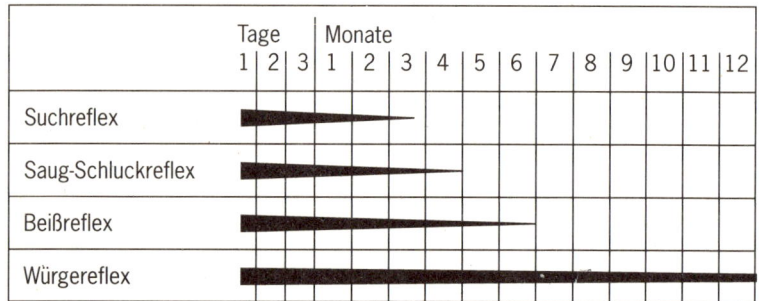

Bleiben die oralen Reflexe länger als die angegebenen Zeiträume bestehen, droht eine Entwicklungsstörung der Mundmotorik.

Essen, Mundmotorik und Sprache

Warum werden hier Reflexe aufgezählt, die doch nur für die Ernährung des Säuglings wichtig sind und nichts mit Sprache zu tun haben? Die oralen Reflexe sichern in den ersten Lebenswochen das Überleben. Sie sind auch die Voraussetzung für die Entwicklung der Mundmotorik. Diese wiederum ist die Grundlage für die Entwicklung des Sprechens. Bestehen der Suchreflex, der Beißreflex und Saug-Schluck-Reflex aber über die normale Zeit hinaus, verlagert sich die Auslösezone des Würgereflexes nicht mit zunehmender Entwicklung im Mund weiter nach hinten, können sich die normalen Funktionen für das Essen und Trinken, aber auch für das Sprechen nicht entwickeln.

Erst die Hemmung der oralen Reflexe ermöglicht es, die Nahrungsaufnahme willentlich zu steuern. Das Kind bestimmt dann selbst die Menge und Dauer des Saugens. Die Hemmung der oralen Reflexe bedeutet gleichzeitig eine immer genauere Steuerung der gesamten Mundmuskulatur. Erst, wenn das Kind im Mund die Bewegungen entwickelt, die zum Essen nötig sind, folgen auch die viel feineren Bewegungen für das Sprechen.

Mit sechs oder sieben Monaten kann ein gesundes Kind feste Nahrung beißen und kauen. Der Beißreflex ist in dieser Zeit nur noch selten zu beobachten. Der Saug-Schluck-Reflex ist nicht mehr auslösbar. Das Kind kann jetzt seinen Mund immer besser kontrollieren. Mit dieser Entwicklung der Feinmotorik entwickelt sich auch das frühe Sprechen. Zuerst werden mehr zufällig, dann immer gezielter die ersten Silben produziert. Das Kind beginnt zu plappern, es verknüpft einzelne Laute zu Silbenketten, danach werden die ersten Worte hervorgebracht.

Der Mund dient nicht nur zur Nahrungsaufnahme und zum Sprechen, sondern ist auch für die ersten Umwelterfahrungen bedeutsam. Eine sich zunehmend verfeinernde Mundmotorik verbessert zugleich die Sensibilität am und im Mund. Das Kind betastet, lutscht und leckt an den Gegenständen und erhält so Informationen über ihre Beschaffenheit. Saugt das Kind an seinen Fingern, erkundet es dabei auch seinen Mund. Hände und Mund werden eine enge Einheit. Die Hände ergreifen und betasten Dinge ehe sie zum Mund geführt und noch genauer untersucht werden. Dieses Be-Greifen ist also auch Lernen auf einer frühen Stufe der Entwicklung.

Beim Kind mit einer zerebraler Bewegungsstörung bleiben die oralen Reflexe erhalten und sind besonders stark. Der Beißreflex besteht weiter und ein pathologischer Zungenstoß befördert die Nahrung wieder nach außen. Eine Überempfindlichkeit um den Mund und im Mundinneren wird nicht abgebaut. Im Gegenteil, sie kann noch zunehmen. Es entsteht eine *Hypersensibilität*. Diese wieder bewirkt, daß auch die Reflexe im Mundbereich vermehrt auslösbar sind. Das Kind bleibt in seiner Entwicklung der Mundmotorik und somit auch der Sprache nicht nur zurück, sondern sein Zustand verschlechtert sich. Bei schweren Entwicklungsstörungen kann das Erlernen von Sprache ganz ausbleiben.

Wird eine solche Entwicklungsstörung festgestellt, sollte eine Behandlung durch einen in der Mund- und Eßtherapie ausgebildeten Krankengymnasten, Ergotherapeuten, Logopäden oder Sprachtherapeuten erfolgen.

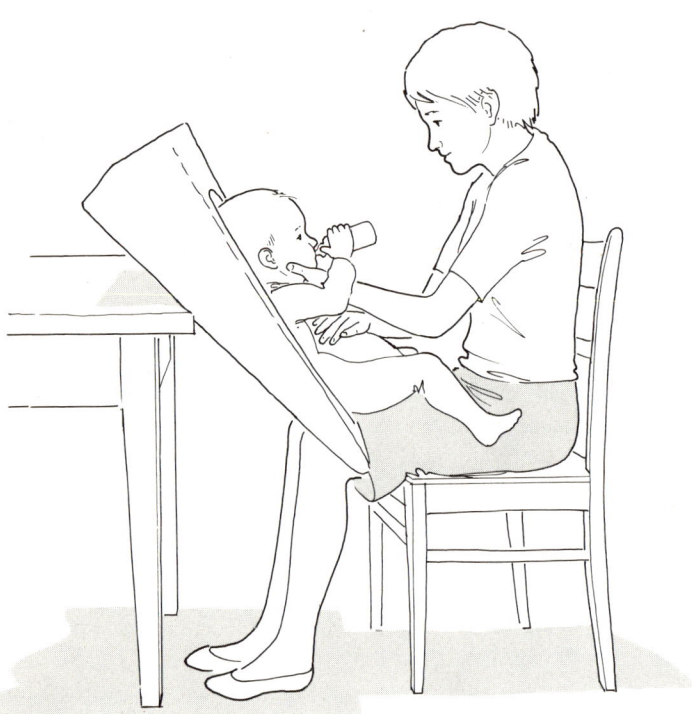

Abb. 15   Das Kind wird auf einem großen Schaumstoffkeil gefüttert. Der Nacken ist gestreckt.

Abschließende Bemerkung

Die einzelnen Sprachstörungen wurden hier vor allem unter dem Blickwinkel vorgestellt, ihr Erscheinungsbild zu beschreiben und Beobachtungshinweise für Eltern zu formulieren. Die Behandlungsweise wurde meist nur kurz angedeutet.

Die Auswahl bestimmter Sprachstörungen im Kindesalter könnte die Vermutung aufkommen lassen, daß es bei der Sprachförderung immer darauf ankommt, ein normgerechtes Sprechen zu erzielen. Häufig ist aber viel wichtiger, daß bestimmte Kinder lernen, sich überhaupt verständlich zu machen. Oft vergehen Monate mit mühevollem Training bestimmter Sprachlaute, die nie zu einer sinnvollen Kommunikation führen. Besser wäre, rechtzeitig zu überlegen, ob nicht beispielsweise die Verständigung mit Hilfe von Bildsymbolen eher zum Erfolg führt. In der Regel werden dann die Bedürfnisse aller Beteiligten schneller befriedigt.

≡ Sinnesbehinderungen

▬ Gehörlosigkeit und Schwerhörigkeit

Unter hörgeschädigten Kindern versteht man sowohl gehörlose als auch schwerhörige. Ein Kind ist gehörlos, wenn es Zusprache auch über Hörgeräte nicht mehr verstehen kann. Damit verbunden ist in der Regel auch eine Beeinträchtigung der Sprache.

Man unterscheidet zwei Gruppen von gehörlosen Kindern:

1. Kinder mit Hörverlust (gehörlos) von Geburt an oder noch vor bzw. während der Sprachentwicklung. Diese Kinder müssen die Sprache ohne das Gehör als wesentliche Hilfe in einem langen, mühevollen Lernprozeß erwerben.
2. Die Kinder haben nach dem abgeschlossenen Spracherwerb ihre Hörfähigkeit verloren. In diesem Fall ist das Ziel der Förderung die erworbene Sprache zu erhalten und weiter zu entwickeln.

Gehörlose Kinder nehmen die Sprache ihrer Mitmenschen hauptsächlich durch Sehen wahr. Sie erfassen das Gesprochene ihrer Mitmenschen durch Ablesen vom Mund. Fast alle gehörlosen Kinder haben noch Hörreste, deshalb werden auch sie mit Hörgeräten versorgt. Trotz dieser Hilfen können sie Sprache nicht über das Gehör erfassen.

Ein Kind gilt als *gehörlos,* wenn der Hörverlust im Frequenzbereich von 125−250Hz mehr als 60dB beträgt und der mittlere Hörverlust innerhalb im Bereich von 500−2000Hz im besseren Ohr größer als 90dB ist.

Ein Kind ist *schwerhörig,* wenn seine Hörfähigkeit so stark herabgesetzt ist, daß es die Sprache nach Lautgestalt, Form und Inhalt nur unvollkommen erlernen kann. Im Gegensatz zum gehörlosen Kind erlernt das schwerhörige Kind seine Sprache über das Gehör. Wie die gehörlosen werden auch die schwerhörigen Kinder mit einem Hörgerät versorgt. Man unterscheidet zwischen einer leichten, mittelgradigen und hochgradigen Schwerhörigkeit. Wichtig ist auch, ob es eine *Schalleitungs-, Schallempfindungs-* oder *kombinierte Schwerhörigkeit* ist. Schalleitungsschwerhörigkeit bedeutet, daß das Kind Sprache in unveränderter Tonqualität, aber mit zu geringer Lautstärke hört. Die Schallempfindungsschwerhörigkeit bedeutet, daß das Kind wichtige Sprachanteile nicht richtig hört. Man spricht auch von Fehlhörigkeit.

Sowohl bei Gehörlosigkeit als auch bei Schwerhörigkeit ist nicht nur die sprachliche Entwicklung beeinträchtigt, sondern auch die emotionale und kognitive. Dadurch ist ein normaler sozialer Kontakt mit der Umwelt erschwert.

Zur Bedeutung des Hörens im frühen Kindesalter
Voraussetzung für das Erlernen der Sprache ist ein normales Hörvermögen. Deshalb ist besonders für das Kind ein gutes Gehör wichtig. Die sensible Phase für das Erlernen der Sprache- also die Phase, in der das Kind am besten das Hören lernt – liegt zwischen dem 6. und 12. Lebensmonat. Das Mittelohr und das Innenohr sind zum Zeitpunkt der Geburt bereits angelegt. Die Reifung der Nervenbahnen, speziell auch der Hörbahn ist jedoch noch nicht abgeschlossen. Damit die Reifung erfolgen kann, braucht das Gehirn bestimmte Reize, die es gut verarbeiten kann. In diesem Fall sind es akustische Reize. Kann das Kind in den ersten Lebensmonaten keine akustischen Reize verarbeiten, kommt es zu einer unvollständigen Entwicklung der Nervenzellen der Hirnrinde.

Im Kindesalter muß deshalb gefordert werden, daß eine kindliche Schwerhörigkeit spätestens bis zum 6. Lebensmonat erkannt und diagnostiziert. Ab diesem Zeitpunkt sollte dann auch eine Behandlung eingeleitet werden.

Auch bei Verdacht auf eine Taubheit muß eine Hörgeräte-Versorgung durchgeführt werden. Hörgeräte können im Bereich der tiefen Töne im Übergang zum Vibrationsempfinden diese Empfindungen für das Hörsystem nützen.

═══   Blindheit und Sehbehinderung

Als *blind* gelten Personen, die infolge einer Schädigung des Sehorgans kein Sehvermögen haben oder in ihrem Sehvermögen sehr stark beeinträchtigt sind.

Die genaue Definition wird in Zahlen-Werten angegeben.

Sehbehindert ist, wer nur: 0,3 – 0,05 oder 30% – 5% oder 3/10 (dreizehntel) – 1/20 sieht. *Hochgradig sehbehindert* ist, wer nur 1/20 – 1/50 (0,05 – 0,02) sieht. Für die *Blindheit* gilt: 1/50 (0,02) bis zur Amaurose (Lichtlosigkeit).

Was bedeuten diese Zahlenangaben?
Wenn ein Kind ein Symbol inhaltlich in zwanzig Meter Entfernung erkennen müßte, dies aber erst ab einer Entfernung von 1 Meter erkennen kann, spricht man von einer Sehbehinderung mit der Maßzahl: 1/20 oder 0,05 oder 5%.

In die Schule für Blinde werden Schüler aufgenommen, die aufgrund ihrer Sehschädigung ihr Weltbild nicht mehr optisch aufbauen können, sondern ihre Vorstellung überwiegend mittels des Gehörs, der Grobmotorik und des Tastsinnes erwerben müssen. Über die Hälfte der blinden Schüler sind in ihrer kognitiven Entwicklung beeinträchtigt.

Sehen ist ein wichtiger Anreiz für die normale Entwicklung des Kindes. Fehlt dieser, stellen sich oft auffällige Verhaltensweisen ein, wie Augenbohren, Vor- und Rückwärtsbeugen, Hin- und Herwiegen des Körpers im Liegen und im Stehen. Diese stereotypen Bewegungen sind oft Hinweise darauf, daß das Kind zu wenig Reize verarbeitet. Die Kinder versorgen sich durch die immer wiederkehrenden Bewegungen selbst mit Information. Solche Bewegungen sollten von der Familie nicht unterbunden oder verboten werden. Vielmehr sollem dem Kind Möglichkeiten eröffnet werden, genügend »Reiznahrung« zu erhalten.

Wie können Kinder mit Sehbehinderung gefördert werden?

Durch die Förderung sollen die Kinder ihre Umwelt mit den verbliebenen Sinneskanälen erfassen lernen. Dabei ist wichtig zu verstehen, daß die Welt zum Kind gebracht werden muß. Das Kind muß dann lernen, auf die Welt zuzugehen. Ein Schwerpunkt in der Frühförderung liegt deshalb in der Förderung der Fein- und Grobmotorik. Besondere Probleme haben blinde und schwer sehbehinderte Kinder mit Bewegungen, die sie selbst aktivieren müssen. Man spricht von einer »Erforschungshemmung«. Bei nicht sehgeschädigten Kindern sind es häufig Sehimpulse, die zum Krabbeln oder zum Greifen auffordern. Die *auditive Wahrnehmung* kann aufgrund der allgemeinen verzögerten Entwicklung als begrenzter Ersatz etwa ab dem 12. Lebensmonat angesehen werden. Wichtige Ersatzquelle für das Sehen ist das *Abfühlen* der Oberflächenbeschaffenheit eines Gegenstandes und die Entschlüsselung der räumlichen Zusammenhänge durch Berühren mit den Händen. Bei der Förderung muß beachtet werden: Das Tasten vermittelt wesentlich weniger Überblickseindrücke als das Sehen. Dies gilt besonders für die Erfassung der Größe eines Zimmers und seine Aufteilung durch Möbel.

Durch das Nicht-Sehen-Können entstehen im zwischenmenschlichen Bereich besondere Probleme. Das »Aussehen« der Personen, mit denen man im Kontakt ist, kann das blinde Kind nur über direktes Abtasten erfahren. Dies bedeutet, daß man zum Beispiel relativ fremde Menschen im Gesichtsbereich berühren muß. Besondere Probleme gibt es bei älteren Kindern im Bereich der Sexualität. Auch hier laufen zunächst alle Erfahrungen über Berühren und Hören. Dies hat besondere Auswirkungen auf die Sexualentwicklung. Die Kinder können z. B. Geschlechtsunterschiede nur durch Abtasten erfahren.

≡ Körperbehinderung

≡ Zerebrale Bewegungsstörung

Im frühen Kindesalter ist die *frühkindliche zerebrale Bewegungs-störung* (infantile Cerebralparese, ICP) die häufigste Störung der Motorik (Moto-Sensorik). Sie entsteht entweder durch eine anatomische Schädigung oder durch eine Störung der Funktionen im Zentralnervensystem.

Die Schädigung betrifft vor allem das Großhirn, die Hirnrinde (Kortex), die Basalganglien oder das Kleinhirn.

Das Grundproblem eines Kindes mit einer zerebralen Bewegungs-störung kann wie folgt beschrieben werden:

– Das Kind ist nicht in der Lage eigene, gezielt einsetzbare Bewegungskonzepte zu entwickeln.
– Es benutzt weitgehend automatische frühkindliche Bewegungsmuster. Da diese Muster nicht sehr variantenreich sind, sind die Handlungsmöglichkeiten der Kinder eingeschränkt. Das Bewegungsspiel eingeschränkt wird. Die flexiblen Anteile der Bewegungen nehmen ab bzw. entwickeln sich nicht entsprechend.

Ursachen für eine zerebrale Bewegungsstörung können u. a. sein, Virus-Erkrankungen während der Schwangerschaft u. a. durch Röteln, Zytomegalie, Toxoplasmose, Blutgruppenunverträglichkeit, Unzureichende Funktion der Plazenta, Infektionskrankheiten beim Kind, Enzephalitits (Gehirnentzündung), Meningitis (Gehirnhautentzündung), Mangelernährung während der Schwangerschaft (u. a. durch Nikotin oder übermäßigen Alkoholmißbrauch), unreife Geburt (Frühgeburt), Stauerstoffmangel (Asphyxie) während der Geburt, oder Störungen im Stoffwechsel des Blutes (Bilirubin-Enzephalopathie).

Bei der frühkindlichen zerebralen Bewegungsstörung unterscheidet man drei Gruppen, die *spastische Tonussteigerung,* die *Dyskinesie,* die *Dysmetrie.*

Die spastische Tonussteigerung
Die Ursache für eine spastische Tonuserhöhung ist eine Steigerung der Muskeleigenreflexe. Sie regulieren die Muskel*länge* und die Muskelkraft (Muskel*spannung*). Um eine Körperhaltung beizubehalten, sorgen die »Muskel*längen*reflexe« dafür, daß der Muskel bei Schwankungen in der Länge wieder in seine alte Stellung zurück will. Diese Funktion wird automatisch gesteuert, wir müssen dies nicht bewußt regeln. Der »Muskel*spannungs*reflex« reguliert automatisch die Muskelkraft, so daß immer

genügend Muskeltonus vorhanden ist, um zu sitzen oder zu stehen. *Können die Muskeleigenreflexe nicht genügend aktiv gesteuert werden, zeigt sich das Bild der spastischen Tonuserhöhung.* Spastisch erhöht ist der Tonus in den Streckmuskeln der Beine, in den Muskeln, die die Füße auswärtsdrehen und den Zehenbeugern sowie in den Beugemuskeln und den Einwärtsdrehern der Arme. Besonders stark ist die Tonuserhöhung an den »AntiSchwerkraftMuskeln«.

Dyskinesie

Ursachen für Dyskinesien sind Störungen in den Basalganglien und ihre Zusammenarbeit mit den anderen Bereichen des Gehirns, besonders der Hirnrinde und des Kleinhirns. Die Folge einer Schädigung in den Basalganglien ist ein unkoordinierter Muskeltonus. Aufgrund der unterschiedlichen Versorgung der Muskeln mit Nervenimpulsen als Strecker bzw. Beuger, kommt es bei einer Dyskinesie zu drehenden Bewegungen und einer gedrehten Körperhaltung. Die Bewegungen können weniger an die aktuelle Situation angepaßt werden. Sie wirken oft zusammenhangslos. Die Geschwindigkeit der Umschaltung von einem Bewegungsprogramm (gehen) zum nächsten (rennen) erfolgt verlangsamt. Bewegungen wirken deshalb oft unproduktiv und unkoordiniert. Die Automatisierung von bestimmten Bewegungsanteilen, wie korrekte Körper- und Kopfhaltung beispielsweise beim Bilderbuchanschauen, ist deutlich erschwert. Durch die unkoordinierten Bewegungen ist auch die Rückkoppelung unzureichend. Dies verzögert die motorische Entwicklung zusätzlich.

Dysmetrie

Erfüllt das Kleinhirn seine Aufgaben nur unzureichend, spricht man von Dysmetrie. Das Kleinhirn müssen wir uns als Computer des Gehirns vorstellen, der die Wahrnehmungsimpulse mit den anderen Teilen des Gehirns koordiniert. Außerdem ist das Kleinhirn wichtig für die Kontrolle aller vielschichtigen und feinen Bewegungen. Bei Störungen kommt es zu Störungen des Gleichgewichts und der Motorik der Augen (Nystagmus), der Muskeltonus ist herabgesetzt, die Zielbewegungen sind erschwert, verschiedene Muskelgruppen stimmen ihre Aufgaben nicht aufeinander ab; deshalb ist auch die Stützmotorik gestört.

Besonders bei zusammengesetzten und raschen Bewegungen wird das Maß einer Bewegung vom Kleinhirn koordiniert und kontrolliert. Lange Zeit hat man angenommen, daß das Kleinhirn seinen koordinierenden und hemmenden Einfluß nur auf die motorischen Impulse ausüben kann. Heute jedoch weiß man, daß das Kleinhirn auch in die Handlungsplanung eingeschaltet ist. Das Kleinhirn hat Einfluß auf die Verarbeitung, ehe die Hirnrinde mit der eigentlichen motorischen Feinprogrammierung beschäftigt ist. Dies bedeutet, daß auch die Bewegungsplanung betroffen sein kann. Das Kind hat also nicht nur rein motorische Probleme.

Versagen die Kleinhirnfunktionen, sind die Bewegungen in ihrer Maßgenauigkeit mangelhaft, besonders, wenn sie rasch ablaufen sollen. Diese Ungenauigkeit bezieht sich dabei nicht nur auf den Zielpunkt (die Hand kommt nicht dort an, wo sie sollte), sondern auch auf die Bewegungsführung im Raum. Die Bewegungen sind eckig und unökonomisch. Immer wieder muß eine Nachkorrektur eingeschaltet werden, um Handlungsplan und motorische Ausführung abzustimmen. Allerdings ist auch diese Korrektur schwierig und ungenau, weil sie ebenfalls wesentlich vom Kleinhirn gesteuert wird. Besonders auffällig werden die Störungen, wenn zwei vielschichtige Aufgaben koordiniert werden müssen, so beim jungen Säugling die Koordination der Bewegung beider Arme oder von Arm und Rumpf. Beim älteren Kind gilt dies beispielsweise für das Gehen, verbunden mit bestimmten Armbewegungen.

Muskelerkrankungen und muskuläre Hypotonie

Muskelerkrankungen

Die wichtigste Muskelerkrankung im Kindesalter ist die Muskeldystrophie. Es gibt verschiedene Formen:

Rezessiv-X-chromosomale Muskeldystrophie Typ Duchenne
Jährlich erkranken davon etwa 75−90 Knaben. Bei 60% der Fälle liegt die Ursache der Erkrankung in spontanen Veränderungen des Erbgutes. Nur bei etwa 1/3 gibt es eine entsprechende Familiengeschichte. Genetisch sind die Mütter Trägerinnen der krankheitsauslösenden Gene. Die Genschädigung bewirkt das Ausbleiben des Enzyms Dystrophin. Die Folge ist eine krankhafte Veränderung der Zellwände. Es gibt zwei Möglichkeiten, wie sich die Veränderungen auswirken: 1. die Zellen werden zerstört oder 2. die Muskelzellen werden durch Bindegewebe ersetzt. Die Muskelschwäche steigt vom Beckengürtel aufwärts zum Schultergürtel. Der Nachweis der Muskeldystrophie kann bereits in der 4.−6. Lebenswoche erbracht werden.

Der Beginn der Erkrankung liegt in den ersten drei Lebensjahren. Die Lebenserwartung ist etwa 20 Jahre. Die ersten Symptome zeigen sich beim Erlernen von Stehen und Gehen. Die Kinder fallen oft hin und werden inaktiv. Eine medikamentöse Therapie ist noch nicht bekannt. Krankengymnastisch steht die Verhinderung der Versteifung der Gelenke (Kontrakturprophylaxe) und die Aktivierung der Atemmuskulatur im Vordergrund. Die Kinder sollen möglichst lange aktiv bleiben.

Aufgrund des Verlaufs kann man vier Stadien unterscheiden: Frühphase mit leichten Muskelschwächen, zunehmende Schwäche, noch gefähig bis zum 5.–8. Lebensjahr, erschwerte Gehfähigkeit 8.–12. Lebensjahr, Rollstuhlphase (elektrischer Rollstuhl).

Typ Becker-Kiener
Die Vererbung erfolgt ebenfalls x-chromosomal. Der Beginn der Erkrankung liegt zwischen dem 6.–19. Lebensjahr. Die Lebenserwartung ist nur leicht verkürzt. Die Fähigkeit zum Gehen bleibt lange erhalten. Wichtig ist vor allem die krankengymnastische Betreuung (u. a. Atemtherapie) nach orthopädischen Operationen.

Autosomal-rezessive kongenitale Muskeldystrophie
Betroffen sind Mädchen und Jungen. Die Lebenserwartung ist verkürzt, etwa 30% der Kinder erreichen das erste Ende des ersten Lebensjahres nicht. Die Muskelschwäche betrifft die gesamte Muskulatur.

Autosomal-rezessiver (Beckengürtel-)Gliedergürteltyp
Betroffen sind Mädchen und Jungen. Der Beginn liegt zwischen dem 2. und 50. Lebensjahr. Nach Ausbruch ist die Lebenserwartung verkürzt. Der Verlauf erfolgt vom Beckengürtel aufsteigend zum Schultergürtel.

— *Muskelatrophie*

Charakteristisch für die Muskelatrophie sind Muskelschwund und Muskelschwäche. Ursache dafür ist der Abbau der motorischen Nervenkerne im Rückenmark bzw. der motorischen Kerne der Hirnnerven. Man unterscheidet verschiedene Formen:

Infantile progressive spinale Muskelatrophie (Werdnig-Hoffmann-Krankheit)
Die Vererbung ist autosomal rezessiv (s. S. 211). Bei der angeborenen Form sind bereits die geringen Kindsbewegungen während der Schwangerschaft erste Anzeichen für eine Hypotonie. Die Aufrichteentwicklung (z. B. Sitzen oder Stehen) findet nur bis zu einem gewissen Maß statt. Manche Kinder lernen nicht ihren Kopf zu halten. Zur Verhinderung von Versteifungen der Gelenke und zur Aufrechterhaltung einer tiefen Atmung ist die regelmäßige krankengymnastische Behandlung von großer Bedeutung. Die sonstige Entwicklung der Kinder ist in der Regel normal.

Spinale Muskelatrophie vom Typ Kugelberg-Welander
Diese Form ist langsam fortschreitend. Es gibt eine autosomal-rezessive, eine autosomal-dominante und eine x-chromosomale Form der Vererbung (s. S. 211). Kinder erkranken häufiger als Erwachsene. Erste Symptome zeigen sich im Beckengürtel und im Bereich der Oberschenkel.

Spinale Muskelatrophie (Duchenne-Aran)
Beginn meist zwischen dem 30. und 40 Lebensjahr.

___

Muskuläre Hypotonie

Diese Form der Hypotonie entsteht durch Störungen der Funktionen im Gehirn. Kinder mit einer Hypotonie werden oft als »floppy infant« bezeichnet. Die Arme liegen in Korbhenkelstellung auf der Unterlage, die Beine sind meist nach außen gedreht. Die Hypotonie führt zu einer verzögerten Entwicklung der Haltung und Bewegung. Die Motorik ist meist vermindert. Die Ursache der Hypotonie kann an jeder Stelle zwischen Kortex und dem Muskel liegen. Man unterscheidet zwischen:

– Erkrankungen der Muskeln, z. B. angeborene Muskeldystrophie
– Erkrankungen der Überleitung von den Nervenendigungen zum Muskel
– Erkrankungen des Rückenmarks, z. B. spinale Muskelatrophie, Kinderlähmung
– Erkrankungen und Funktionsstörungen des ZNS.

Bei Kindern mit Entwicklungsstörungen gibt es eine Form von Hypotonie, die ihre Ursache nicht im »motorischen System« hat, sondern auch in einer mangelnden Handlungsplanung, ihrer Umsetzung in Bewegungsmuster und in einer unzureichenden Verarbeitung von Rückkoppelungsimpulsen liegt. Ein regelrechter Teufelskreis entsteht, wenn durch die Hypotonie die Aufnahme von Reizen reduziert ist und es dadurch zu Störungen der Planung kommt. Dies wiederum führt zu einer verstärkten Hypotonie. Der Teufelskreis ist geschlossen. Diese Zusammenhänge können negative Folgen für die anderen Entwicklungsbereiche des Kindes haben.

=== Mißbildungssyndrome und Systemerkrankungen

— *Spina bifida*

Spina bifida ist eine Hemmungsmißbildung. Sie entsteht, wenn sich die Rinne, in der sich die Nervenbahnen entwickeln, nicht zum Neuralrohr und die Wirbelkörper nicht zum Wirbelkanal verschließen. Die Neuralrinne – das spätere Rückenmark – schließt sich bis zum Ende der vierten und die Wirbelkörper bis zur achten Schwangerschaftswoche. Je nach Form der Mißbildung unterscheidet man vier Typen:

Spina bifida occulta. Die Wirbelbögen und die Rückenmarkshaut sind nicht geschlossen, aber von einer Bindegewebsplatte bedeckt. Es gibt keine nennenswerten Funktionsausfälle (bei etwa 10−20% der Bevölkerung).

Meningozele. Die Wirbelbögen sind nicht geschlossen. Das Rückenmark (RM) liegt im Wirbelkanal. Die Rückenmarkshäute sind jedoch vorgewölbt. Es kommt zu einer Erweiterung des Wirbelkanals. Geringe Ausfälle durch Störung der Nervenfaserverbindungen sind möglich.

Meningo-Myelozele. Die Wirbelbögen sind nicht verschlossen. Das Rückenmark liegt zum Teil außerhalb des Wirbelkanals. Die Rückenmarkshäute sind stark nach außen gewölbt. Es kommt zu sensiblen und/oder motorischen Ausfällen. Die Form der Ausfälle hängt von der Höhe der Schädigung der Wirbelsäule ab.

Myelozele (offene Form). Die Wirbelbögen sind nicht verschlossen; der Rückenmarkskanal liegt total offen; es gibt keine Hautbedeckung. Die Ausfälle sind mit denen bei einer Querschnittslähmung gleich.

Sozialpädiatrische Aspekte
Eine sofortige Operation ist bei der Myelozele notwendig. Die Verschlimmerung kann so verhindert werden.

Viele Kinder mit Spina bifida haben Störungen der Blasenfunktionen. Bei der Betreuung der Kinder ist folgendes zu beachten:

– oft Lagerungswechsel
– Muskeltraining und Unterstützung der Herzkreislauffunktionen
– Verhinderung von Druckstellen (da keine Schmerzempfindung)
– viel Trinken, um die Harnwege zu spülen (muß auf Blasentrainingsbedingungen abgestimmt werden)
– viele Kinder haben orthopädische Schienen
– Förderung der Selbständigkeit
– Verhinderung einer Verkrümmung der Wirbelsäule (Skoliose).

——— Hydrozephalus

Das Gehirn und das Rückenmark bestehen aus Nervenzellen und Stützgewebe. Beide Teile des Zentralnervensystems sind 1. vom Schädel und den Wirbeln, also von Knochen, und 2. von den Hirnhäuten umgeben.

Die Neurone haben einen Zellkörper und Zellfortsätze. Mit Hilfe der Zellfortsätze können die einzelnen Zellen untereinander in Verbindung treten. Die Gliazellen bilden einen Mantel um die Nervenzellen. Zwischen diesem Mantel und den Nervenzellen gibt einen kleinen Zwischenraum. An manchen Stellen erweitert sich dieser Raum zu größeren Hohlräumen. Diese bezeichnet man als Ventrikel (Hirnkammern). Sie sind mit einer Flüssigkeit – dem Nervenwasser – ausgefüllt, die den medizinischen Namen: Liquor cerebro-spinalis (Flüssigkeit des Gehirns und des Rückenmarks). Beim Säugling sind es etwa 40–60 ml. Die Menge wird täglich etwa dreimal erneuert.

Die Nervenzellen benützen die Flüssigkeit in den kleinen Zwischenräumen als Transportmittel für ihren Stoffwechsel. Das Nervenwasser fließt aus den Ventrikeln heraus und füllt alle Hohlräume zwischen der knöchernen Hülle und dem Nervengewebe aus. Dies bedeutet, daß das gesamte Zentralnervensystem in der Flüssigkeit schwimmt.

Der Liquor wird in den großen Hirnkammern laufend produziert und im Blutkreislaufsystem abgebaut. Die Produktion und der Abbau müssen gleich groß sein. Ist dies nicht der Fall entwickelt sich ein Hydrozephalus (Wasserkopf). Staut sich die Flüssigkeit in den größen Hirnkammern, spricht man von einem *Hydrozephalus internus* oder Hydrozephalus okklusiv. Staut sich das Nervenwasser im Bereich der Hirnhäute, also zwischen Knochen und dem Nervengewebe, spricht man von einem *Hydrozephalus externus*.

Einen Hydrozephalus kann während der Schwangerschaft durch eine Ultraschalluntersuchung festgestellt werden. Es gibt Kinder, bei denen sich ein Hydrozephalus später entwickelt.

Die *Behandlung* des Hydrozephalus hat zum Ziel, die angestaute Flüssigkeitsmenge abzuleiten. Dies geschieht durch ein künstliches Ableitungssystem. Das System wird durch eine Operation eingesetzt. Es verläuft entweder vom Kopf ins Herz oder in den Bauchraum.

Symptome eines Hydrozephalus sind neben der Zunahme des Kopfumfangs, Kopfschmerzen, Erbrechen, Müdigkeit, Nachlassen der Leistungsfähigkeit, schlechte Laune, Gereiztheit, aggressives Verhalten. Gelegentlich kommt es zu zerebralen Anfällen. Diese Anzeichen nennt man auch Hirndruckzeichen. Werden sie beobachtet, sollten die Eltern dringend einen Facharzt aufsuchen und auf eine genaue Untersuchung drängen. Meist haben Eltern und Kind ein gutes Gespür, ob die Anzeichen besorgniserregend oder vielleicht »nur« die Vorboten einer Erkältung sind. Eltern sollten sich deshalb auf keinen Fall vertrösten lassen.

Viele Kinder mit Spina bifida haben einen Hydrozephalus. Weitere Ursachen sind entzündliche Erkrankungen, Tumore oder Blutungen im Gehirn des Kindes.

Glasknochenkrankheit (osteogenesis imperfecta congenita)

Die Glasknochenkrankheit (osteogenesis imperfecta congenita) ist eine angeborene und vererbte (autosomal dominant oder rezessiv) Krankheit. Betroffen ist die Knochenneubildung. Der Knochenabbau findet ungestört statt, deshalb sind die Knochen dünn und zerbrechlich. Es ist möglich, daß die Kinder schon mit mehreren Frakturen (Knochenbrüchen) zur Welt kommen. Die Knochenheilung ist nicht gestört.

Die Behandlung der Knochenbrüche erfolgt konservativ (mit Gips) oder durch Operationen (Teleskopnägel, die mitwachsen). Zusätzlich können orthopädische Hilfsmittel erforderlich sein, um Brüche zu vermeiden.

Die Frakturgefährdung ist nach Abschluß des knöchernen Wachstums wesentlich geringer.

Arthrogryposis multiplex congenita

Die Arthrogryposis multiplex congenita ist eine angeborene Gelenksteife. Ihre Ursache ist nicht sicher bekannt. Die Extremitätengelenke sind steif oder deformiert. Als Ursache nimmt man eine mangelhafte Entwicklung der Muskulatur aufgrund einer Nervenzellstörung an. Die *krankengymnastische Behandlung* dient der Besserung der Kontrakturen. Manchmal sind Operationen notwendig, bei denen Muskeln versetzt werden. Zusätzlich brauchen manche Kinder orthopädische Hilfsmittel wie Rollator, Handschienen oder Eßhilfen.

—   *Zytomegalie*

Die Zytomegalie ist eine Viruserkrankung, die während der Schwangerschaft, während der Geburt oder auch später erworben werden kann. Die Diagnose ist sehr einfach. Der Nachweis erfolgt durch Suchen nach bestimmten Antikörpern im Blut des Neugeborenen. Etwa 1% aller Neugeborenen kommen mit einer angeborenen Infektion zur Welt. Aber nur 5% dieser Kinder (dies bedeutet 5 Kinder von 10.000 Neugeborenen) fallen durch Symptome auf. Sehr selten wird durch das Virus das Nervensystem betroffen. Die Kinder sind dann aber meist schwer in ihrer psychomotorischen Entwicklung zurück. Häufig haben sie Hörstörungen.

≡ **Epilepsie**

≡ Was ist ein epileptischer Anfall?

Ein epileptischer Anfall (ein gleichbedeutender Begriff ist zerebraler Anfall) ist eine nicht willentlich unterdrückbare Funktionsstörung im Gehirn. Ein Anfall ist eine gesteigerte Entladung elektrischer Impulse. Es kommt zu einer vorübergehenden Änderungen der biochemischen Vorgänge. Die wichtigste Rolle spielt dabei eine Änderung des Gleichgewichts zwischen Erregungs- und Bremsvorgängen an den Verknüpfungspunkten der Nervenbahnen. Der Anfall kann auf einen begrenzten Bereich beschränkt sein, sich aber auch auf das gesamte Gehirn ausbreiten.

Von Epilepsie spricht man, wenn es spontan und wiederholt zu epileptischen Anfällen kommt. Ein einzelner Anfall ist noch keine Epilepsie; er muß auch nicht behandelt werden. Ungefähr 5% der Bevölkerung hat mindestens einmal im Leben einen Anfall (bei Kindern 4%; am häufigsten sind Fieberkrämpfe). Bei 0,5% entwickelt sich eine chronische Erkrankung. Epilepsien können in jedem Alter auftreten. 60% der Epilepsien beginnen bereits im Kindesalter. Durchschnittlich kommt auf 600 Geburten ein Kind mit einer frühkindlichen Epilepsie zur Welt.

Ursachen für eine Epilepsie sind Hirnschädigung, Frühgeburt, zerebrale Infektionen (auch pränatale), raumfordernde Prozesse (Tumor), zerebrale Durchblutungsstörungen, Mißbildungen oder Verletzungen, Stoffwechselstörungen im Gehirn.

Auslösende Faktoren für Anfälle können unter anderem auch sein:

– Ungenügender Schlaf oder Störungen im Schlaf-Wach-Rhythmus
– übermäßiger Alkoholkonsum
– Lichtblitze (Diskothek)
– körperliche und seelische Überbeanspruchung
– Witterungseinflüsse (zu lange in der prallen Sonne).

Die Ursache einer Epilepsie kann lange zurückliegen. Die Ursache darf nicht mit einem aktuellen Auslösefaktor verwechselt oder gleichgesetzt werden. Eine der häufigsten Anfallsursachen ist die Unterbrechung der Medikamenten-Einnahme. In den meisten Fällen ereignen sich jedoch epileptische Anfälle ohne besondere auslösende Faktoren »wie aus heiterem Himmel«.

Zur Frage der Erblichkeit

Die Epilepsie gehört nicht zu den Erbkrankheiten im engeren Sinn. Bei manchen Formen spielt eine erblich bedingte Erhöhung der Anfallsbereitschaft eine Rolle. Die Form der Epilepsie wird nicht vererbt. Die Ursache ist immer eine Störung des Funktionsablaufes im Gehirn. Leidet ein Elternteil an Epilepsie, haben trotzdem 94% ihrer Kinder keine Epilepsie.

Diagnose und Therapie

Bei den Epilepsien ist eine genaue Diagnose besonders wichtig. Grundlage der diagnostischen Beurteilung sind Berichte über Beobachtungen des Anfalls durch Angehörige. Der Arzt fragt, ob das Bewußtsein gestört war, ob das Bewußtsein von Anfang an gestört war oder ob es erst im Verlauf des Anfalls zu einer Bewußtseinsstörung gekommen ist, wie lange der Anfall gedauert hat, ob es eine Vorankündigung (Aura) gegeben hat, welche Bewegungen am Körper und im Gesicht (besonders Mund und Augen) zu sehen waren, ob das Kind hingefallen ist, ob das Kind nach dem Anfall lange geschlafen hat, wann (Uhrzeit), wie häufig Anfälle zu beobachten waren.

Wichtige Hilfsmittel für die Diagnose sind EEG, Computertomographie (CT) und Kernspintomographie (MRT).

Epilepsieformen

Die Beschäftigung mit zerebralen Anfällen ist sehr schwierig, weil es viele verschiedene Formen mit unterschiedlicher Ausprägung gibt. Um Verwechslungen auszuschließen wurde eine internationale Einteilung erarbeitet (siehe Glossar). Die folgende Dreier-Einteilung gibt einen groben Überblick:

Tab. 20   Differenzierung von Anfällen nach der räumlichen Ausdehnung

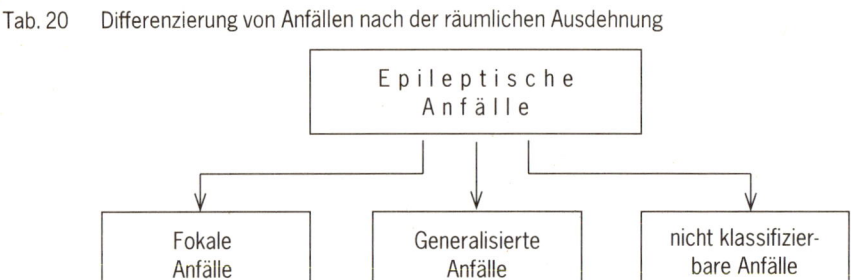

Fokale Anfälle werden durch eine abnorme elektrische Entladung in einem begrenzten Bezirk des Gehirns hervorgerufen. Die betroffene Hirnregion bestimmt die Symptome des Anfalls. In der Regel ist das Bewußtsein nicht gestört. Weiter unterscheidet man einfache von komplexen fokalen Anfällen. Bei generalisierten Anfällen beschränkt sich das Anfallsgeschehen nicht auf eine Hirnhäfte, sondern umfaßt beide. Bei den nicht zu klassifizierenden Anfällen handelt es sich um Formen, die aufgrund fehlender Angaben nicht einzuordnen sind.

Im folgenden werden die Syndrome beschrieben, die im frühen Kindesalter eine wichtige Rolle spielen.

Neugeborenenkrämpfe (gutartig)

Neugeborenenkrämpfe treten bei 1–2% aller Neugeborenen innerhalb der ersten Lebenswoche auf. Es handelt sich um fokale Anfälle mit oder ohne sekundäre Generalisierung. Dies bedeutet: Die Anfälle beginnen an einer bestimmten Stelle und breiten sich auf das gesamte Gehirn aus. Treten die Anfälle am 1. Tag nach der Geburt auf, ist ihre Prognose ungünstig. Gutartige Neugeborenenkrämpfe werden eher um den 5. Lebenstag beobachtet. 62% der Kinder weisen später keine epileptischen Symptome auf.

Die Symptome sind: Lidzuckungen, Gesichtsverziehen, Schmatzen oder längeres Anspannen von Muskeln.

Blitz-Nick-Salaam-Krämpfe (BNS-Krämpfe, West-Syndrom)

Diese Form beginnt häufig im Alter von 3–7 Monaten mit fokalen Anfällen, die sich zu generalisierten Anfällen ausbreiten. Oft treten Serien von Anfällen auf. Blitzartig kommt es zu Muskelzuckungen; man meint, das Kind erschrecke. Danach wird der Kopf nach vorne gerissen (Nicken) und die Arme werden nach oben geworfen und der Rumpf beugt sich nach vorne (wie beim arabischen Gruß). Bis zum Auftreten der Anfälle kann die

Entwicklung des Kindes normal sein; es besteht dann eine günstige Prognose. Häufig erkennt man aber auch schon vorher einen Entwicklungsrückstand, und es liegt eine Hirnschädigung vor. Die Anfälle verschwinden oft vor dem 5. Lebensjahr; häufig werden sie von anderen Formen der Epilepsie abgelöst.

Myoklonisch-astatische Anfälle

Bei diesen Anfällen sind Jungen häufiger betroffen als Mädchen. Sie treten meist in den ersten fünf Lebensjahren auf. Ihre Kennzeichen sind symmetrische Zuckungen der Arme und Schultern. Die Kinder stürzen zu Boden, weil die Muskelspannung abrupt nachläßt; die Verletzungsgefahr ist groß. Die Prognose dieser Form der Epilepsie ist im Vergleich zum Lennox-Gastaut-Syndrom (s.u.) günstiger. Bei kurzen Anfällen bleibt das Bewußtsein erhalten, bei längeren Anfällen kommt es zu Bewußtseinsverlust.

Tonisch-myoklonisch-astatische Epilepsie, das Lennox-(Gastaut-)Syndrom

Charakteristisch sind tonisch, myoklonische Zuckungen und ein starkes Nachlassen des Muskeltonus (astatisch) und atypische Absencen (kein vollständiger Reaktionsverlust, aber eine Verminderung der Reaktionszeit). Als Ursachen gelten entzündliche Prozesse, Verletzungen oder Zerstörungen des Gehirns. Das bevorzugte Alter ist das 3.–5. Lebensjahr. Das Lennox-Syndrom ist auch als Folgesyndrom von BNS-Krämpfen bekannt. Die Prognose ist schlecht. Bei 80% der Kinder entwickelt sich eine chronische Epilepsie. Meist haben die Kinder eine geistige Behinderung und eine zerebrale Bewegungsstörung. Die Behandlung ist schwierig.

Absencen (Pyknolepsie; Petit mal)

Charakteristisch für Absencen ist der plötzlich beginnende und endende Verlust des Bewußtseins. Sie treten zwischen dem 3. und 13. Lebensjahr erstmalig auf. Zwischen dem 6. und 7. Lebensjahr sind sie besonders häufig. Mädchen sind öfter betroffen als Jungen. Die Prognose ist gut. Die Pausen im Bewußtsein sind das Hauptsymptom der Absencen. Zusätzlich können auch nestelnde Bewegungen, Murmeln und orale Mechanismen beobachtet werden. Die Kinder haben in der anfallsfreien Zeit keine pathologischen Symptome. Eine sorgfältige medikamentöse Behandlung ist notwendig. Der Arzt diagnostiziert die Absence durch ein ganz bestimmtes Muster im EEG und grenzt sie dadurch von anderen Formen ab. Absencen dauern weniger als 20 Sekunden.

»Psychomotorische Anfälle«

Psychomotorische Anfälle gehören zur Gruppe der komplex-fokalen Anfälle. Sie dauern in der Regel 1–15 Minuten und gehen mit einer

Störung des Bewußtseins einher. Häufig kommt es zu starrem Blick, zu Automatismen im Mundbereich und zu inhaltsleeren Bewegungen. Die komplex-fokalen Anfälle müssen von anderen Formen abgegrenzt werden, damit eine exakte Behandlung möglich wird.

Fieberkrämpfe

Fieberkrämpfe gehören zur Gruppe der Gelegenheitskrämpfe. Sie entstehen durch den raschen Anstieg des Fiebers. 60% der Fieberkrämpfe treten zwischen dem 6. und 24. Lebensmonat auf. Man unterscheidet zwei Formen: Einfache (unkomplizierte) Fieberkrämpfe und komplizierte Fieberkrämpfe (s. Tab. 21).

Tonisch-klonische Anfälle: (Grand mal)

Sie entstehen im Stammhirn und breiten sich dann gleichmäßig auf das ganze Gehirn aus. Manchmal kündigen sich diese Anfälle an. Der Beginn wird oft durch einen Schrei oder durch Stöhnen angekündigt. Die

Tab. 21   Einfache und komplizierte Fieberkrämpfe

Symptome	Einfache Fieberkrämpfe	Komplizierte Fieberkrämpfe
tonisch-klonischer Anfall (wie beim Grand mal)	×	×
nicht vor dem 6. Monat nicht später als 5. Lebensjahr	× ×	
Anzahl im Leben	nicht mehr als 4	
Dauer	weniger als 10 Min.	mehr als 15 Min.
Es entwickelt sich nicht automatisch eine Epilepsie	×	
Neurologischer Befund außerhalb des Krampfes	keiner	
Familiäre Häufigkeit	33%	
psychomotorische Entwicklungsstörung		×
Medikation Ende der Medikation	keine	in schweren Fällen 2 Jahre nach dem letzten Anfall
Haus-/Kinderarzt benachrichtigen	×	×

Patienten fallen dann zu Boden. Die Atmung stoppt. Die Muskeln sind zunächst verkrampft, das Gesicht verzerrt. Diese tonische Phase dauert meist nur 10–20 Sekunden. Nach diesem Stadium kommt es zu Muskelzuckungen. Die klonische Phase dauert 1–2 Minuten; bei Vorschulkindern kann diese Phase bis zu 10 Minuten andauern. Durch Sauerstoffmangel kommt es manchmal zu einer Blaufärbung im Gesicht.

Danach liegt das Kind ruhig da. Die Bewußtlosigkeit ist unterschiedlich lang. Meist folgt ein tiefer Schlaf. Nach dem Erwachen braucht das Kind noch eine gewisse Zeit, um sich wieder zurechtzufinden. Ein möglicher Zungen- oder Backenbiß ist ungefährlich. Schutzmaßnahmen müssen nicht getroffen werden. An die Zeit des Anfalls besteht keine Erinnerung (Bewußtseinsverlust). Bei Kindern kann es nach dem Aufwachen zum Erbrechen kommen.

Der Status epilepticus

Beim Status epilepticus folgt ein Anfall dem anderen, ohne daß das Kind zwischendurch das Bewußtsein wiedererlangt. Diese Situation kann lebensbedrohlich sein. Akute ärztliche Behandlung ist dringend erforderlich. Durch die mangelnde Versorgung des Gehirns mit Sauerstoff sind bei häufigen Anfallsserien bleibende Beeinträchtigungen der Entwicklung eines Kindes unvermeidbar.

Häufige Fragen von Angehörigen und allgemeine Bemerkungen zur Therapie

Was ist zu tun, wenn sich ein Anfall ankündigt?

Manche Anfälle kündigen sich durch Vorboten, eine sog. Aura an. Vorboten können sein: Geschmacks- oder Geruchswahrnehmung, Lichteindrücke, unklares Vertrautheitsgefühl. Nach einer Aura muß nicht unbedingt ein Anfall folgen. Kündigt sich ein Anfall an, sollten die Angehörigen versuchen, Verletzungen durch den Sturz zu vermeiden. Ansonsten soll man die Patienten nicht anfassen. Nach dem Anfall ist eine stabile Seitenlage wichtig. Die Einlieferung ins Krankenhaus ist nicht notwendig, wenn die Bewußtlosigkeit kurz war.

Medikamente

Die wichtigste Form der Therapie bei Kindern mit Anfällen ist die regelmäßige Einnahme der verordneten Medikamente. Die Regelmäßigkeit ist deshalb so wichtig, weil die Anzahl der Wirkstoffe im Körper möglichst gleich bleiben sollte. Grundsätzlich gilt, daß ein erster Anfall nicht medikamentös behandelt werden muß.

■   **Vergessene Tabletten**
Wenn jemand seine Tabletten zur gewohnten Zeit vergißt, müssen sie geschluckt werden, sobald man es merkt. Dies gilt auch dann, wenn dies die gleichzeitige Einnahme mit der nächsten Dosis bedeutet. Selbst wenn es dadurch gelegentlich zu vorübergehenden Nebenwirkungen kommt, ist die Einnahme der *gleichen* Medikamentenmenge pro Tag wichtig.

■   **Nebenwirkungen**
Einige Medikamente haben zum Teil behandlungsbedürftige Nebenwirkungen. In solchen Fällen muß *sofort ein Arzt* aufgesucht werden.

■   **Erbrechen**
Kommt es kurz nach der Einnahme des Medikamentes zum Erbrechen, muß man die gleiche Dosis noch einmal nehmen. Bei Anhalten des Erbrechens sollte *der Arzt* aufgesucht werden.

■   **Durchfälle**
Keine Dosisveränderung der Medikamente, weil sie nicht im Darm abgebaut werden.

■   **Notaufnahme, Notinformation**
Menschen mit Epilepsie sollten immer Informationen über ihre Krankheit und deren Behandlung bei sich führen.

■   **Geplante Beendigung der Therapie**
Das Absetzen eines Medikamentes dauert häufig Wochen oder sogar Monate und darf nur auf Anweisung des Arztes vorgenommen werden.

■   **Wann wird man anfallsfrei?**
Das Ende der Epilepsie wird manchmal mit dem Beginn der Pubertät in Verbindung gebracht. Einen direkten Zusammenhang zwischen dem Aufhören und der Pubertät hat man jedoch nicht feststellen können. Meist handelt es sich um Behandlungserfolge. Angehörige sollten die Therapie nicht ohne Zustimmung des Arztes beenden. Man kann sich nicht darauf verlassen, daß die Epilepsie mit der Pubertät endet.

■   **In welchem Alter sollte man mit dem Kind über seine Anfälle sprechen?**
Ab einem Entwicklungsalter von etwa fünf Jahren beginnen Kinder über sich und ihr Leben kritisch nachzudenken. In diesem Alter fragen sie dann ganz gezielt: Warum bekomme ich Anfälle? Warum bekomme nur ich Anfälle und andere nicht? Warum muß ich schon wieder zum Arzt, andere Kinder gehen nie so oft? usw. Allgemein kann man sagen, daß Eltern ab diesem Alter auf die Fragen der Kinder vorbereitet sein sollten, um sie so offen wie nur möglich auch beantworten zu können. Die Realität

sollte so getreu wie nur möglich dargestellt werden. Weiter gilt, daß Kinder spätestens mit einem Entwicklungsalter von acht Jahren über ihre Problematik aufgeklärt werden sollen. Dies gilt auch, wenn die Kinder – aus welchem Grund auch immer – nicht danach fragen.

Kinder mit Schwermehrfachbehinderung

Geht die Gesamtentwicklung eines Kindes nicht über den Entwicklungsstand von 6–9 Monaten hinaus, sprechen wir von einer Schwermehrfachbehinderung. Dies bedeutet, daß die Kinder nicht in der Lage sind, zielgerichtete Handlungen auszuführen. In den meisten Fällen können diese Kinder nicht selbständig sitzen. Oft kann der Kopf nicht ohne Hilfe gehalten werden. Die Kommunikationsmöglichkeiten dieser Kinder bleiben auf einer elementaren Stufe stehen. Meist äußern sie nur Behagen und Unbehagen. Durch die eingeschränkte Motorik ist die Verständigung auch auf nichtsprachlicher Ebene nur eingeschränkt möglich.

Kinder mit Schwermehrfachbehinderung müssen zeitlebens gepflegt werden. Sie können, auch wenn sie älter sind, nicht selbständig essen oder zur Toilette gehen.

Die Entwicklung des Denkens ist ebenfalls stark eingeschränkt. Sie erkennen beispielsweise nicht, daß es die Rassel in der Hand ist, die das Geräusch verursacht. Das Wiedererkennen von Dingen in einem Bilderbuch ist nicht möglich. Bei vielen Kindern mit Schwermehrfachbehinderung fehlt es an Wachheit (Möglichkeit zur Aufmerksamkeit), um die Reize, die auf sie einströmen, (richtig) zu verarbeiten.

Die *Ursache* für die massive Entwicklungsverzögerung bleibt in vielen Fällen unbekannt. Oft ist es eine Anhäufung von ungünstigen Faktoren. In der Medizin wird dann von Syndromen gesprochen.

Grundsätzlich bedeutet die Geburt eines Kindes eine Veränderung der Familiensituation. Die Geburt eines Kindes mit Schwermehrfachbehinderung oder das Wissen darum bringt die Familie, besonders die Mutter, in eine Extremsituation. Alle erwarten von Mutter und Kind, daß sie sich im familiären Alltag zurechtfinden. Das schwermehrfachbehinderte Kind verhält sich jedoch ganz anders als gewohnt. Oft ist es den normalen Belastungen nicht gewachsen. Bei den Eltern entsteht eine massive Unsicherheit im Zugang zum Kind. Diese führt zu Hilflosigkeit und Aggressionen.

Zu diesen eher seelischen Belastungen kommen noch die dauernde Pflegebedürftigkeit, sowie besondere Schwierigkeiten bei der Nahrungsaufnahme hinzu. Es kann lange dauern, bis das Kind eine Mahlzeit zu sich

genommen hat. In einigen Fällen ist der Rhythmus von Schlaf- und Wach-
phasen gestört. Da sich das Kind selbst kaum bewegen kann, muß es immer
wieder anders gelagert werden. Der Umgang mit dem Kind erfordert viel
Zeit und Energie von den Eltern. Es entsteht das Gefühl einer ständigen
»Rufbereitschaft«. Trotz großer Zuwendung und hohem pflegerischem Auf-
wand sind beim Kind nur kleinste Entwicklungsfortschritte zu sehen.
Zusätzliche gesundheitliche Probleme des Kindes, wie eine unregelmäßige
Atmung oder eine schlechte Verdauung, sind weitere Streßfaktoren. Diese
Tatsachen können zu einem Druck führen, der in Überforderung, Verzweif-
lung und unterschwellige Ablehnung münden kann. *Sowohl die Perspekti-
ven für das eigene Leben als auch für die Entwicklung und die Zukunft des
Kindes gehen verloren.*

Die Eltern wollen das Beste für ihr Kind. Sie stellen dadurch oft
sehr hohe Erwartungen an sich selbst und übernehmen die Rolle des
hauptverantwortlichen Rundum-Förderers. Gleichzeitig wird – meist
unüberlegt – davon ausgegangen, daß die Mutter diese Rolle zu übernehmen habe. Diese Ansprüche werden von fachlicher Seite durch Sätze wie
»frühe Förderung ist die beste Förderung« an die Familie verstärkt.

Aus der scheinbar nun notwendigen Rolle als »Therapeuten«
erwächst eine Diskrepanz zur gewünschten und üblichen Elternrolle. Das
natürliche Verhalten der Eltern scheint nicht auszureichen und wird oft-
mals »verschüttet«.

Der große Aufwand für Förderung und Pflege des Sorgenkindes,
wirkt auf alle Familienmitglieder. Besonders bei den Geschwistern besteht
die Gefahr, daß sie sich vernachlässigt fühlen. Bei den Eltern entsteht
leicht das Gefühl, auf viele andere Dinge, die früher wichtig waren, verzichten zu müssen. Ihr eigener Freiraum wird auf ein Minimum beschränkt.
Oft werden Kontakte zu Freunden und Bekannten abgebrochen.

Durch die intensive Auseinandersetzung mit dem schwermehrfachbehinderten Kind und den Spezialisten bekommt die Mutter einen
Wissensvorsprung vor dem Vater, der oft aus zeitlichen Gründen nicht an
der Förderung teilnehmen kann. Damit wächst der Anteil der Mutter an
der Verantwortung. Bei manchen Vätern führt dies zu einem weitgehenden
Rückzug. Die Mütter wiederum fühlen sich in ihrer schwierigen Situation
alleingelassen.

Ein weiterer Belastungsfaktor für die Eltern eines Kindes mit
einer Schwermehrfachbehinderung ist die Verarbeitung der Trauer über
den Verlust eines gesunden Kindes. Oft müssen dazu noch Äußerungen von
Verwandten und Bekannten, wie »das verwächst sich noch« oder »Du warst

auch spät dran mit dem Laufen« ertragen und auch richtiggestellt werden. Obwohl die Eltern wissen, daß sie keine Fehler gemacht haben und trotz vielfältiger und glaubwürdiger Entlastung von Seiten der Fachleute, taucht immer wieder die Frage nach der eigenen Schuld auf. In Gedanken werden für die Zeit vor, während und nach der Schwangerschaft Schuldanteile gesucht. Dies alles ist sehr anstrengend.

Zur Förderung des Kindes mit Schwermehrfachbehinderung

Trotz großer Schwierigkeiten kann die gezielte Förderung positive Veränderungen in der Entwicklung der Motorik, der Wahrnehmung, des Emotional- und Sozialverhaltens und des Denkens bringen. *Ziel der Förderung* ist die Erhöhung der Lebensqualität aller Beteiligten. Der Ausgangspunkt ist immer das Wohlbefinden des Kindes. Die Ziele orientieren sich in hohem Maße an den Bedürfnissen und Möglichkeiten des Kindes, der Familie und der Mitarbeiter der Frühförderung und nicht am allgemeinen Standard. Dies bedeutet, daß bei jedem Kontakt mit dem Kind und der Familie die aktuellen Bedürfnisse aller Beteiligten neu erspürt werden müssen. Gemeinsam sind verschiedene Wege ihrer Befriedigung zu finden. Aus den Aktivitäten des Kindes lassen sich unterschiedliche Ansatzpunkte innerhalb der einzelnen Entwicklungsbereiche ableiten.

Im Vordergrund der Förderung steht die Steigerung der Wachheit, um Reize aus dem Umfeld aufnehmen zu können. Erst dann ist es möglich, einzelne Fähigkeiten aufzubauen, Bekanntes wiederzuerkennen und nicht alles Neue als angstmachend zu empfinden. Ständig wiederkehrenden Situationen im Tagsablauf einer Familie haben dabei einen positiven Einfluß auf die Förderung des Kindes.

Eine Konzeption zur Förderung von Kindern mit Schwermehrfachbehinderung ist die *Basale Stimulation*:

Auf einfachster Stufe werden den Kindern Eindrücke auf den verschiedenen Sinneskanälen vermittelt und ihre Reaktionen darauf beobachtet. So sollen Voraussetzungen geschaffen werden, Personen und Umwelt wahrzunehmen und Eindrücke zu verarbeiten.

Über das Besondere der Förderung von Kindern mit Schwermehrfachbehinderung

Die Inhalte der Förderung eines Kindes mit Schwermehrfachbehinderung wirken auf viele Eltern zunächst befremdlich, weil Fertigkeiten angebahnt werden, die andere Kinder von alleine machen (z. B. Kopfdrehen in Rückenlage). In der Frühförderung versuchen wir, der Familie die Ursachen für das ungewohnte Verhalten des Kindes zu erklären und das

Gefühl dafür zu wecken, was das Kind lernen kann und wo seine Grenzen sind. Dafür werden Entwicklungswege aufgezeigt. Ziel ist dabei auch die Entlastung der Eltern. Dafür übernehmen die Mitarbeiter auch ein Stück der Verantwortung für die Entwicklung des Kindes. Weiter helfen sie, daß die Eltern ihre natürliche Erziehungskompetenz wieder zurückgewinnen und zu einem unbeschwerteren Leben finden.

Oft bekommen die Eltern unzählige Hinweise für den Umgang und die gezielte Förderung ihres Kindes.

Häufig sind diese Hinweise aber nicht mit der Alltagssituation der Familie in Einklang zu bringen. Es entsteht die Auffassung, viel Förderung beschleunige automatisch die Entwicklung des Kindes. Dies hat negativen Einfluß auf die Förderung und das Familienleben. Viele Familien werden deshalb sehr häufig überfordert. Aus diesem Grund ist es bedeutsam, besonders in diesen Familien, die Frühförderung zuhause zu beginnen und über einen längeren Zeitraum als *Hausförderung* beizubehalten.

Die Frühförderung versucht auch noch weitere Entlastungsmöglichkeiten zusammen mit der Familie zu finden (z. B. Mund- und Eßtherapie, S. 52; Versorgung mit Hilfsmitteln), um den Alltag erfreulicher und zufriedenstellender zu gestalten. Aber auch sonst können im Gespräch mit der Familie Erleichterungen im Zusammenleben mit dem schwermehrfachbehinderten Kind entdeckt werden. Dabei ist hilfreich, wenn die Eltern ihre Bedürfnisse möglichst direkt formulieren.

In der extremen Belastungssituation der Familie muß es für die einzelnen Familienmitglieder auch noch Raum für eigene Aktivitäten und Erholungsphasen geben. Die Frühförderung versucht gemeinsam mit der Familie solche Freiräume zu finden und deren Verwirklichung zu unterstützen. Gerade Eltern mit einem schwermehrfachbehinderten Kind brauchen für ihre eigene Stabilität Unternehmungen, die sie aus dem Alltag herausholen (z. B. Hobby, Veranstaltungen am Abend, gemeinsame Freizeitgestaltung, Urlaub).

Auf der einen Seite verzichten Eltern oft auf solche Aktivitäten, weil es schwierig ist, sie zu verwirklichen. Auf der anderen Seite machen sie sich häufig selbst den Vorwurf, ihr Sorgenkind zu vernachlässigen. Sie sind sich nicht darüber im klaren, daß sie erholt und ausgeglichen mehr Kraft für ihr Kind haben. Deshalb werden die Eltern bei der Suche von Hilfen (so bei der Suche nach einem Babysitter oder der zeitweiligen Heimunterbringung des Kindes während des Urlaubs) von der Frühförderung unterstützt.

Verzweiflung, Hoffnungslosigkeit und Trauer im Zusammenleben mit einem schwermehrfachbehinderten Kind wechseln sich mit mit Phasen der Zuversicht ab. Diese Gefühle der Eltern stehen nicht isoliert, sondern sie werden auch von den Mitarbeitern der Frühförderung mit den Eltern und in ihrer eigenen Arbeit empfunden. Die Mitarbeiter können diese Empfindungen nützen, ein Gefühl für die Situation der Familien aufzubauen.

Was bewegt den Zappelphilipp? oder: Die Minimale Zerebrale Dysfunktion (MCD)

In diesem Kapitel geht es um Sorgenkinder, von denen man nur wenig Genaues weiß, warum sie so sind wie sie sind, für die es die unterschiedlichsten Namen gibt und die sehr viel »Nerven kosten«.

Im nachfolgenden Abschnitt soll in einem *ersten Schritt* durch Beschreibungen verdeutlicht werden, um welche Kinder es geht. Im *zweiten Schritt* wird die Ursache erläutert und warum sich diese Kinder (nur) manchmal so abweichend verhalten. Es wird gezeigt, daß diese Kinder zeitweise ihre neuropsychologischen Verarbeitungsmechanismen nicht genügend steuern können. Im *dritten Schritt* gibt es Hinweise für pädagogische Hilfen im Alltag und für gezielte Fördersituationen.

1. Schritt

Die Erzieherinnen im Regelkindergarten oder auch Eltern charakterisieren diese Kinder häufig so:

– Überall wo MARTIN ist, herrscht ein furchtbares Chaos.
– PETRA kommt auch dort hin, wo die anderen Kinder hinkommen, aber ihre Bewegungen sind schlampig; sie ist tolpatschig.
– MARTIN wehrt sich immer, wenn wir etwas Neues machen wollen; manchmal glaube ich, er hat dann regelrecht Angst, auch vor mir.
– CHRISTIAN rastet aus, wenn etwas Unvorhergesehenes kommt.
– Bevor ANNA aufsteht und etwas zum Spielen holt, bleibt sie lieber sitzen und schaut den anderen Kindern zu. Man braucht viel Zeit und Überredungskunst, sie zu einer eigenen Aktivität zu bewegen.
– MARTIN hält es kaum aus, wenn ich mal aus dem Zimmer gehe; er sitzt dann meist untätig da und wartet bis ich wiederkomme; manchmal rennt er mir sogar hinterher.
– JULIA spielt am liebsten den ganzen Vormittag an ein und demselben Spiel; sie hat keine eigene Idee für ein neues Spiel.

- Kaum sind zwei Minuten vorbei, hört MARTIN beim Malen auf und will in die Bauecke; auch dort hält er es nicht lange aus; er ist überhaupt so sprunghaft.
- STEFFI malt selten ein Bild zu Ende; beim Bauen ist sie sehr schnell fertig.
- Der erste, der beim Vorlesen stört, ist WALTER; darauf kann man sich schon verlassen.
- auch sonst hat WALTER Probleme, er kann keine Geschichte richtig nacherzählen.
- Beim Basteln braucht WALTER immer meine Hilfe; er weiß nicht, wie man anfängt; er fragt immer, was er als nächstes tun muß.
- Selbst nach zwei Jahren stellt sich BIANCA an wie beim ersten Mal. Beim Turnen weiß sie immer noch nicht, wie man unter der Langbank durchkriecht.
- MARTIN weiß genau, wenn für ihn eine Aufgabe schwierig ist; er wehrt sich dann mit Händen und Füßen, er ist mit nichts zu überreden. Manchmal wirkt er dann ganz traurig, ein anderes Mal flippt er aus und wütet in der Bauecke.
- sobald es auch nur ein bißchen schwierig wird, gibt ANJA auf. Sie will dann, daß ich ihre Arbeit für sie erledige; wenn ich mich weigere, wird sie unausstehlich oder zieht sich in die Kuschelecke zurück.
- sehr oft rastet KARSTEN total aus; wenn man dann nachfragt, sind es oft nur Kleinigkeiten.
- MARTINA ist sehr heftig und stürmisch im Umgang mit anderen, wehe aber man nimmt sie mal in den Arm, dann wehrt sie sich mit aller Kraft.
- obwohl STEFFI jetzt schon über ein halbes Jahr in den Kindergarten kommt, weiß ich sehr wenig über sie; sie zieht sich häufig zurück, erzählt kaum etwas und spielt am liebsten allein.
- MARTIN erkennt nie, daß ich gerade etwas anderes tue; er stört dann solange, bis ich ärgerlich werde; einfach ignorieren hat keinen Wert.
- ich glaube, MARKUS merkt schon, daß er anders ist als andere Kinder; wenn es für ihn schwierig wird, versucht er dies durch Herumkaspern zu vertuschen.
- manchmal ist MARTIN sehr laut, wehe aber, andere Kinder machen einen Krach, dann beschwert er sich lauthals und übertönt alle.
- MICHAEL fällt eigentlich immer und überall auf; beim Turnen kaspert er nur; obwohl er ja schon fast sechs ist, sehen seine Bilder aus wie bei den Kleinen; beim Vorschulprogramm ist er einer der Schlechtesten.

- große Sorgen macht mir ELKES Sprache, ich kenne sie ja nun schon lange und kann sie verstehen, aber die Praktikanten haben immer ihre Schwierigkeiten.
- Manchmal ist MARTIN ganz normal, aber dann gibt es Tage, da denke ich, er muß weg, er ist in unserem Kindergarten nicht mehr tragbar; ich muß dann so aufpassen, daß ich nicht ungerecht werde.
- wenn SEBASTIAN wieder einmal seinen schlimmen Tag hat, hilft nichts; alles was wir ausprobiert haben, war ohne Erfolg; wir wissen nicht mehr weiter.

»Oh je, was denn noch alles? Da soll noch ein Mensch durchblikken!«. Wahrscheinlich werden viele Leser solche Gedanken haben, womit wir mitten im nächsten Thema stecken, nämlich im Versuch, eine Erklärung für die Ursachen dieser Probleme zu finden.

2. Schritt

Diese Kinder sind anders! Wie kann man sich dies erklären?

Diese Frage ist aus folgenden Gründen nicht einfach zu beantworten:

1. Die Probleme der Kinder zeigen sich vollkommen unterschiedlich. Als Erklärung müssen deshalb mehrere Faktoren berücksichtigt werden.

2. Die Schwierigkeiten treten nicht konstant auf. An manchen Tagen geht es mit den Kindern sehr gut. An anderen dagegen regiert die Verzweiflung und zwar sowohl beim Kind selbst als auch bei den Erwachsenen oder den anderen Kindern. Daraus kann man schließen, daß die Kinder eigentlich alles können und kennen, was man von ihnen erwartet, aber an bestimmten Tagen bringen sie es nicht fertig. Das Problem ist, daß die Kinder die Anforderungen auch dann nicht erfüllen können, wenn sie wollen und sich besonders Mühe geben. Den Erwachsenen liegt dann ganz rasch der Satz auf den Lippen »Du könntest schon, wenn Du nur wolltest«. Die Kinder und die Fachleute wissen, daß dies nicht stimmt. *Nochmals*: Auch wenn das Kind gestern eine Anforderung erfüllt hat, kann es sein, daß es dazu heute, auch bei noch so gutem Willen, nicht in der Lage ist.

3. Manche Kinder reagieren bei bestimmten Personen viel heftiger als bei anderen. Dies bedeutet, daß die Ursache auch noch in der Art und Weise zu suchen ist, wie man mit dem Kind umgeht und welche Erfahrungen es schon mit diesen Personen gemacht hat.

Weiter ist schwierig, welche Bezeichnung man nun für die Kinder auswählen soll. Fachleute haben eine große Anzahl von Begriffen erfunden, um diese Störung zu bezeichnen. Beispiele sind: Minimale cerebrale Dysfunktion (MCD), Minimale Hirnfunktionsstörung, Teilleistungsstörungen, Werkzeugstörungen, Frühkindliches psycho-organisches Syndrom (POS), Organisches Psychosyndrom, Hyperaktivität. Alle Begriffe bezeichnen mehr oder weniger dasselbe. Die Bezeichnung Hyperaktivität verwendet man allerdings nur dann, wenn das Hauptproblem des Kindes eine ständige motorische Unruhe ist.

Da jeder einzelne Begriff bestimmte Unzulänglichkeiten beinhaltet, hat sich im Frühförderalltag der Begriff »Minimals« eingeschlichen. Mit aller Vorsicht und Respekt vor den Kindern soll er auch hier verwendet werden, jedoch nur um dem Problemfeld einen Namen zu geben. Diese Unschlüssigkeit bei der Begriffswahl ist ein weiterer Hinweis, daß die Ursachen für diese Auffälligkeiten wenig geklärt sind. Allerdings zeigt die pädagogische Erfahrung, daß die Probleme mit der Aufmerksamkeitssteuerung, mit der Handlungsplanung (Dyspraxie, s. S. 66) und der Gedächtnisarbeit vorhanden sind.

Was sich hinter diesen Störungsbildern verbirgt, soll durch die nachfolgende Beschreibung von Einzelproblemen erläutert werden. Beim genauen Durchschauen der Einzelprobleme fällt auf, daß sie sich zum Teil widersprechen. Ein *Beispiel:* Einmal nehmen die Kinder zu viele Details wahr. Sie verlieren sich in Einzelheiten und verpassen so das Gesamtthema. Auf der anderen Seite erfassen sie wieder zu wenig Einzelheiten. Ihr Umgang wird dann grob; das Papier ist zerknittert, das Dach am Legohaus längst eingestürzt. Diese Widersprüche sind ein charakteristisches Merkmal des Wahrnehmens, Denkens und Fühlens dieser Kinder.

Verminderte Wahrnehmungsspanne

Je älter ein Kind wird, desto mehr Einzelheiten kann es von sich und seiner Umgebung wahrnehmen bzw. bestimmte Einzelheiten werden zu einer größeren Einheit zusammengefaßt und als Einheit verarbeitet. Dies gilt sowohl für jeden Wahrnehmungsbereich (beispielsweise Sehen, Tasten) gesondert als auch für die gesamte Wahrnehmung. Diese Fähigkeit entwickelt sich im Verlauf der ersten Lebensjahre. Bei vielen »Minimals« ist diese Fähigkeit nicht altersgemäß entwickelt. Sie wird jedoch erhöht, wenn dem Kind Zeit bleibt, streßfrei die Informationen »portionsweise« abzuspeichern. Die Kinder lernen dann, Gemeinsames zu einer Gruppe zusammenzufassen.

Verminderte Fähigkeit, feine Reizunterschiede zu erkennen
Auch diese Fähigkeit wird erlernt. Sie ist eine wichtige Voraussetzung für die Begriffsbildung, beispielsweise für die Zuordnung bestimmter Begriffe zu bestimmten Situationen. Im sozialen Kontext bedeutet diese verminderte Fähigkeit, daß die Minimals oft nicht bemerken, wenn sie über das Ziel hinausschießen. Sie erkennen soziale Signale der Zustimmung und Ablehnung nicht oder erst zu spät. Ermahnungen »Merkst du denn gar nicht, wie sehr du die anderen störst«, gehören dann zum Alltag. Aufgrund der verminderten Fähigkeit, Feinheiten zu erkennen, kann das Kind nicht verstehen, wie es dies hätte »merken« können.

Wir beachten zunächst das Wichtigste: (gezielte) Aufmerksamkeit
In vielschichtigen, komplizierten oder gefährlichen Situationen nehmen wir nur bestimmte wesentliche Merkmale wahr; unwesentliche werden übersehen. Voraussetzung dafür ist, rasch unterscheiden zu können, was wichtig ist und was nicht. Ein *Beispiel:* Beim Überqueren der Straße ist es nicht wichtig zu erkennen, ob das herannahende Auto ein PKW oder ein Kombi ist oder wie viele Leute im Auto sitzen. Entscheidend ist, ob ein Auto kommt und wie schnell es fährt. Sich auf die entscheidenden Merkmale zu beschränken, ermöglicht uns, nicht in einer Flut von Informationen zu ersticken. Diese Fähigkeit ist eine Leistung unserer Aufmerksamkeitssteuerung. »Minimals« haben sehr häufig Schwierigkeiten sich auf die entscheidenden Merkmale zu »konzentrieren«. Sie laufen zum zehnten Mal über die Straße ohne zu schauen. Der Stadtbummel wird für die Eltern zum Alptraum.

Unzureichende Einordnung von Inhalten ins Gedächtnis
Sollen neue Wahrnehmungsinhalte im Gedächtnis abgespeichert werden, werden sie mit alten Inhalten verglichen und – wenn immer möglich – Gleichem oder Ähnlichem zugeordnet. Bei »Minimals« kommt es oft zu falschen Zuordnungen. Folge sind nun Fehler beim Abrufen von bestimmten Zusammenhängen. In solchen Fällen reagieren die anderen dann mit Bemerkungen wie »wie kann man nur?« Für das Kind jedoch ist es völlig klar, daß die Dinge zusammengehören; es hat sie ja so abgespeichert.

Gesenkte Reizschwelle
Aus dem Alltag kennen wir alle die Tatsache, daß man bestimmte Gerüche oder auch die vorbeifahrende S-Bahn nach einer gewissen Zeit nicht mehr wahrnimmt. Die Reizschwelle scheint zu steigen. Diese Möglichkeit gibt es in allen Sinnesbereichen. Im Alltag reagieren die Leute dann folgendermaßen: »Ach, daran habe ich mich schon längst gewöhnt. Das

höre ich nicht mehr.« Man vermutet, daß bei manchen »Minimals« die Reizschwelle für bestimmte oder alle Sinnesreize herabgesetzt ist. Dies bedeutet, daß sich die Kinder nicht an bestimmte Reize gewöhnen. Sie »müssen« immer wieder auf die Geräusche der S-Bahn achten und erschrecken zum x-ten mal, wenn die Tür laut zugemacht wird. Die Folge ist, daß die Kinder an einer massiven Reizüberflutung leiden.

Ganz ähnliche Kennzeichen hat ein weiteres Problem, das mit dem Fachbegriff »mangelnde Gewöhnung« beschrieben wird. In der alltäglichen Wahrnehmungsverarbeitung wird geprüft, ob ein Reiz neu ist oder altbekannt. Ist er neu, werden zusätzliche Erkennungsmechanismen eingeschaltet, damit ja kein Teil dieses neuen Reizes verlorengeht. Es ist leicht einzusehen, daß diese Form der Verarbeitung einerseits sehr erfolgreich ist, andererseits viel Kraft kostet. Dieses Gefühl kennen wir alle, wenn viel Neues auf uns einstürzt, sind wir sehr schnell gestreßt. Ist dagegen ein Reiz altbekannt, wird er nur ganz kurz entsprechend den bewährten Möglichkeiten verarbeitet. Bei den »Minimals« gibt es nun die Besonderheit, daß sehr viele Reize, die hinlänglich bekannt sind, als neu eingestuft werden und der gesamte Apparat der Detailerkennung abläuft. Diese Kinder erleben dann das Aufbauen des Stuhlkreises für das Abschlußliedsingen so aufregend wie an dem Tag, als sie dies das erste Mal erlebt haben. Kleine Details wie »wer sitzt neben wem?«; »wird nun wirklich gesungen oder doch vorgelesen?« sind bedeutsame, aufregende Fragen. Sehr schnell sind die Kinder überfordert.

Erhöhte Reizschwelle
Dies ist das Gegenstück zum Problem »gesenkte Reizschwelle«. Kinder mit einer erhöhten Reizschwelle brauchen starke und eindeutige Reize, um sie wahrnehmen zu können. Was können Anzeichen einer erhöhten Reizschwelle sein? Diese Kinder balgen ungestüm. Sie erkennen nicht, daß ihr Tun anderen bereits Schmerzen bereitet. Sie haben keinen sozial gültigen Maßstab. Viele Erfahrungen bleiben ihnen verschlossen. Um dieses Erfahrungsdefizit auszugleichen, nehmen sie Spielsachen lange in den Mund. Bei solchen »Spielen« bestimmen die Kinder selbst ihre Reizhöhe und kompensieren so ihre Schwäche. Ältere Kinder gelten oft als sozial unangepaßt, weil ihre Spielgestaltung und ihr sozialer Umgang nicht der Norm entspricht. Eltern klagen, er sei bei allem so übertrieben, nichts sei mehr normal.

Ständig soll ich was neues machen; nein, ich will nicht (die verlangsamte Umstellungsfähigkeit)
»Minimals« haben oft Schwierigkeiten, eine Handlung zu beenden und eine neue zu beginnen. Da fährt das Auto halt immer noch zwischen

Teller und Tasse hindurch oder der Streit von vor einer halben Stunde lodert immer wieder auf. Ungeeignete Handlungsideen werden nicht unterdrückt, sondern laufen, wenn sie erst einmal aktiviert sind, einfach ab. »Der muß immer mit dem Kopf durch die Wand«. Die Kinder brauchen viel mehr Zeit als andere um eine Handlang abzuschließen und innerlich frei zu sein, eine neue zu beginnen. Bei älteren Kindergartenkindern oder auch bei Schulkindern wird die Zeit häufig mit sogenannten fruchtlosen Diskussionen überbrückt. Danach gelingt die Handlung meist unproblematisch. Die Erwachsenen denken dann, bereits ziemlich wütend geworden: »Warum nicht gleich so!« Bei jüngeren Kindern und bei Kindern mit geistiger Behinderung können stereotype Bewegungen oft Ausdruck von solchen Umstellungsschwierigkeiten sein.

Die optimale Arbeit des Gedächtnisses
Unser Gedächtnis arbeitet sehr schnell. Ein Grund liegt darin, daß im Gedächtnis nicht tausende von kleinen Einzelfaktoren gespeichert sind, sondern unter einem bestimmten Begriff bestimmte Zusammenhänge »gefunden« werden. Bei unseren »Minimals« scheint dies nicht immer der Fall zu sein. Oft haben sie unter dem Begriff »Geburtstagsfeier« nicht einen Gesamteindruck von diesem Fest gespeichert, sondern nur wenige, aus Sicht des Kindes besonders wichtige Einzelteile. Bei kleinen Kindern freut man sich sehr häufig darüber. Die stolzen Kommentare lauten dann: Hört nur, was der noch alles weiß, das habe ich längst vergessen». Je älter diese Kinder werden, desto deutlicher wird auch, daß diese Kinder sehr schnell den Überblick verlieren: Die anderen sitzen längst und malen, während das »Minimal-Kind« noch immer keine Stifte hat.

»Mir liegt es auf der Zunge!«: Fehlerhafte Suchstrategie im Gedächtnis
Einige Informationen aus dem Gedächtnis sind direkt «greifbar» (Langzeitgedächtnis). Meist werden sie aber mit Hilfe von Suchwegen (Strategien) gefunden (mittelfristiges Gedächtnis). Suchstrategien bedeuten, daß man das Gedächtnis systematisch absucht. »Minimals« suchen meist wahllos herum und bieten zufällig eine Information an. Auf der anderen Seite sind sie dadurch sehr kreativ.

Schwierigkeit, Anfang und Ende einer Spielidee zu finden
In diesen Fällen beginnen die Kinder nicht mit der eigentlichen Handlung. Sie erledigen viele Dinge noch vorher, ehe sie dann mit dem vereinbarten Spiel beginnen. Die Zwischenhandlungen sind notwendig, um den Beginn des eigentlichen Programms zu finden und zu starten. Zum Teil wägen sie Pro und Kontra eines Spiels lange ab. Man hört dann Sätze wie:

»Ja, aber wir könnten doch auch in der Puppenecke spielen«. In sozialen Situationen verlieren diese Kinder den Anschluß an das Gruppengeschehen. Sie verhalten sich dann wie Einzelgänger. In der Kindergruppe gelten sie als Langweiler ohne Ideen.

Motorische Koordinationsstörungen

Viele dieser Schwierigkeiten wirken sich auch auf die Motorik aus. Die Bewegungen sind tolpatschig und oft mit zu viel Kraft verbunden. Es gibt häufig Zwischenbewegungen, die eigentlich gar nicht notwendig sind und viel Kraft kosten.

═══ 3. Schritt

Mögliche Hilfen

Der erste und wichtigste Punkt, diesen Kindern zu helfen, ist, sie zu verstehen. Die Aufzählung einer Reihe von Symptomen scheint uns eine erste Möglichkeit in dieser Richtung zu sein.

Der zweite Punkt wurde ebenfalls bereits angedeutet: Alle Menschen, die mit »Minimals« zu tun haben, müssen akzeptieren, daß bestimmte Verhaltensweisen, bestimmte Fähigkeiten heute möglich sind und morgen nicht. Droht eine Aktion zu mißlingen, haben es »Minimals« schwer, ihr Verhalten zu steuern. Sie unterscheiden sich in diesem Punkt von anderen Kindern mit auffälligem Verhalten.

Es ist dann regelrecht so, daß sie bestimmte Dinge einfach nicht können, bestimmte Fakten nicht kennen und daß es absolut keine Erinnerung darüber gibt. Schon am Nachmittag oder noch früher kann dies allerdings komplett anders sein.

Aus diesen Gedanken kann man folgende Schlußfolgerung für den Umgang mit diesen Kindern ziehen: Erst, wenn wir dies alles zutiefst akzeptieren, können wir den Kindern helfen. Nur dann haben wir die notwendige Gelassenheit, immer wieder aufs neue mit unseren Bemühungen um Veränderung zu starten. Nur dann kann eine gesunde pädagogische oder alltagstaugliche Beziehung entstehen.

Im dritten Schritt geht es wieder um das Akzeptieren. Diesmal aber müssen wir lernen zu akzeptieren, daß die Förderung, Betreuung und das Zusammenleben sehr viel Kraft kostet, daß es Tage gibt, an denen man verzweifelt und wütend werden kann, wenn man schon hundert Mal das gleiche gesagt hat und es nichts nützt. Aus eigener Erfahrung wissen wir, daß es vor solchen Gefühlen keinen Schutz gibt. Hinzu kommt, daß es den

Kindern sehr häufig genau so geht wie den Erwachsenen. Auch sie kennen sehr gut das Gefühl, nicht geliebt zu werden, immer wieder der Sündenbock zu sein. Sie wissen, was Resignation bedeutet. Sie haben Sehnsucht, auch mal ohne immense Anstrengung ganz vorne zu sein. Einzige Hoffnung, die bleibt, bei allen »Minimals« gibt es immer wieder Fortschritte. Alle »Minimals« haben auch etwas Liebenswertes, Lebendiges und auf ihre Weise auch etwas Herzliches. Sehr häufig sind sie erfrischend kreativ.

Erst jetzt, wenn wir diese Gedanken nachvollzogen haben, können wir uns an konkretere Möglichkeiten der Hilfe heranwagen. Dies soll anhand von Beispielen aus dem Alltag versucht werden. Die Aufmerksamkeit eines Menschen ist dann besonders beeinträchtigt, wenn wir nicht wissen, auf was wir achten sollen, was eigentlich an einer Situation wichtig ist. Den Kindern können wir helfen, wenn wir ihnen in schwierigen Situationen sagen, auf was wir in den entsprechenden Situationen achten, und wie und wo man diese Faktoren wahrnimmt.

Am Beispiel wird dies klar:

Olivers Aufgabe im Kindergarten lautet "still auf dem Stuhlkreis sitzen, das andere Kind nicht zu stören und zu hören, was Renate vorliest. Die Realität zeigt aber ein Kind, das unruhig auf dem Stuhl hin- und herrutscht und immer wieder das Bein von Marianne wegschiebt. Als Beobachter bekommt man den Eindruck, daß Oliver von der Situation so überwältigt ist, daß er überhaupt nicht mehr spürt, daß er sich ständig bewegt und andere Kinder stört. Hilfen sind dann – durchaus im Rahmen von Spielsituationen: Wahrnehmungsspiele mit den Themen: ich bewege mich – ich sitze still. Ich bewege mich an ganz bestimmten Körperteilen; danach berühre ich ganz leicht/ganz kräftig, klopfe ich auf sie, drücke ich mit einem Finger an die Körperteile, die sich bewegt haben; anschließend bewege ich mich wieder und »berühre« nur noch in Gedanken die Körperteile. Die Kinder bekommen dann ein besseres Gefühl für ihre Bewegungen, wissen, wo sie stattgefunden haben. Nur wenn sie dies wissen, können sie eine solche Bewegung auch stoppen, stillsitzen.

Bei schwierigeren Aufgabenstellungen, beispielsweise das Tragen eines vollen Bechers für das Malen mit Wasserfarben, können folgende Hilfen gegeben werden: Vor dem Start kann man das Kind auffordern, den Weg kurz einmal mit den Augen »abzugehen«. Die Kinder sollen einen Wegeplan im Kopf haben. Die Orientierung im Raum ist dann leichter.

Oben haben wir beschrieben, daß die Kinder oft ausrasten, wenn sie etwas Neues machen sollen, oder wenn ein begonnenes Spiel abgebrochen werden muß. Hilfen sind in solchen Fällen alle Maßnahmen, die die Situation gliedern.

Dazu gehört der Hinweis: »Oliver in 10 Minuten müssen wir aufhören«. Die Mutter zeigt dann auf der Uhr, wo der große Zeiger dann steht. Ist dies noch zu wenig, kann man ein Klingelzeichen geben, wenn fünf Minuten vorbei sind. Ein weitere Hilfe ist eine kleine Symboltafel, aus der ersichtlich wird, was jetzt drankommt. Oliver hat dann nicht das Gefühl, wenn ich jetzt aufhöre, dann geht es nicht mehr weiter (er findet den Beginn seines nächsten Handlungsprogramms nicht; s.o.). Das Symboltäfelchen kann für ihn eine Hilfe sein. Bereits beim Aufräumen der letzten Holzklötzchen kann er sich mit der neuen Situation vertraut machen.

Solche und ähnliche Hilfen könnte man noch viele aufzählen. Sie alle haben einen gemeinsamen Charakter:

Sie gliedern die komplizierte Welt, sie zeigen klarer, was wichtig ist und was nicht. Die Hilfen sorgen dafür, daß das Kind einerseits alle seine Sinnesbereiche nützt, um die Situationen zu erfassen und andererseits in bestimmten Situationen sich auf einen ganz bestimmten Wahrnehmungsausschnitt beschränkt, wie Wahrnehmung der eigenen Bewegung (z. B. Sitzhaltung) und Hören, wie oben im Stuhlkreis-Beispiel.

Glossar

Asphyxie

Abbruch der Sauerstoffversorgung z.B. durch Abdrücken der Nabelschnur

Bewegung, aktive und passive

Ein Kind sieht einen Becher, es streckt seine Hand aus, greift ihn, und führt ihn zum Mund um daraus zu trinken. Dies alles sind aktive Bewegungen. Nimmt nun ein anderer Mensch den Arm des Kindes und führt ihn zum Becher, nennt man dies eine passive Bewegung.

Computertomographie (CT)

Die CT ist ein wichtiges Röntgen-Instrument zur Untersuchung von Störungen im Gehirn. Ein Computer erzeugt ein lückenloses Bild von einzelnen Gewebsschichten des Gehirns. Eine Untersuchung dauert etwa 10–30 Minuten; sie ist schmerzlos. Der Patient liegt auf einer Liege; der Kopf wird in die Öffnung des Gerätes gefahren. Auf den Bildern kann man durch die Abstufung der Grautöne entsprechende Gehirninhalte erkennen. Luft wird ganz schwarz abgebildet. Knochen sind ganz weiß. Blutungen z.B. werden hellgrau, die Hirnflüssigkeit dunkelgrau wiedergegeben. Mit der CT kann man viele Krankheiten diagnostizieren: z.B. einen Hydrozephalus, Veränderungen der Hirnmasse, einen Tumor, Blutungen, aber auch Epilepsie (siehe auch EEG).

Das EEG (Elektroenzephalogramm).

Mit dem EEG werden die elektrischen Ströme des Kortex und Impulse aus dem Hirnstamm und dem Zwischenhirn, die bis zum Kortex geleitet werden, gemessen. Mit einem speziellen Apparat werden Strombilder als Wellenlinien auf Papier gezeichnet. Aufgrund ihrer Kurvenform unterscheidet man Alpha-Wellen, Beta-Wellen, Theta-Wellen, Delta-Wellen. Alpha-Wellen gibt es im entspannten ruhigen Zustand, Beta-Wellen treten z.B. auf, wenn man im entspannten Zustand plötzlich die Augen öffnet und genau beobachten will. Theta- und Delta-Wellen gibt es im kindlichen

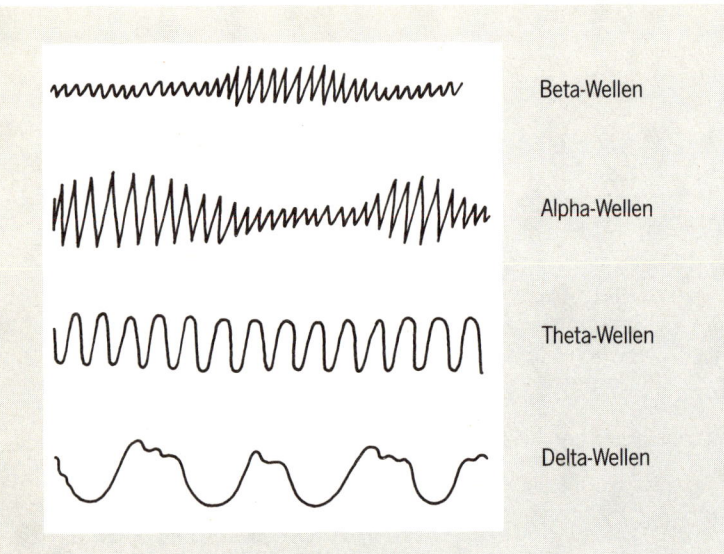

Abb. 16   Das EEG registriert die Hirnströme und zeichnet sie als Wellenlinien auf.

Gehirn. Mit Hilfe des EEGs kann man Abweichungen in der Funktion des Gehirns erkennen. Dies gilt besonders bei Epilepsie. Man spricht dann beispielsweise von »Spike-Waves-Komplexen« (von Spitzen und Wellen) bei Absencen oder von »Hypsarrhythmie« bei BNS-Krämpfen.

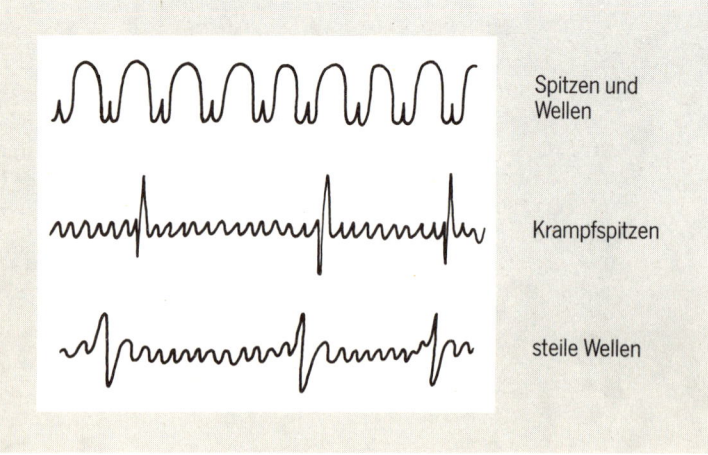

Abb. 17   Im EEG werden die Wellen, die durch eine Epilepsie entstehen, sichtbar.

Ein EEG dauert knapp eine Stunde. Es ist nicht schmerzhaft. Es wird sitzend in einem Stuhl durchgeführt. Am Ende wird einige Minuten lang tief und schnell geatmet. Das Schlafentzugs-EEG wird für eine differenzierte Diagnostik der Epilepsie gemacht. Um ein EEG während des Schlafes machen zu können, werden die Patienten eine Nacht lang wachgehalten. Am nächsten Morgen wird ein EEG abgeleitet. Während dieser Zeit soll der Patient einschlafen. So kann man besonders die Unterschiede zwischen Wach-EEG und Schlaf-EEG erkennen.

Entwicklungsalter

Wenn man die Entwicklung vieler Kinder vergleicht, stellt man beispielsweise fest, daß 90% aller Kinder mit 16 Monaten alleine stehen können. Kann ein Kind dies erst mit 24 Monaten, so sagt man, sein Entwicklungsalter sei 16 Monate.

Entwicklungsbereiche

Grundsätzlich gilt, daß sich alle Menschen als ganzheitliche Wesen entwickeln. Diese Entwicklung ist langfristig und äußerst vielschichtig (komplex) aufgebaut. Sie unterliegt einem ständigen Wandel (Dynamik). Dieser Prozeß wird dann als normal bezeichnet, wenn sich die Person körperlich, seelisch und handlungsbezogen im Rahmen einer gewissen Streubreite verhält. Beurteilt wird dies weit mehr von der Gruppen der Menschen, die um diese Person herum leben, als von der Statistik. Im Verlauf des Lebens gibt es immer wieder Abschnitte, wo diese Entwicklung gefährdet ist. Von pädagogischer Seite bekommen diese Menschen u. a. von der Sonderpädagogik praktische Hilfen. Um die Förderung überschaubar und handhabbar zu machen, wird die komplexe Entwicklung in Entwicklungsbereiche (manchmal auch Entwicklungsfunktionen genannt) gegliedert. Üblicherweise werden sechs Hauptbereiche unterschieden. Sie bilden ein vielfältig verbundenes Geflecht von Beziehungen.

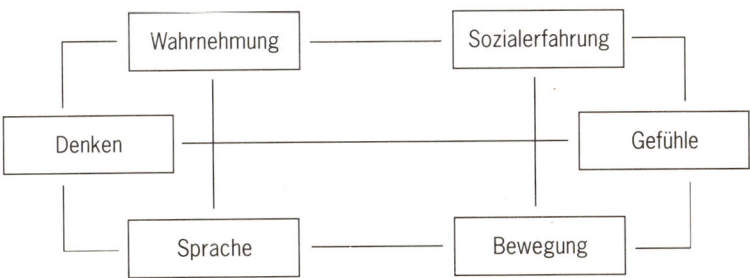

Abb. 18   Die Entwicklungsbereiche

Epilepsie

Fachbegriffe für Formen der Epilepsie

fokale (= partielle) Anfälle:	der Anfall wird durch einen bestimmten Punkt im Gehirn ausgelöst
Generalisierte Anfälle:	beide Hirnhälften sind betroffen
Sekundär general. Anfälle:	Ausbreitung eines partiellen Anfalles auf das gesamte Gehirn
symptomatische Epilepsie:	Ursache kann nachgewiesen werden
Residualepilepsie:	Ursache ist eine Schädigung während der Geburt
idiopathische Epilepsie:	keine direkte Schädigung, es gibt eine gewisse familiäre Belastung oder eine Zuordnung an eine bestimmte Altersgruppe
kryptogenetische Epilepsie: (= genuine Epilepsie)	es gibt keine Hinweise auf Ursache oder Gruppenzugehörigkeit.

Internationales Ordnungsschema von Anfallsformen

Epilepsien kann man nach verschiedenen Gesichtspunkten ordnen. Damit man sich verständigen kann, wurden international vereinbart, wie man bestimmte Formen bezeichnet.

Partielle Anfälle lokaler Beginn; zerebrale Herdläsionen	Einfache fokale Anfälle (ohne Bewußtseinsstörung) – mit motorischen Symptomen – mit sensiblen und sensorischen Symptomen – mit vegetativen Symptomen (isolierte Aura) – mit psychischen Symptomen
	Komplexe fokale Anfälle (mit Bewußtseinsstörung) – einfacher fokaler Anfall mit nachfolgender Bewußtseinsstörung – Bewußtseinsstörung zu Beginn (pychomotorischer Anfall)
	Fokale Anfälle mit sekundärer Generalisierung z. B. fokal eingeleiteter Grand mal

Generalisierte Anfälle konvulsiv oder nicht konvulsiv; oft idiopathisch, bestimmte Formen auch residuell oder symptomatisch	Absencen
	Myoklonische Anfälle
	Klonische Anfälle
	Tonische Anfälle
	Tonisch-klonische Anfälle (Grand mal)
	Atonische Anfälle (einschließlich myoklonisch atonische Anfälle)
Unklassifizierbare Anfälle	nicht bestimmbar aufgrund unvollständiger Angaben oder es sind nicht zu klassifizierende Anfälle im Kleinkindalter

Partielle motorische Anfälle
Es kommt zu einschießenden Myoklonien oder zu rhythmischen Muskelzuckungen in bestimmten Regionen des Körpers. Auch das Gesicht kann betroffen sein. Weiter kann es zu Augenzuckungen und Sprechstörungen kommen. Breiten sich die Zuckungen von Muskel zu Muskel aus, spricht man von Jackson-Anfällen.

Partielle sensible Anfälle
Auch diese Anfälle sind auf ein Gebiet des Gehirns begrenzt. Es gibt eine Aura (»Vorboten«, die einen Anfall ankündigen). Fokale sensible Anfälle sind im Kindesalter besonders häufig. Die Symptome sind Wahrnehmungsstörungen (sehen, hören) und z.B. Veränderungen im Zeitgefühl oder Denkstörungen. Die Symptome können speziell bei Kindern Ängste auslösen.

Komplexe fokale Anfälle (auch psychomotorische Anfälle genannt)
Komplex-fokale Anfälle dauern in der Regel länger als eine Minute. Sie gehen mit einer Störung des Bewußtseins einher. Für die Entstehung komplex-fokaler Anfälle gibt es zwei Möglichkeiten. Einfache fokale Anfälle können sich zu komplex-fokalen Anfällen entwickeln oder das Bewußtsein ist von Anfang an gestört. Häufig kommt es zu starrem Blick, zu Automatismen im Mundbereich (z.B. Schmatzen) und zu automatisierten Bewegungen (z.B. nesteln an der Kleidung).

Gehirn

Das Gehirn ist in vier Teile gegliedert: Hirnstamm, Kleinhirn, Zwischenhirn und Großhirn (Kortex).

Die Aufgaben des Hirnstamms
Im Hirnstamm werden Stell- und Gleichgewichtsreaktionen organisiert und koordiniert. Hier entstehen auch die frühkindlichen Reaktionen (Reflexe), auch z B. die, die beim Vojta-Turnen ausgelöst werden. Im Hirnstamm liegt auch das allgemeinen Aktivierungssystem, das für unsere Wachheit sorgt und die Empfindlichkeiten der Sinneszellen erhöht. Arbeitet dieses System unzureichend, können wir uns sehr schlecht konzentrieren. Im Hirnstamm auch alle vegetativen Funktionen gesteuert, wie Blutdruck oder Atmung.

Die Aufgaben des Kleinhirns
Das Kleinhirn ist ein Regulationszentrum für alle Vorgänge, die mit Wahrnehmung und Motorik zu tun haben. Seine Spezialität ist die Koordination des Muskeltonus und die Kombination von einzelnen Bewegungsteilen zu einer flüssigen Gesamthandlung. Ist das Kleinhirn in seiner Funktion gestört, spricht man von Dysmetrie (Ataxie).

Zwischenhirn
Im Zwischenhirn werden alle Impulse, die zum Großhirn hochsteigen umgeschaltet. Bleiben Impulse stecken, können wir sie nicht wahrnehmen. Wir wissen dann nicht, daß es sie gegeben hat. Auf der Schnittstelle von Zwischenhirn und Großhirn liegen die Basalganglien. Diese Nervenkerne sind für die automatisierte Motorik von großer Bedeutung. Ohne sie könnten wir keine schwierigen Bewegungsprogramme wie Klavierspielen oder Autofahren ausführen. Diese Kerne sind besonders aktiv, wenn wir Bewegungsteile einer Handlung bereits gut gelernt haben – z. B. beim Autofahren das Zurückschalten in den zweiten Gang – , und sie flüssig in eine größere Handlung einbinden wollen, z. B. das rechts Abbiegen, Blinker einschalten und Zurückschalten.

Das Großhirn mit dem Kortex
Das Großhirn ist der oberste Teil des Gehirns. Es hat eine »Mütze«, die sich wie ein Fahrradhelm über die restlichen, darunterliegenden Gebiete des Großhirns stülpt. Diesen Teil nennt man die Hirnrinde (Kortex). Der Kortex ist durch eine tiefe Spalte in zwei Hälften, den Hemisphären geteilt. Die beiden Hälften sind durch ein dickes Nervenbündel miteinander verbunden. Der Kortex kann Wahrnehmungsimpulse entschlüsseln, Gedächtnisarbeit (abspeichern und erinnern) leisten, er kann denken, allen Gedanken und Bewegungen enen gefühlsmäßigen Teil zuordnen, Sprache wahrnehmen, entschlüsseln und produzieren und Bewe-

gungen planen und ausführen. Um dies bewältigen zu können, hat der Kortex bestimmte Gebiete, die für spezielle Aufgaben besonders gut geeignet sind. Um alle Aufgaben bewältigen zu können, arbeiten die Gebiete eng zusammen.

Hirndruckzeichen – Hydrozephalus

Das Zentralnervensystem besitzt ein geschlossenes Zirkulationssystem. In ihm herrscht ein bestimmter Druck. Steigt dieser Druck um mehr als 10%, spricht man von Hirndruckzeichen. Ursachen für einen Anstieg können z.B. Hirntumore, Massenblutungen im Gehirn, Hirnödeme oder Störungen im Nervenwassersystem (sog. Liquorabflußbehinderungen) sein. Bei Kindern mit einem Hydrozephalus kann es zu einem gesteigerten Hirndruck kommen, wenn die Drainage, die den Abfluß des Liquors besorgen soll, nicht mehr oder nur unzureichend funktioniert. Bei Verdacht auf einen pathologischen Hirndruck muß man den Augenhintergrund untersuchen. Bei erhöhtem Hirndruck kann der Augenarzt mit einem Augenspiegel erkennen, ob eine wäßrige Tränkung des Sehnervs entstanden ist. Man spricht von einer Stauungspupille. Hirndruckzeichen sind: Kopfschmerzen, Trinkschwäche, Unruhe, Nachlassen der Wachheit, Übelkeit, Erweiterung des Kopfumfanges, Augenbewegungsstörungen (z.B. Einwärtsschielen), Erweiterungen der Pupille, kleine Kinder sind oft quengelig.

Hypoxie

Im Gewebe des Körpers befindet sich nicht genügend Sauerstoff.

Kernspintomographie (MRT = Magnet Resonanz Tomographie)

Mit Hilfe von Magnetwellen werden bestimmte Atome für kurze Zeit aus ihrer Bahn gelenkt. Nach Abschalten des Feldes kehren die Atome wieder in ihre Ausgangslage zurück. Die Bewegungen dieser Atome werden gemessen und geben Aufschluß über die Form und Beschaffenheit der Teile des Gehirns. Das Verfahren arbeitet ohne Röntgenstrahlen und ist schmerzfrei. Das Bildgebende Verfahren der MRT ist sehr genau. Man kann viele Krankheiten diagnostizieren, z.B. einen Hydrozephalus, Veränderungen der Hirnmasse, einen Tumor, Blutungen, besonders Epilepsie.

Kloni

entstehen durch rhythmische Aktivierung des gesamten Muskels. Sie entstehen, wenn zu viele Nervenzellen gleichzeitig mit Impulsen überströmt werden.

Kommunikation

Kommunikation bedeutet Austausch von Informationen. Es gibt dabei einen »Sender« (dies kann auch ein Mensch sein), der Informationen abgibt und einen Empfänger (einen Adressat), der die Information erhält. Kommunikation bezieht sich sehr häufig auf unsere Sprache (sprachliche Kommunikation), doch es gibt auch noch andere Formen wie schreiben, Zeichen geben oder Mimik.

Motivation (das Gefühlssystem)

Im Gehirn gibt es ein Gebiet, das für die Motivation zuständig ist. Seine Aufgaben sind in der nachfolgenden Abbildung erläutert. Sie beschreibt ein Kind, das Durst hat und will trinken.

Die Aufgaben des Gefühlssystems bei einer Handlung

Handlung	Rolle des Gefühlssystems
Wenn man Durst hat, muß man Trinken. Selbst zu handeln ist besser als nur zu weinen	Ermöglicht, daß sich das Kind erinnert, in einer solchen Situation schon mal erfolgreich gewesen zu sein und daß es Spaß macht, selbst zu trinken
Es sieht das Glas auf dem Tisch	Unterstützung bei der genauen Bewegung der Augen und beim Erkennen, daß das Glas nicht leer ist
Den Arm ausstrecken und das Glas ergreifen	Unterstützung bei der Wahrnehmung, daß durch das Strecken des Armes Gleichgewichtsbewegungen notwendig sind. Es hilft bei der Aktivierung der Rückenstreckermuskeln
Die Armbewegung soll das Glas zum Mund führen und gleichzeitig das Glas senkrecht	Hilft, bei der Suche im Gedächtnis, welche Besonderheit bei diesem Vorgang im Spiel ist. In diesem Fall, Saft läuft raus, wenn man das Glas zu schief hält

Muskelbiopsie

Für eine Muskelbiopsie wird ein etwa drei Zentimeter langes Stück Faserbündel eines mittelgradig befallenen Muskels entnommen. Untersucht wird die chemische Zusammensetzung der Muskelzellen und mit einem Mikroskop der Aufbau der Muskelzellen. Eine Muskelbiopsie wurd u. a. bei Verdacht auf eine neuro-muskuläre Erkrankung, eine Muskeldystrophie und Muskelentzündungen durchgeführt. Eine Muskelbiopsie sollte nur nach reiflichen Überlegungen bei dringender Notwendigkeit durchgeführt werden.

Muskeltonus

Voraussetzung für eine Bewegung ist das Zusammenspiel von mindestens zwei Muskeln (Zusammenziehen – Dehnen). Jeder Muskel hat einen Gegenspieler. Er gibt bei Anspannung seines

Partners nach. Beim Halten haben Spieler und Gegenspieler die gleiche Spannung. Jeder Muskel hat eine gewisse Grundspannung. Man spürt diese bei passiver Bewegung. Ist der Muskeltonus normoton, können alle Bewegungen des Alltags ausgeführt werden, z. B. Tragen eines Gegenstandes, Hochhalten des Armes. Ist der Muskeltonus hypoton, sind die Bewegungen verlangsamt, kraftlos und anstrengend. Oft gelingt das freie Halten des Armes nicht. Ist der Muskeltonus hyperton, sind die Bewegungen eingeschränkt. Das Nachgeben des Gegenspielers erfolgt nicht angepaßt. Die Bewegungen wirken unkoordiniert. Die Gelenke sind oft steif. Dies gilt auch für die Bewegungen der Finger und der Hand. Der Muskeltonus entsteht durch Zusammenziehen der Muskelzellen. Die Impulse dafür bekommen die Muskelzellen von den motorischen Nerven. Die Befehle für die Aktivierung des Muskels entstehen zum einen im Rückenmark (Reflexe) und zum anderen im Gehirn. Im Rückenmark wird die automatische Muskelspannung organisiert. Im Gehirn entstehen die Befehle für die Aktivitäten. Man unterscheidet den Grundtonus (bei entspannter Körperhaltung = Ruhetonus) vom Halte- bzw. Bewegungstonus bei einer Aktivität.

Myoklonien

sind plötzliche, kurze, stoßartige, unwillkürliche Muskelverkürzungen. Myoklonien haben die gleiche Ursache wie Epilepsien. Myoklonien entstehen immer durch eine Übererregung an bestimmten Nervenverbindungen. Myoklonien lassen sich nicht willkürlich unterdrücken.

Orofaziale Entwicklungsstörungen

Bei orofazialen Störungen ist die Entwicklung im Mund und Gesichtsbereich gestört.

Rückenmark und Wirbelsäule

Die Wirbelsäule und das Rückenmark sind jeweils in fünf Teile gegliedert.
Der Aufbau der Wirbelsäule und des Rückenmarks

Aufbau der Wirbelsäule		
Halswirbelsäule (HWS)	mit	7 Halswirbeln
Brustwirbelsäule (BWS)	mit	12 Brustwirbeln
Lendenwirbelsäule (LWS)	mit	5 Lendenwirbeln
Kreuzbeinwirbelsäule	mit	5 Kreuzbeinwirbeln
Steißbeinwirbel	mit	4 Steißbeinwirbeln

Aufbau des Rückenmarks

8 Cervicalnerven,	analog der	8 RM-Segmente	C1–C8,
12 Thorakalnerven,	analog der	12 RM-Segmente	Th1–Th12,
5 Lumbalnerven,	analog der	5 RM-Segmente	L1–L5,
5 Sakralnerven,	analog der	5 RM-Segmente	S1–S5,
1 Coccygealnerv,	analog des	RM-Segmentes	Co1.

Ultraschall im Kopfbereich (kranieller Ultraschall)

Die Untersuchung mit einem Ultraschallgerät ist bei Neugeborenen und Kleinkindern (bis etwa zum Alter von 9 Monaten) auch für Untersuchungen des Schädelinneren gut geeignet. Ultraschalluntersuchungen im Kopfbereich werden hauptsächlich durchgeführt bei: zunehmendem Kopfumfang, Auffälligkeiten der Kopfform, bei Spina bifida, bei entzündlichen Erkrankungen und nach Sauerstoffmangel vor, während oder nach der Geburt (Asphyxie). Mit einer Ultraschalluntersuchung kann man auch sehen, ob sich ein Hydrozephalus gebildet hat, ob Blutungen oder Blutergüsse (Hämatome) vorliegen.

Ventrikel

Die Stützzellen bilden einen Mantel um die Nervenzellen. Zwischen diesem Mantel und den Nervenzellen gibt es kleine Zwischenräume. An manchen Stellen erweitern sich diese Zwischenräume zu größeren Hohlräumen. Diese bezeichnet man als Ventrikel (Hirnkammern). Sie sind mit einer Flüssigkeit – dem Nervenwasser – ausgefüllt, das den medizinischen Namen: Liquor cerebro-spinalis (Flüssigkeit des Gehirns und des Rückenmarks) hat.

Formen der Vererbung

autosomal rezessiv	Muskelatrophie (Werdnig-Hoffmann) (Kugelberg-Welander) Friedreich'sche Ataxie bestimmte Stoffwechselkrankheiten wie Phenylketonurie, Ahornsirupkrankheit u. a. Muskeldystrophie (de Lange) Glasknochenkrankheit (Osteogenesis imperfecta congenita)
autosomal dominant	Myotonia congenita (Thomson) Paramyotonia congenita (Eulenburg) Muskelatrophie (Kugelberg-Welander)
gonosomal rezessiv (x-chromosomal)	Muskeldystrophie (Duchenne und Becker-Kiener) Muskelatrophie (Kugelberg-Welander)

Vererbung

Die Ursache für eine Reihe von Behinderungen liegen in der Vererbung (in den Chromosomen). Es gibt vier verschiedene Möglichkeiten der Vererbung:
1. autosomal rezessiv: Autosomen (autosomal) sind nicht geschlechtsentscheidende Chromosomen. Eine Vererbung ist rezessiv, wenn das Merkmal genetisch vorhanden ist, aber nicht in Erscheinung tritt. Haben beide Eltern das gleiche rezessive Merkmal, kann man es auch beobachten. Die Wahrscheinlichkeit, daß Eltern mit dem gleichen rezessiven Merkmal ein behindertes Kind bekommen liegt bei 1 : 3;
2. autosomal dominant: Hat ein Elternteil ein dominantes Merkmal, vererbt er dieses sichtbar in 50% aller Fälle. Viele so vererbte Behinderungen entstehen durch neue Mutationen.
3. x-chromosomal-rezessiv: Bei dieser Vererbung ist das Merkmal an das Geschlechtschromosom (x = weibliches Chromosom, y = männliches Chromosom) gebunden.
4. x-chromosomal-dominant: sehr selten.

Wirbelsäule s. Rückenmark

Zentralnervensystem (ZNS)

Zum Zentralnervensystem gehören Gehirn und Rückenmark. Die Bausteine des Gehirns und des Rückenmarks sind die Nervenzellen (Neurone) und die Stützzellen (Ernährungszellen). Erfüllen sie gleiche Aufgaben, beispielsweise Entschlüsselung von Hörreizen, schließen sie sich zu Kerngebieten zusammen. Die Nervenzellen haben lange Ausläufer, man nennt sie Nervenbahnen. Die Nervenzellen können über ihre Ausläufer Verbindung untereinander aufnehmen.

Zerebral

bedeutet »gehört zum Gehirn«. Beispiel: zerebrale Bewegungsstörung, gemeint ist eine Bewegungsstörung, aufgrund einer Schädigung oder Funktionsstörung des Gehirns.

Adressen

Aktion Sonnenschein – Hilfe für das
mehrfach behinderte Kind e. V.
Heigelhof 63
8000 München 70
Tel. 089/710 09-0

Aktion Sorgenkind e. V.
Franz-Lohe-Str. 17
5300 Bonn 1
Tel. 0228/2261

Aktionskomitee »Kind im
Krankenhaus« e. V.
Kirchstr. 34
6370 Oberusel
Tel. 06172/30 36 00

Arbeitsgemeinschaft Frühförderung
sehgeschädigter Kinder
Weberstr.
5000 Köln 1
Tel. 0221/23 87 22

Arbeitsgemeinschaft Spina bifida und
Hydrocephalus
Postfach 168
5750 Menden 1
Tel. 02373/6 75 76

Bund der Deutschen Schwerhörigen
e. V.
ABC-Str. 46
2000 Hamburg 35
Tel. 040/34 64 04

Bund zur Förderung Sehbehinderter
Baumschulweg 5
5330 Königswinter 21
Tel. 02244/45 68

Bundesarbeitsgemeinschaft der Freien
Wohlfahrtspflege
Franz-Lohe-Str. 17
5300 Bonn 1
Tel. 0228/2 26-1

Bundesarbeitsgemeinschaft Hilfe für
Behinderte e. V.
Kirchfeldstr. 149
4000 Düsseldorf 1
Tel. 0211/31 00 60

Bundesarbeitsgemeinschaft für
Rehabilitation e. V.
Walter-Kolb-Str. 9
6000 Frankfurt am Main 70
Tel. 069/605018-0

Bundesverband zur Förderung
Lernbehinderter e. V.
Rolandstr. 61
5000 Köln 1
Tel. 0211/37 48 28

Bundesverband »Hilfe für das
autistische Kind« e. V.
Bebelallee 141
2000 Hamburg 60
Tel. 040/5 11 56 04

Bundesverband für spastisch Gelähmte
und andere Körperbehinderte e. V.
Brehmstr. 5–7
4000 Düsseldorf
Tel. 0211/62 66 51

Bundesvereinigung Lebenshilfe für
geistig Behinderte e. V.
s. a.: Lebenshilfe für geistig Behinderte
e. V.

Deutsche Gesellschaft zur Bekämpfung
der Mukoviszidose e. V.
Adenaueralle 11
5300 Bonn 1
Tel. 0228/2215 35/36

Deutsche Gesellschaft zur Bekämpfung
der Muskelkrankheiten e. V.
Hohenzollernstr. 11
7800 Freiburg
Tel. 0761/27 79 32 und 27 80 24

Deutsche Gesellschaft zur Förderung
der Gehörlosen und Schwerhörigen e. V.
Rothschildallee 16a
6000 Frankfurt am Main 60
Tel. 069/45 92 37

Deutsche Herzstiftung e. V.
Hans-Thoma-Str. 10
6000 Frankfurt am Main 70
Tel. 069/61 08 38

Deutsche Interessengemeinschaft für
Kinder mit Phenylketonurie (PKU) und
verwandten angeborenen
Stoffwechselstörungen
Geschäftsstelle
Tegelheide 41
4505 Bad Iburg

Deutsche Sektion der Internationalen
Liga gegen Epilepsie e. V.
Postfach 6
7640 Kehl-Kork
Tel. 0 78 51/31 44 (10.00 – 12.00 Uhr)

Deutsche Vereinigung zur
Rehabilitation Behinderter e. V.
Friedrich-Ebert-Anlage 9
6900 Heidelberg 1
Tel. 0 62 21/2 54 85

Deutscher Blindenverband e. V.
Bismarckallee 30
5300 Bonn 2
Tel. 02 28/35 30 19

Deutscher Caritasverband
Karlstr. 40
7800 Freiburg
Tel. 07 61/2 00-1

Deutscher Gehörlosenbund
Rothschildallee 16a
6000 Frankfurt am Main 60
Te. 0 69/45 40 36

Deutscher Kinderschutzbund
Bundesverband e. V.
Drostestr. 14 – 16
3000 Hannover
Tel. 05 11/66 20 56

Deutscher Paritätischer
Wohlfahrtsverband
Heinrich-Hoffmann-Str. 3
6000 Frankfurt am Main 71
Tel. 0 69/67 06-1

Deutsches Rotes Kreuz
Friedrich-Ebert-Allee 71
5300 Bonn 1
Tel. 02 28/5 41-1

Deutsches Taubblindenwerk
Albert-Schweitzer-Hof 27
3000 Hannover 71
Tel. 05 11/52 50 54

Diakonisches Werk der Evangelischen
Kirche in Deutschland
Stafflenbergstr. 76
7000 Stuttgart 1
Tel. 07 11/21 59-1

Gesellschaft für Osteogenesis
imperfecta-Betroffene e. V.
– Geschäftsstelle –
Postfach 14 53
6290 Weilburg
Tel. 0 64 71/22 18

Lebenshilfe für geistig Behinderte e. V.:
Bundesvereinigung
Raiffeisenstr. 18
3550 Marburg 7
Tel. 0 64 21/40 01-0

Landesverbände neue Bundesländer:
(zeitbedingte Änderungen möglich)

Brandenburg:
Am Barschsee 8
1271 Hoenow

Mecklenburg:
Willi-Bredel-Str. 34
2753 Schwerin

Sachsen:
Lockwitzer Str. 7
8010 Dresden

Sachsen-Anhalt:
Bruno-Taut-Ring 26
3038 Magdeburg

Thüringen:
Rautal 26, Postfach 616/10
6900 Jena

Stiftung für das behinderte Kind
Gartenstr. 179
6000 Frankfurt am Main 70
Tel. 0 69/63 71 09

Stiftung Michael
Hermannstr. 9
5300 Bonn 3
Tel. 02 28/46 28 59

Stiftung Rehabilitation
Postfach 10 14 09
6900 Heidelberg
Tel. 0 62 21/88 25 37

Zweites Deutsches Fernsehen (ZDF)
»Aktion Sorgenkind«
Postfach 40 40
6500 Mainz 1
Tel. 0 61 31/7 01

Deutschsprachiges Ausland:

Lebenshilfe ÖSTERREICH
Dachverband für Menschen mit
geistiger und mehrfacher Behinderung
Schönbrunnerstraße 179
A-1120 Wien
Tel. 0 04 31/8 12 26 42

SVEGB
Schweizer Vereinigung der
Elternvereine für geistig Behinderte
Postfach 827
CH-2501 Biel-Bienne
Tel. 00 41 32/22 17 14 und
        00 41 32/23 66 32

≡   ## Selbsthilfegruppen

Selbsthilfegruppen sind freiwillige Zusammenschlüsse und nicht-
ärztliche Aktionsgruppen von Behinderten und Kranken oder deren Eltern.
In den Selbsthilfegruppen erfolgt gegenseitiger Erfahrungsaustausch,
außerdem bieten diese Beratung, Anleitung zur Selbsthilfe und Unterstützung für Betroffene an. Die Liste der bestehenden Selbsthilfegruppen ist
außerordentlich umfangreich und kann deshalb hier nicht wiedergegeben
werden. Spezielle Adressen sind aber jederzeit (8−22 Uhr, danach Anrufbe-
antworter) abfragbar beim »Malteser-Telefondienst«
Tel. 02 21/34 10 11
Postfach 51 08 49
D-5000 Köln 51

Mitarbeiterverzeichnis

U. Bauer,
Schulkindergarten für besonders förderungsbedürftige Kinder, Ulm

Nikolaus Bohn,
Sonderschullehrer, Friedrich-von-Bodelschwingh-Schule, Ulm

Bärbel Fleckenstein,
Beschäftigungstherapeutin, Ulm

Gabi Haug,
Sonderschullehrerin, Friedrich-von-Bodelschwingh-Schule, Ulm

Luise Hepp,
Ärztin für Kinder- und Jugendpsychiatrie, Ulm

Michaela Hitzigrat,
Sonderschullehrerin, Friedrich-von-Bodelschwingh-Schule, Ulm

Olaf Hladik,
Sonderschullehrer, Friedrich-von Bodelschwingh-Schule, Ulm

Axel Holtz,
Hinterdenkental

Uwe Kleefoth,
Beschäftigungstherapeut, Ulm

Dr. Edgar Kösler,
Diplompädagoge, Sonderschullehrer, Familientherapeut, Ulm

Uli Mühlbayer-Gäßler,
Sonderschullehrerin, Leiterin der Frühberatungsstelle für körperbehinderte Kinder Ulm, Ulm

Dr. phil. Leander Pflüger,
Diplompädagoge, Sonderschullehrer, Fachschule für Sozialpädagogik, Teltow

Dorit Pflug,
Sonderschullehrerin, Friedrich-von-Bodelschwingh-Schule, Ulm

Johannes Scholz,
Diplom-Sozialpädagoge, Ulm

Thomas Stumpp,
Beschäftigungstherapeut, Krankenpfleger, Friedrich-von-Bodelschwingh-Schule, Ulm

Claudia Zienert,
Diplom-Sozialarbeiterin, Soziale Dienste Uniklinik, Ulm

Weiterführende Literatur

Breitschmid, P. F.: Sieht Ihr Kind richtig? Früherkennung und Behandlung von kindlicher Sehschwäche, TRIAS, Stuttgart

Brüggemann, J. H.: Vorsorgeuntersuchungen im Kindesalter (U1–U9). Erläuterungen für Eltern zum »Gelben Heft«, TRIAS, Stuttgart 1992

Eickstedt, D., Stämme, G.: Bewegungsstörungen? Bundesverband f. Spastisch Gelähmte e. V.

Matthes, A., Kruse, R.: Der Epilepsiekranke. Ratgeber für den Kranken und seine Familie, TRIAS, Stuttgart

Meier, C., Moser, H., Mumenthaler, M. (Hrsg.): Neuromuskuläre Erkrankungen. Fortschreitende Muskelschwäche und Muskelschwund, TRIAS, Stuttgart 1992

Pauli, S., Kirsch, A.: Was ist los mit meinem Kind? Ravensburger

Schweizer, C., Prekop, J.: Was unsere Kinder unruhig macht ... Ein Elternratgeber. Aufklärung über Ursachen der Hyperaktivität. Empfehlungen zur Förderung der normalen Entwicklung, TRIAS, Stuttgart 1991

Zukunft-Huber, B.: Die ungestörte Entwicklung des Säuglings. Das erste und entscheidende Lebensjahr. Photos zu allen natürlichen Bewegungsphasen. Wie Eltern Fehlhaltungen ihrer Kinder erkennen und vermeiden können, TRIAS, Stuttgart

Sachverzeichnis

Absence 181
Abwehr, taktile 66
Anarthrie 158
Anfall, epileptischer 178
– – Auslösungsfaktoren 178 f
– – fokaler 180, 202
– – generalisierter 180, 202 f
– – komplex-fokaler 181, 203
– – myoklonisch-astatischer 181
– – nicht klassifizierbarer 180, 203
– – partieller motorischer 203
– – – sensibler 203
– – psychomotorischer 181 f, 203
– – sekundär generalisierter 202
– – tonisch-klonischer 182 f
– – Vorboten 183
Arthrogryposis multiplex congenita 177
Asphyxie 199
Athetose 159
Aufmerksamkeit, Aktivierung 29 f, 32, 34, 37 ff
Aufmerksamkeitsstörung 193
Aufmerksamkeitssystem 128 f
Augenbewegungen, Störung 123, 171
Aura 183
Ausdauer 97
Aussprachestörung 148 ff

Basale Stimulation 187
Becker-Kiener-Muskeldystrophie 173
Begriffsstörung 151 f
Behinderung 13 ff
– geistige 143 ff
– – Entwicklung, kognitive 145
– – Gefühlswelt 144
– – Motorik 143
– – Sozialkontakt 144
– – Sprachentwicklung 144
– – Sprachstörung 157 f
– – Wahrnehmung 144
– körperliche 170 ff

Beißreflex 163 f
Beschäftigungstherapie 58 ff
– Gestaltungsmittel 61, 63
– Hilfsmittel 61
Bewegung, aktive 199
– passive 199
Bewegungen, unkoordinierte 171
Bewegungsalltag 119, 123
Bewegungskoordination 65
Bewegungsstörung, zerebrale 170 ff
– – Hörstörung 159
– – konduktive Pädagogik 78 ff
– – Mund-Eß-Therapie 53
– – Reflexe, orale 165
– – Regulationstherapie, orofaziale 55 ff
– – Sprachstörung 159
– – Ursache 170
Bewegungswahrnehmung 126
Bewußtseinsverlust 181, 183
Bezugsperson des Kindes 16
Blindengeld 90
Blindheit 168 f
Blitz-Nick-Salaam-Krämpfe 180
BNS-Krämpfe s. Blitz-Nick-Salaam-Krämpfe
Bobath-Therapie 42 ff, 52 f
BSHG s. Bundessozialhilfegesetz
Bundessozialhilfegesetz 13

Castillo-Morales-Therapie s. Entwicklungstherapie, neuromotorische
Cerebralparese, infantile s. Bewegungsstörung, zerebrale
Computertomographie 179, 199

Denver-Skala 24, 28
Duchenne-Aran-Muskelatrophie 174
Duchenne-Muskeldystrophie 172 f
Durchfall nach Einnahme des Epilepsie-Medikaments 184
Dysarthrie 148, 158 ff
– Diagnose 160

Dysfunktion, zerebrale, minimale s. Minimale zerebrale Dysfunktion
Dysgrammatismus 150 ff, 159
Dyskinesie 171
– Sprechstörung 159
Dyslalie 148 ff
Dyslogie 144, 148, 157 f
Dysmetrie 171 f
– Sprechstörung 159
Dyspraxie 66

EEG s. Elektroenzephalogramm
Eigenreflex 119 f, 170 f
Eigenwahrnehmung, mangelnde 75
Einzel-Ellenbogen-Stütz 136 f
Einzelförderung 94 f
Elektroenzephalogramm 179, 199 f
Elektro-Myogramm 121
Elternbildung 19
Entwicklung, kognitive, bei geistiger Behinderung 145
Entwicklungsalter 201
Entwicklungsbeeinträchtigung 15
– Reaktion der Familie 17
Entwicklungsbereiche 201
Entwicklungsförderung 22 ff
– Aufgabe der Mitarbeiter 23
– Inhalte 22 ff
– Rolle des Kindes 23
Entwicklungsgitter 24, 26 f
Entwicklungsmonat, 1.+2. 134 f
– 3.-5. 135 f
– 5.-8. 136 f
– 8.-12. 138 f
– 12.-16. 139
– 16.-22. 140 f
– 22.-30. 141
Entwicklungsneurologie 134 ff
Entwicklungspsychologie 134 ff
Entwicklungsschritt, ausbleibender 140
Entwicklungsstörung 14
– orofaziale 207
Entwicklungstherapie, neuromotorische 48 ff
Entwicklungsverzögerung s. Retardierung
Epilepsie 178 ff, 202 f

– Anfallsfreiheit 184
– Diagnose 179
– Erblichkeit 179
– Formen 179 ff, 202
– genuine 202
– idiopathische 202
– kryptogenetische 202
– Medikamente 183 f
– – Absetzen 184
– – Erbrechen 184
– – Nebenwirkungen 184
– symptomatische 202
– Tabletteneinnahme, vergessene 184
– Therapie 179
– tonisch-myoklonisch-astatische 181
– Ursache 178
Erbrechen nach Einnahme des Epilepsie-Medikaments 184
Erforschungshemmung 169
Ergotherapie s. Beschäftigungstherapie
Erziehungshilfe, Schulkindergarten 105 ff

Fieberkrampf 178, 182
– einfacher 182
– komplizierter 182
Floppy infant 174
Fördersituation, Ende 30, 32 f, 36 f, 39 f
Fraktur, angeborene 177
Fremdreflex 119 f
Frühförderschwimmen 94
Frühförderstelle, Organisationsaufbau 93 ff
Frühförderung 11 ff
– Berufsgruppen 20
– Familienorientiertheit 16 ff
– Formen 22
– Organisationsformen 95 f
– bei Schwermehrfachbehinderung 188
– Stellung der Eltern 18 f
– Träger 12
– Ziele 15 f
Funktionssysteme, sensomotorische 119 ff

Gaumenplatte 54 f
Gaumenspalte 156
Geborgenheit 85
Gedächtnis, mittelfristiges 195

Gedächtnisarbeit, gestörte 195 f
Gedächtnisinhaltsspeicherung, gestörte 193
Gefühlssystem 206
Gefühlswelt bei geistiger Behinderung 144
Gehemmtheit, motorische 75
Gehen, freies 38, 139 f
Gehirn 204
Gehörlosigkeit 167 f
Gelegenheitskrampf 182
Gelenksteife, angeborene 177
Geschicklichkeit 21
Gesprächskreis 19
Gestaltungsmittel 63
Gewöhnung, mangelnde 194
Glasknochenkrankheit 177
Gleichgewicht 92, 126
– sensomotorischer Regelkreis 113
Gleichgewichtsmotorik, Störung 123
Gleichgewichtsorgan 113
Gleichgewichtsreaktion 119, 121 f, 134
Gleichgewichtswahrnehmung, Störung 65 f
Grammatikstörung 150 f, 159
Grand mal 182
Greifen, taktil-gesteuertes 135
Grobmotorik 138
Großhirn 204
Gruppenförderung 95

Haltemotorik 43, 125
Haltereaktion 43, 121 f
Haltungsreaktion 122
Handgeschick, Entwicklung 26
Handlung, sensomotorische 128 f
Handlungsablauf, Neuropsychologie 128 f
Handlungsidee 128 f
Handlungsmotorik 119, 123, 129
Handlungsmuster 30 ff, 34, 37 ff
Handlungsorganisation, sensomotorischer Regelkreis 114
Handlungsplan 128 f
Handlungsvorschriften 128 f
Hängematte 62
Hänge-Reaktion, axillare 46
– waagerechte 45
Hausfrühförderung 94 f

– bei Schwermehrfachbehinderung 188
Hilfe, sozial-rechtliche 86 ff
Hirndruckzeichen 177, 205
Hirnkammern 208
Hirnrinde 204
Hirnstamm 182, 204
Hörschädigung 159
Hörstörung, Zytomegalie 178
Hörverlust 167 f
Hörvermögen, Sprachentwicklung 168
Hydrozephalus 176 f, 205
Hyperaktivität 192
Hypersensibilität, orale 165
Hypotonie, muskuläre 174
Hypoxie 205

Ich-Kompetenz 70 f
Integration, sensomotorische 136
– sensorische 64 ff
Integrationsbehandlung, sensorische 61
Integrationsstörung, sensorische 65 ff
– – Therapie 67 f

Kernspintomographie 179, 205
Kfz-Steuer 88
Kfz-Versicherung 89
Kindergarten (s. auch Schulkindergarten) 94
– integrativer 94
Kindergartenzeitung 110
Kindergeld 88
Kindsbewegungen, intrauterine, geringe 173
Kleinhirn 123, 171 f, 204
Kleinhirnfunktionsstörung 171 f
Kloni 205
Kniestand 138
Kommunikation 205
Konduktive Pädagogik 78 ff
– – Hilfsmittel 84
– – Rolle der Mutter 80
Kontaktaufnahme mit dem Kind 29 f, 32, 34, 37 ff
Kontrakturprophylaxe 172 f
Konzentration 142
Kooperationsmodell 18 f

Koordination, senso-motorische 135
Koordinationsstörung, motorische 65, 196
Kopf-Abhang-Versuch 45
Kopfschmerzen 176
Kopfumfangzunahme 176
Körperbehinderung 170 ff
Körperkontrolle, Entwicklung 26
Körpersinnaktivierung 67
Kortex 204
Ko-Therapeuten-Modell 18
Krabbeln 35, 138
Krankengymnastik 41 ff, 99 f
Krankheit 14 f
Kugelberg-Welander-Muskelatrophie 174

Labyrinthreaktion, tonische 121
Laienmodell 18
Landau-Reaktion 46
Langzeitgedächtnis 195
Lattenbett 84
Lennox-Gastaut-Syndrom s. Epilepsie,
   tonisch-myoklonisch-astatische
Lernaufbau 145
Lernbehinderung 145
Lernprozeß 145
Lernsituation, angstfreie 73
Lippen-Kiefer-Gaumen-Spalte 148
– Sprachstörung 156 f
Lippenspalte 156
Liquor cerebrospinalis 176
Lispeln 150
Logopädie 77 f

MCD s. Minimale zerebrale Dysfunktion
Meningo-Myelozele 175
Meningozele 175
Minimale zerebrale Dysfunktion 189 ff
– – – Hilfen für das Kind 196 ff
– – – Ursache 191 f
– – – Verhalten der Kinder 189 ff
Motivation 206
Motivationssystem 128 f
Motopädagogik 68 ff
– Ziel 69
Motorik 124 ff
– automatisierte 119, 123, 129

– Entwicklungsprozesse 125 f
– bei geistiger Behinderung 143
– Rückkoppelung 126
– Rückmeldung 128 f
– sensomotorischer Regelkreis 114
Mototherapie 74 ff, 95
Mund-Eß-Therapie 51 ff
– nach Castillo-Morales s. Regulationsthe-
   rapie, orofaziale
– nach H. Müller 52 f
– Ziel 52
Mundmotorik 164 f
Muskelaktivität 125 ff
– dynamische 125
– tonische 125
Muskelatrophie 173 f
– spinale, infantile progressive 173
– – Typ Duchenne-Aran 174
– – Typ Kugelberg-Welander 174
Muskelbiopsie 206
Muskeldystrophie 172 f
– autosomal-rezessive kongenitale 173
– Gliedergürteltyp, autosomal-rezessiver
   173
– Typ Becker-Kiener 173
– Typ Duchenne 172 f
– X-chromosomale rezessive 172
Muskelerkrankung 172 ff
Muskelhypotonie 174
Muskellängenreflex 170
Muskelschwäche 173
Muskelspannungsreflex 170
Muskeltonus 65, 206
– Kleinhirnfunktion 123
– Normalisierung 43
– Regulation 119, 121 f
– Steigerung, spastische 170 f
– unkoordinierter 171
Mutismus 155
Myelozele 175
Myoklonien 207

Nackenreaktion, asymmetrisch-tonische
   121 f
– symmetrisch-tonische 121 f
Nahrungsaufnahme 164 f

Nahrungsaufnahmestörung, frühe 160 f
Nervensystem 112 ff
Nervenwasser 176
NET s. Entwicklungstherapie, neuromotorische
Neugeborenenkrämpfe 180
Neuromotorik 125
Nystagmus 171

Oberflächensensibilität 115, 118
Orofaziale Entwicklungsstörung 207
– Störung 51 f
Osteogenesis imperfecta congenita s. Glasknochenkrankheit

Pädagogik, konduktive s. Konduktive Pädagogik
Parkausweis 89
Pedalo 62
Personenverkehr, öffentlicher, Vergünstigung 89
Persönlichkeitsentwicklung 80 f
Petit mal 181
Pflegegeld 90
Pflegehilfe 90
Psychomotorik 126 f
Pyknolepsie 181

Reaktion 112 ff, 124
Redeflußstörung 154
Reflexe, orale 161 ff
– – Hemmung 164
Regelkindergarten 94 f
Regelkreis, sensomotorischer 112 ff
Regeln, soziale 40
Regulationstherapie, orofaziale 52, 54 ff
Rehabilitation, medizinische 91
– schulische 91
– vorschulische 91
Reizschwelle, erhöhte 194
– gesenkte 193 f
Reizunterschied, vermindertes Erkennen 193
Residualepilepsie 202
Retardierung 15
– Schulkindergarten 106

Risikokind 13
Rollbrett 62
Rollenspiel 141
Rückenmark 207 f
Rundfunkgebührenbefreiung 89

Sach-Kompetenz 70, 72
Saug-Schluck-Reflex 162, 164
Schalleitungsschwerhörigkeit 167
Schallempfindungsschwerhörigkeit 167
Schaukelbrett 61
Schaukeln, sensomotorischer Regelkreis 113 f
Schluckreflex 162
Schulkindergarten für besonders förderungsbedürftige Kinder 105 ff
– – – – pädagogische Arbeit 108
– – – – Tagesablauf 107 f
– – – – Zielsetzung 107
– – – – Zusammenarbeit mit anderen Einrichtungen 109
– – – – – mit den Eltern 109
– Erziehungshilfe 105 ff
– für geistigbehinderte Kinder 100 ff
– – – Arbeitsschwerpunkte 102
– – – Tagesablauf 103
– für Körperbehinderte 98 ff
– für sprachbehinderte Kinder 109 f
Schwerbehindertenausweis 86
– grüner 86
– grün-orange-farbener 86
Schwerhörigkeit 167 f
– kombinierte 167
Schwermehrfachbehinderung 185 ff
– Belastung der Eltern 185 f
– Förderung des Kindes 187 f
Sehbehinderung 168 f
– Motorikförderung 169
Seithänge-Reaktion, horizontale 46
Seit-Kipp-Reaktion 45
Selbsthilfegruppe 91
Selbstvertrauen 111
Semantikstörung 151
Sensomotorik 126 f
Sinnesbehinderung 167 ff
Sitzen, Entwicklung 33

– freies, unbegrenztes 138
Sonderschulkindergarten 94
Sonderschullehrer 100, 110
Sozialkompetenz 70, 72, 141
Sozialkontakt, Entwicklung 27
– bei bei geistiger Behinderung 144
Sozialrecht 86 ff
Soziomotorik 126 f
Spielhandlungen 30 ff
Spina bifida 175 ff
– – occulta 175
Sprachaufbau 77
Sprache, aktive 139
– Entwicklung 27
– Förderung 40
Sprachentwicklung bei geistiger Behinderung 144
– Hörvermögen 168
Sprachentwicklungsstörung 146 ff
Sprachentwicklungsverzögerung 144, 159
– Schulkindergarten 109
Spracherziehung 53
Sprachförderung, themenorientierte 110
Sprachstörung 146 ff
– bei geistiger Behinderung 157 f
– bei Spaltbildung 156 f
Sprachtherapie 52, 110
Sprachverständnis 138
Sprachverständnisstörung 149, 152 f
Sprechbereitschaftsstörung 155
Sprechen, nasales 159
Sprossenstuhl 83 f
Status epilepticus 183
Stellreaktion 119, 121 f, 134
Stellungswahrnehmung 126
Steuervergünstigung 87 f
Stimulation, basale 187
Stottern 154
Stützmotorik 125
– Störung 123, 171
Suchreflex 162, 164
Sultansgeschichte 130 ff

Taktiles System, Störung 66
Teilleistungsstörung 192
Telefongebührenermäßigung 89

Tiefensensibilität 115, 118, 126
Traktions-Reaktion 45
Trampolin 62
Trinkschwäche 160 f

Überaktivität 74
Übergang in die Schule 95
Ultraschall im Kopfbereich 208
Umstellungsfähigkeit, verlangsamte 194 f

Ventrikel 208
Vererbung 208
– autosomal dominante 208 f
– – rezessive 208 f
– gonosomal rezessive 208 f
– X-chromosomal dominante 209
– – rezessive 208 f
Verhaltensauffälligkeit, psychomotorische 74
– Schulkindergarten 106
Verhaltensmuster 134
Vojta-Therapie 45 ff
– Grundgedanken 46

Wahrnehmung 112 ff
– akustische, Entwicklung 27
– auditive 115, 117
– – bei Sehbehinderung 169
– bei geistiger Behinderung 144
– gustatorische 115, 117
– olfaktorische 115, 117
– optische, Entwicklung 26
– vestibuläre 113, 115, 119
– visuelle 115 f
Wahrnehmungsbereiche 115
Wahrnehmungsförung 29
Wahrnehmungsspanne, verminderte 192
Wahrnehmungsstörung 74 f
– visuelle 66 f
Wahrnehmungtraining 61
Werdnig-Hoffmann-Krankheit 173
West-Syndrom s. Blitz-Nick-Salaam-Krämpfe
Wirbelsäule 207
Wohngeld 90
Wohnungsbauförderung 90

Wortbedeutung, Störung des Erfassens
    151 f
Würgereflex 163 f
– Steigerung 51

Zappelphilipp 189 ff
Zentralnervensystem 112 ff, 209
Zerebral 209

Zerebralparese, infantile s. Bewegungsstö-
    rung, zerebrale
Zielmotorik 125
– Störung 171
Zungenstoß 51
– pathologischer 161
Zwischenhirn 204
Zytomegalie 178